用于国家职业技能鉴定
国家职业资格培训教程
GUOJIA ZHIYE ZIGE PEIXUN JIAOCHENG
YONGYU GUOJIA ZHIYE JINENG JIANDING

# 客户服务管理师

## （国家职业资格三级）

### 编审委员会

主　　任　　刘　康
副主任　　张亚男
委　　员　　孙戈力　高鲁民　陈　蕾　张　伟

### 编审人员

主　　编　　孙凤芝
副主编　　潘华丽　孙芙蓉　徐宗波
编　　者　　王　燕　丁文花　陈孝珍　邹晓燕　韩苗苗
　　　　　　田　磊　郭金金　冯召伟　孟宪华　辛立国
　　　　　　王晓露　薛美花　董　丽　胡　翔　李　华
主　　审　　梁文生

中国劳动社会保障出版社

图书在版编目(CIP)数据

客户服务管理师:国家职业资格三级/中国就业培训技术指导中心组织编写. —北京:中国劳动社会保障出版社,2011
国家职业资格培训教程
ISBN 978-7-5045-9290-3

Ⅰ.①客… Ⅱ.①中… Ⅲ.①企业管理:销售管理-商业服务-技术培训-教材 Ⅳ.①F274

中国版本图书馆 CIP 数据核字(2011)第 182173 号

中国劳动社会保障出版社出版发行
(北京市惠新东街1号 邮政编码:100029)
出 版 人:张梦欣
*
三河市华骏印务包装有限公司印刷装订 新华书店经销
787 毫米×1092 毫米 16 开本 13.75 印张 237 千字
2011 年 9 月第 1 版 2023 年 6 月第 18 次印刷
定价:28.00 元

营销中心电话:400-606-6496
出版社网址:http://www.class.com.cn

版权专有 侵权必究

如有印装差错,请与本社联系调换:(010)81211666
我社将与版权执法机关配合,大力打击盗印、销售和使用盗版图书活动,敬请广大读者协助举报,经查实将给予举报者奖励。
举报电话:(010)64954652

# 前　　言

　　为推动客户服务管理师职业培训和职业技能鉴定工作的开展，在客户服务管理师从业人员中推行国家职业资格证书制度，中国就业培训技术指导中心在完成《国家职业标准·客户服务管理师》（试行）（以下简称《标准》）制定工作的基础上，组织参加《标准》编写和审定的专家及其他有关专家，编写了客户服务管理师国家职业资格培训系列教程。

　　客户服务管理师国家职业资格培训系列教程紧贴《标准》要求，内容上体现"以职业活动为导向、以职业能力为核心"的指导思想，突出职业资格培训特色；结构上针对客户服务管理师职业活动领域，按照职业功能模块分级别编写。

　　客户服务管理师国家职业资格培训系列教程共包括《客户服务管理师（基础知识）》《客户服务管理师（国家职业资格三级）》《客户服务管理师（国家职业资格二级）》《客户服务管理师（国家职业资格一级）》4本。《客户服务管理师（基础知识）》内容涵盖《标准》的"基本要求"，是各级别客户服务管理师均需掌握的基础知识；其他各级别教程的章对应于《标准》的"职业功能"，节对应于《标准》的"工作内容"，节中阐述的内容对应于《标准》的"能力要求"和"相关知识"。

　　本书是客户服务管理师国家职业资格培训系列教程中的一本，适用于对三级客户服务管理师的职业资格培训，是国家职业技能鉴定推荐辅导用书，也是客户服务管理师职业技能鉴定国家题库命题的直接依据。

　　本书在编写过程中得到山东省旅游局、山东师范大学、艮华先创管理顾问有限公司等单位的大力支持与协助，在此一并表示衷心的感谢。

中国就业培训技术指导中心

# 目录

## CONTENTS　国家职业资格培训教程

**第1章　客户服务策划** ……………………………………（1）
　第1节　客户分析 ……………………………………………（1）
　　学习单元1　客户需求分析 …………………………………（1）
　　学习单元2　客户市场细分 …………………………………（19）
　第2节　客户服务人员职责制定 ……………………………（30）
　第3节　客户服务规范制定 …………………………………（40）

**第2章　客户服务提供** ……………………………………（51）
　第1节　客户服务信息管理 …………………………………（51）
　　学习单元1　客户服务信息收集 ……………………………（51）
　　学习单元2　客户服务信息处理 ……………………………（58）
　第2节　客户服务人员管理 …………………………………（67）
　　学习单元1　客户服务人员招聘与培训 ……………………（67）
　　学习单元2　客户服务人员综合管理 ………………………（77）
　第3节　客户服务现场管理 …………………………………（90）
　　学习单元1　客户服务现场管理概述 ………………………（90）
　　学习单元2　客户服务现场指导 ……………………………（97）

**第3章　客户服务控制** ……………………………………（104）
　第1节　客户服务质量控制 …………………………………（104）
　　学习单元1　质量信息管理 …………………………………（104）
　　学习单元2　评估客户服务质量 ……………………………（127）
　第2节　客户服务过程管理 …………………………………（132）

学习单元1　客户服务计划管理 ………………………………………（132）
　　学习单元2　客户服务过程控制 ………………………………………（136）
第4章　客户服务改进 ……………………………………………………（144）
　第1节　客户服务投诉处理 ………………………………………………（144）
　　学习单元1　客户投诉分析 ……………………………………………（144）
　　学习单元2　客户投诉的处理 …………………………………………（154）
　第2节　客户关系管理 ……………………………………………………（169）
　　学习单元1　客户关系的建立 …………………………………………（169）
　　学习单元2　客户关系的维护 …………………………………………（187）
　　学习单元3　客户关系管理方案的制定 ………………………………（198）

参考文献 ……………………………………………………………………（212）

# 第1章 客户服务策划

本章是客户服务管理师做好客户服务工作应掌握的基本理论和技能规范。作为一名优秀的客户服务管理师,首先要了解客户有什么需求和期望。针对客户的需求和希望,设置的客户服务岗位才有针对性,才能提供适应客户需要的服务。标准、规范的服务能让客户感到舒适满意,因此,任何一个客户服务岗位为客户提供的服务,都是遵循一定的客户服务规范,适应客户需求的服务,否则,服务将没有成效。本章主要介绍客户分析、客户服务人员职责制定及客户服务规范的制定,旨在为客户服务人员进行客户需求分析、制定岗位职责和服务规范提供参考。

## 第1节 客 户 分 析

  客户需求分析

 学习目标

➢ 掌握客户需求的概念和特点
➢ 掌握客户的购买行为理论
➢ 掌握客户购买行为的类型

➢ 能够识别影响不同客户购买行为的因素

## 一、客户需求特征

**1. 需求的概念**

需求是个体在一定的生活条件下感到某种欠缺而力求获得满足的一种内部状态，是机体延续和发展对所必需的客观事物欲求的反应，是机体自身或外部生活条件的要求在头脑中的反应。

需求的概念包含以下三层含义：

（1）需求来源于身心失衡的状态

需求不是凭空产生的，它总以客观现实为基础。这个客观现实就是身心失衡的状态，即满意状态与实际状态的不一致。如当人体内血糖水平下降时，便产生求食的需求；当遇到危险时，便产生自我防卫的需求。

（2）需求是一种主观状态

尽管人们有时把社会本身发展的客观要求称为社会需求，但严格地讲，心理学意义上的需求仅仅指个体对身心失衡状态的主观体验，有时候人们对自己事实上的身心失衡状态并没有清醒的意识。

（3）需求是一种不满足状态

在通常情况下，需求反映的是维持身心平衡所需条件的缺失。它在主观上就是对一种不满足的感觉或者对某种对象必要感的体验。

**2. 客户需求的特点**

客户需求虽然具有多样性，但其特点具有共同性。具体表现为以下五个方面：

（1）需求的指向性

人的需求总是在指向某些东西，例如饿了想吃东西，渴了想喝水等。

（2）需求的选择性

人们已经形成的生活习惯，会使其对需求进行选择。比如说，一个口渴的人可能因为喝过很多种东西，所以会去思考此时最想喝什么东西。他没有尝试过的东西，他一般不会去选择。另外，基于宗教、传统习俗等的影响，他也会去避免一些东西。

（3）需求的连续性

人的需求始终处于一个"出现→满足→再出现→再满足"的循环状态，一个需求实现后，就会有新的需求接着出现，如此循环往复，永无止境。

（4）需求的相对满足性

人在不同环境下，针对同一种需求，会有不同的选择。比如说一个在沙漠中旅行的人，所带的水喝完了，那么任何淡水他可能都会去喝。但是如果他是待在家里，感到口渴时，情况可能就不同了。

（5）需求的发展性

人的欲望是无穷的，某一需求得到满足后，新的需求会被激活，而新的需求通常要比已经实现的需求级别更高。租房住的人第一需求可能是想自己买套房子，至于面积多大都没关系；但当这个需求实现后，他就会希望能再买一套更大、更好的房子。

## 二、客户的购买行为

国内外学者通过对客户的购买行为进行大量研究，提出了有关客户的购买行为理论、购买行为类型。同时，由于客户的购买行为类型与客户的卷入程度有着很密切的联系，进一步分析了客户卷入程度以及影响客户卷入程度的因素，从侧面反映了客户购买行为的复杂性。

**1. 客户购买行为理论**

客户的购买行为是否有规律可循，对客户服务人员无疑是非常重要的。学者们为此做了大量的工作，提出了解释客户购买行为的一些理论。当然，这些理论的真理性还需要在实践中加以检验。

（1）习惯建立理论

习惯建立理论认为，客户的购买行为实际上是一种习惯的建立过程。客户对购买对象和购买方式的喜好是在重复使用和购买中逐步建立起来的，这个过程不需要认知过程参与。客户在内在需要激发和外在商品的刺激下，购买了该商品并在使用过程中感觉不错，那么他可能会再次购买并使用，如果多次的购买和使用给客户带来的是愉快的经历，购买、使用和愉快的多次结合，最终在客户身上形成了固定化反应模式，即购买习惯建立了。每当产生购买需要时，客户就会想到这种商品，并随之产生相应的购买行为。

习惯建立理论完全符合斯金纳操作条件学习理论，是行为主义心理学观点在购买行为研究上的应用。客户主动地购买和使用行为在先，愉快这种正强化在后，此过程丝毫不见认知因素的影子。多次地购买和使用与愉快经验的结合就在客户身上形成了固定的联结，一种新的条件反射建立了，如图1—1所示。

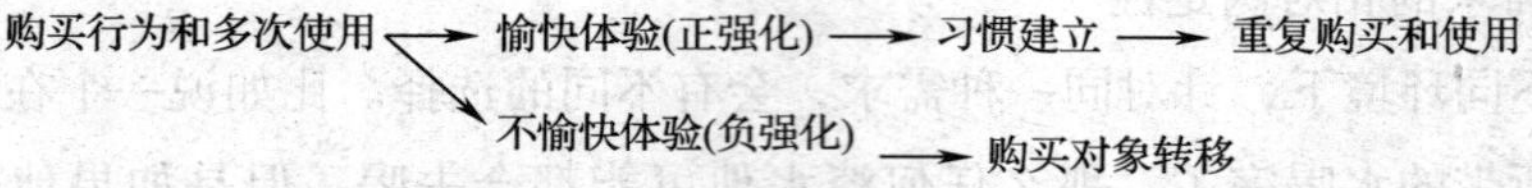

```
购买行为和多次使用 ─┬─→ 愉快体验(正强化) ──→ 习惯建立 ──→ 重复购买和使用
                    └─→ 不愉快体验(负强化) ──→ 购买对象转移
```

图 1—1　购买习惯建立模式

习惯建立理论能够解释现实生活中的许多购买行为，尤其对那些习惯性购买行为能提供比较满意的解释。在日常生活中每个人都有许多这样的习惯性购买行为存在，如对牙膏、香皂、理发服务等都有其固定购买偏好，而不会轻易选择新的购买对象。这样做可以使人最大限度地节省用于选择的精力投入，同时又避免了非必要购买风险的发生。当然，习惯建立理论并不能解释所有的购买行为，后面要介绍的理论会对不同类型的购买行为或者对购买行为的不同侧面进行解释。

（2）信息加工理论

信息加工理论不是某一种理论的名称，而是一类理论的统称。信息加工理论把人看做一个信息处理器，而人的购买行为就是一个信息处理过程，即信息的输入、编码、加工、储存、提取和使用的过程。客户面对各种大量的商品信息，要对信息进行选择性注意、选择性加工、选择性保持，最后作出购买决定并实施购买行为，如图 1—2 所示。这个过程可以用心理学原理解释为：商品信息引起了客户有意或无意的注意，此时大脑就开始对所获得的信息进行加工处理，这个过程包括知觉、记忆、思维和态度，于是，购买决定产生了。

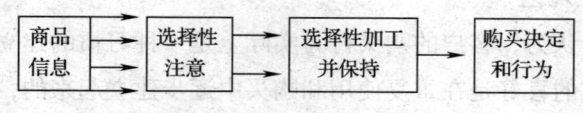

图 1—2　购买决策信息加工模式

需要注意的是，信息加工理论的理论假设前提是"人是理性的"，只有在这个前提下，信息加工理论才能成立。而事实上人是理性和非理性的复合体，其纯粹的理性状态和非理性状态都是非常态的，所以在应用信息加工理论时必须注意这个问题。可以这样说，信息加工理论揭示了人的一个侧面，能够解释购买行为的某些种类和某些部分。如客户的随机性购买和冲动性购买，受教育程度较低和智力较低的客户的购买行为，其信息加工过程就不明显，或者说谈不上有真正的信息加工，前面介绍的习惯性购买行为也不存在明显的信息加工过程。而那些受过良好教育的人，当面临高卷入的购买行为，同时又有大量的商品信息可供利用时，信息加工理论就能为此时的购买行为提供比较完美的解释。

（3）风险减少理论

风险是指客户在购买商品或服务时，由于无法预测和控制购买后的结果是否令自己满意而面临或体验到的不确定性。风险减少理论认为，客户购买商品时要面临各种各样的风险，而这种风险和人的心理承受力会影响人的购买行为。这种观点认为，客户的购买行为就是想方设法寻求减少风险的途径。客户对可能存在和发生的风险的心理预期会影响到他的购买行为，客户对风险的感知程度对购买行为也会产生影响。至于现实中风险到底多大，有还是没有并不重要。风险的大小以客户的主观感受为指标。客户购买商品时承受的风险主要有六种类型：产品功能风险、生理健康风险、经济风险、社会风险、心理风险、时间风险。

风险减少理论认为，个体所体验到的风险水平受如下四种因素影响。

1）客户个体付出成本的大小。对具体客户而言，通常，其付出的成本越大，相应感受到的风险就可能越大，在采取购买行为时就会越谨慎。这里所说的成本包括心理成本、生理成本、时间成本、机会成本、经济成本和社会成本等。

2）客户的心理承受力。客户对风险的心理承受力是影响风险感知程度的主要因素。个体的心理素质差异以及个体对购买结果心理预期水平的差异是构成客户心理承受力的两大因素。

3）客户购买有形与无形产品的心理。客户对服务产品的购买风险大于实物产品。原因在于实物产品在购买前可以有实物供客户进行比较、判断，从而避免了一些风险的发生。服务产品有两个主要特点，即产品的无形性和生产与消费的同时性。客户在购买服务产品之前通常无法对其功能和质量等进行判别，而这种判别和鉴定只能在购买行为发生之时进行，这样风险就可能已经发生。由于服务产品的无形性和生产消费的同时性，使得客户一旦遭遇风险则难以拿出实证性证据用于申诉，因而自身权利难以得到保证，所以说服务产品的购买风险大于实物产品。

4）产品销售方的实力状况。购买风险与产品销售方实力状况有关。通常情况下，人们会认为实力雄厚的大公司一般不会欺诈，似乎更值得信赖，而与小公司打交道时会感知到更多的风险。购买有固定销售场所的产品比购买无固定销售场所的产品感知到的风险小，通过流动商贩和采用邮购方式购买的产品购买风险往往会大一些。

风险减少理论认为，客户为了控制由于购买决策所带来的风险，在作出决策时总是使用一些"风险减少策略"来尽力避免风险的发生，从而达到增加自己决策决心的目的。

客户常用的控制风险的方法有以下六种：

第一，尽可能多地收集产品的相关信息。

第二，尽量购买自己熟悉的或使用效果好的产品，避免购买不熟悉的产品。

第三，通过购买名牌产品来减少风险。

第四，通过有信誉的销售渠道购买产品。

第五，购买高价格的产品。人们信奉一分钱一分货，价高则货好。

第六，寻求安全保证。如企业提供的退货制度、权威机构的检测报告、保险公司的质量保险或者免费试用等。

（4）边际效用理论

边际效用理论从人的需求和需求满足这个最根本的角度宏观地解释客户购买行为。客户购买商品的目的就是要用既定的钱最大限度地使个体的需求得到满足，换句话说，就是要以最小的投入换取最大的产出，以一定的钱买来尽可能多的商品，从而达到总效用和边际效用的最大化。

效用是指商品满足人的需求的能力。通俗地说就是一种商品能够给人带来多大的快乐。

总效用是指客户在一定时间内消费某种商品而获得的效用总量。随着商品消费的增加，总效用也在增加，但却是以递减的比例增加，即增长率递减。另外，随着消费量的增加，总效用将达到一个最大值，此后，若继续增加消费量，其总效用非但不会增加反而会下降。

边际效用是指每增加一个单位的商品所增加的总效用，即总效用的变量。边际效用在经济学中通常指一个量的变化率，见下面的公式：

$$边际效用 = \frac{总效用增加量}{商品总增加量}$$

在一定时间内，一个人消费某种商品的边际效用随着消费量的增加而减少的现象被称为边际效用递减律，如图1—3所示。

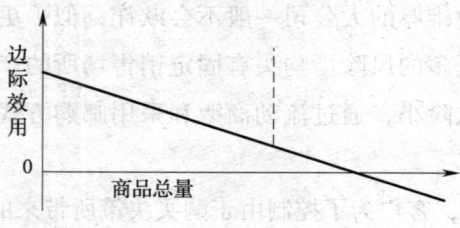

图1—3　边际效用曲线

边际效用递减律的特点表现为：

1）边际效用的大小与人的需求强弱成正比。对一个商品的需求越强，其边际效用越大；反之则边际效用越小。对某商品没有需求，则边际效用为零。

2）边际效用的大小与商品的稀缺性成反比。价值的形成是以商品的稀缺性为前提的，稀缺性与效用相结合才是价值形成的充分必要条件，这里稀缺性是指商品供给的有限性。

3）边际效用递减规律只在特定时间内有效。由于需求具有再生性、反复性，因而边际效用也具有时间性。连续地消费某一物品，从某一点以后边际效用开始递减。例如早餐喝一杯牛奶正好，如果喝两杯就已经没有意义了，其边际效用为零，如果喝四杯牛奶则会使人非常难受，边际效用为负数。但是第二天早晨，牛奶的边际效用仍会是正的。

4）正常情况下边际效用永远是正值。虽然在理论上边际效用会出现负值，而实际上如果不是被不可抵抗的外力控制，当一种物品的边际效用趋于零时，个体就会放弃对它的消费，而转向其他物品。

边际效用理论对客户的购买行为规律进行了深入的剖析，即客户在钱的数量一定的条件下，努力寻求总效用和边际效用两者的最大化。边际效用理论的思想基础是杰里米·边沁的享乐主义哲学和传统的理性人假设。按照边际效用理论的解释，客户本质上是一个最大限度地追求享乐和舒适的理性的"机器"，随时随地计算如何使自己的收益最大化。边际效用理论对人的冲动性消费、习惯性消费、信念性消费（如出于爱国而发生的消费）等现象则无法作出令人满意的解释。边际效用理论的最大价值能够比较圆满地解释人的复杂消费行为。

**2. 客户购买行为类型**

在日常生活中，客户的购买行为是多种多样的，不仅在不同的客户之间购买行为存在着差异，而且在同一个客户身上，在不同条件下购买行为也存在着差异。按照不同的划分标准，客户的购买行为大致划分为以下四种类型：

（1）按照客户购买准备状态划分

1）全确定型。全确定型是指客户在进入商店前就已经有明确的购买目标，对于产品、商标、价格、型号、款式等都有明确的要求。因此，他们在进入商店后可以毫不犹豫地买下某商品。

2）部分确定型。部分确定型是指客户在进入商店前已有大致的购买目标，但具体要求还不太明确，对于产品、品牌、价格、款式等还都有考虑和商量的余地。

因此，这部分客户一般难以清晰地对营业员说出他们对所需商品的具体要求，希望在商店里得到营业员或其他信息的指导。

3）不确定型。这类客户常常抱着"逛商店"的态度，没有非常明确的购买目标，也没有比较迫切的购买任务。因此，他们在进入商店后，经常表现为漫无目的地东走西看，顺便了解某些商品的销售状况。当然，如果碰到满意的商品，他们也会购买，甚至常常满载而归。

（2）按照客户的购买态度以及购买决策的速度划分

1）习惯型。这类客户常常根据过去的购买经验和使用习惯采取购买行为，比如长期惠顾某商店、长期使用某品牌的产品。

2）理智型。这类客户购买行为以理智为主，很少产生冲动购买。他们一般喜欢收集有关产品的某些信息，了解市场行情，在经过周密的思考和分析后，做到对所要购买产品的各种特性都心中有数。他们的主观性比较强，不容易受他人的影响，也不受自己的情绪左右。

3）经济型。这类客户购买商品多从经济角度考虑，对商品的价格非常敏感。他们一般比较勤俭节约，选择商品的标准是实用，而对外观造型、色彩等不太在意。

4）冲动型。这类客户的心理反应敏捷，容易受商品包装和广告等外在因素的影响，以直观感觉为主，容易在周围环境的影响下迅速作出购买决定。

5）疑虑型。这类客户一般比较内向，善于观察，行动谨慎，体验深刻。他们一般不大相信客户服务人员的介绍，常常"三思而后行"，而且即使将商品买回家有时也会放心不下。

（3）按照客户在购买现场的情感反应划分

1）沉静型。这类客户由于神经过程平静而灵活性比较低，因而反应比较缓慢而沉着，一般不为无所谓的动因而分心。因此，在购买活动中，他们往往沉默寡言，情感不外露，冷静而持重。

2）温顺型。这类客户往往态度随和，生活方式大众化，缺少主见。他们在选购商品时往往尊重客户服务人员的介绍和意见，作出购买决定比较快。而且，这类客户对他人很少有防备心理，表现为对服务人员的服务较放心，很少亲自复查所买商品的质量等有关方面。

3）活泼型。这种人神经过程平衡而灵活性比较高，能很快适应新的环境，兴趣广泛但情感易变。在购买商品时，能很快与人们接近，愿意与客户服务人员或其他客户交换意见，并富有幽默感。

4）反抗型。这类客户具有高度的情绪敏感性，对外界环境的细小变化也能感觉得到。此外，他们还有较强的逆反心理，很少产生"随大溜"的购买行为。他们在选购中，往往不能接受别人的意见和推荐，尤其是对客户服务人员的介绍异常警觉，抱有不信任态度。

（4）按照客户在购买时的介入程度和产品品牌差异的程度划分

这类购买行为也就是阿萨尔购买行为类型，可分为以下四种类型，见表1—1。

表1—1　　　　　　　　　　　阿萨尔购买行为类型

|  | 高度卷入 | 低度卷入 |
| --- | --- | --- |
| 品牌间差异很大 | 复杂的购买行为 | 寻求变化的购买行为 |
| 品牌间差异很小 | 减少失调的购买行为 | 习惯性的购买行为 |

1）复杂的购买行为。当客户参与购买的程度较高，并了解品牌间的显著差异时，他们会有复杂的购买行为。一般来说，购买贵重物品、大型耐用物品、风险较大的商品、外露性很强的产品以及其他需要客户高度卷入的产品，客户往往产生复杂的购买行为。

2）减少失调的购买行为。这种购买行为是指由于产品的各种品牌之间并没有多大差别，并且由于产品具有很大的购买风险或者价格很高，所以需要客户高度卷入才能慎重决定；但购买商品之后，有时又会产生一种购买后不协调的感觉，于是开始通过各种方法试图作出对自己的选择有利的评价，并采取种种措施试图证明自己当初的购买决策是完全正确的，以减少购买后的不协调。

3）习惯性的购买行为。是指客户卷入程度不高同时品牌之间的差异也不大时，客户一般采取的购买行为。这类产品一般是价格较低而且大都是经常购买的日用消费品。客户在购买这类产品时并不需要一般的形成态度和信念，然后按照决策过程一步一步地实施，最后完成购买活动，而是以一种不假思索的方式直接采取购买行动。而且，在这种情况下，客户购买此类产品并非出于品牌忠诚，而是出于习惯，或者说只是因为熟悉的缘故。

4）寻求变化的购买行为。当客户卷入程度很低而且品牌间的差异很大时，客户就会经常改变品牌的选择。这种购买行为的产生往往不是因为对原有品牌的不满意，而是因为同类产品有很多可以选择的品牌，而且由于这类产品本身一般价格并不昂贵，所以客户在求新求异的消费动机下就会经常不断地在各品牌之间进行变换，达到"常换常新"的目的。

## 三、影响客户购买行为的因素

客户为了生存而作出一定行为，这种行为具有社会性，即客户本身所具有的个人特征、心理状态和其所处的文化背景、社会环境等因素都或多或少地影响着客户的购买行为，如图1—4所示。

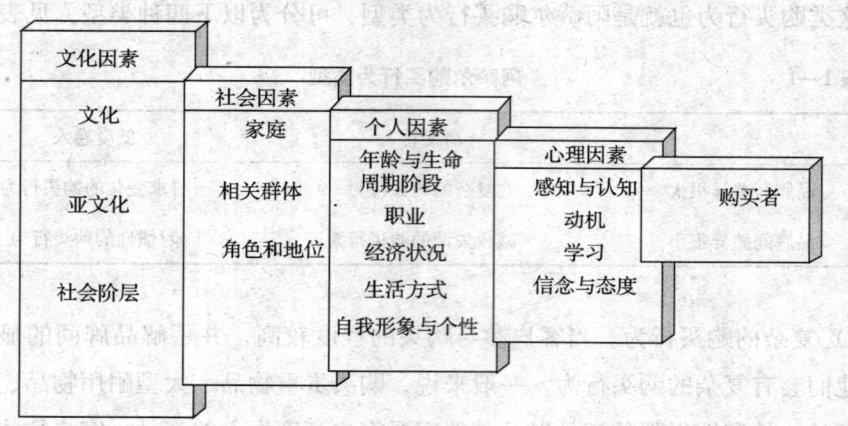

图1—4 客户购买行为影响因素

**1. 影响客户购买行为的文化因素**

（1）文化

文化有广义和狭义之分。广义文化是指人类创造的一切物质财富和精神财富的总和；狭义文化是指人类精神活动所创造的成果，如哲学、宗教、科学、艺术、道德等。不同文化背景下，人们的购买习惯、风俗、偏好是不同的。因此，文化对客户行为的影响是非常复杂的。

（2）亚文化

亚文化是一个不同于文化类型的概念。亚文化，是指某一文化群体所属次级群体的成员共有的独特信念、价值观和生活习惯。每一种亚文化都会坚持其所在的更大社会群体中大多数主要的文化信念、价值观和行为模式。同时，每一种文化都包含着能为其成员提供更为具体的认同感和社会化的较小的亚文化。目前，国内外营销学者普遍接受的是按民族、宗教、种族、地理划分亚文化的分类方法。

1）民族亚文化。几乎每个国家都是由不同民族构成的。不同的民族，都各有其独特的风俗习惯和文化传统。民族亚文化对客户行为的影响是巨大而深远的。

2）宗教亚文化。不同的宗教群体，具有不同的文化倾向、习俗和禁忌。如我国有佛教、道教、伊斯兰教、天主教、基督教等，这些宗教的信仰者都有各自的信仰、生活方式和购买习惯。宗教能影响人们的行为，也能影响人们的价值观。

3）种族亚文化。白种人、黄种人、黑种人等都各有其独特的文化传统、文化风格和态度。他们即使生活在同一国家甚至同一城市，也会有自己特殊的需求、爱好和购买习惯。

4）地理亚文化。地理环境上的差异会导致人们在购买习俗和购买特点上的不同。长期形成的地域习惯，一般比较稳定。自然地理环境不仅决定着一个地区的产业和贸易发展格局，而且间接影响着一个地区客户的生活方式、生活水平、购买力的大小和购买结构，从而在不同的地域可能形成不同的商业文化。

（3）社会阶层

社会阶层（social class）是由具有相同或类似社会地位的社会成员组成的相对稳定的群体。每一个人都会在社会中占据一定的位置，有的人占据非常显赫的位置，有的人则占据一般的或较低的位置。这种社会地位的差别，使社会成员分成高低有序的层次或阶层。社会阶层是一种普遍存在的社会现象，不论是发达国家还是发展中国家，不论是社会主义国家还是资本主义国家，均存在不同的社会阶层。产生社会阶层的最直接的原因是个体获取社会资源的能力和机会的差别。导致社会阶层的终极原因是社会分工和财产的个人所有。社会分工，形成了不同的行业和职业，并且在同一行业和职业内形成领导和被领导、管理和被管理等错综复杂的关系。当这类关系与个人的所得、声望和权力联系起来时，就会在社会分化的基础上形成垂直分化，从而造成社会分层。社会分层表现为人们在社会地位上存在差异。社会地位是人们在社会关系中的位置以及围绕这一位置所形成的权利义务关系。社会成员通过各种途径，如出生、继承、社会化、就业、创造性活动等占据不同的社会地位。在奴隶社会和封建社会，社会地位主要决定于世袭、继承和等级制的安排。在现代社会，个体的社会地位更多地取决于社会化、职业、个人对社会的贡献大小等方面，但家庭和社会制度方面的因素对个体的社会地位仍具有重要影响。

**2. 影响客户购买行为的社会因素**

任何人都存在于一定的社会空间之中，社会环境在某种程度上决定了一个人的生活方式、思维模式，因此分析社会因素对客户行为的影响是必要的。在这里，仅列出社会因素中的家庭、相关群体、社会和家庭角色与地位因素。

（1）家庭

家庭是社会的基本单位，它对个体、性格和价值观的形成，对个体的购买与决策模式均产生非常重要的影响。在客户作出决策时，其家庭成员的意见也具有极大的影响作用。每个人都从父母那里得到生活、个人理想、自我价值以及爱情等方面的指导，即使子女长大成人，不和父母同住，在购买时仍表现出与父母相似的无意识行为。对日常购买产生直接影响力的是有子女家庭。现今中国的三口之家，独生子女在家庭中的地位很高，尤其在购买与之相关的物品时，他们的决策权更大。不仅如此，夫妻在有了孩子后，其购买方式有了很大的转变，一切都以孩子的需要为主，而且为了子女将来受教育，还必须有一定的积蓄，以致其自身的购买力降低。另外，由于产品类型的不同，夫妻在产品购买中所起的作用也不同。总之，随着社会的经济、文化等的变化，家庭的决策模式也随之而变，这些变化是值得引起营销人员注意和研究的。

（2）相关群体

人们通常会属于不同类型的群体，这里的群体是指为达到某个目标而组织在一起，并且相互影响的两个或者更多人的集合体。相关群体是一个人在情感、认知形成和行为实施过程中用来作为标准参照的某个人或者多个人的集合。相关群体的规模可大可小，可以是可见的，也可以是虚拟的（如球星），其成员享有特定的共同文化。例如，同一时期的大学生对服装、流行音乐等具有相同的评价准则，而处于同一文化背景下的革命老战士，对国家政治、经济的发展过程则有着相同的理解力。相关群体对客户既有正面影响，也会有负面影响。许多群体将所希望得到的正面的文化含义融合在一起，成为客户希望效仿或希望接近的社会集团。而有些群体却是为一些非法或不正当行为而组成的，它们对社会的影响极其恶劣。

（3）角色和地位

一个40岁的男人，在父母面前，他的角色是儿子；在自己的小家庭里，他的角色是妻子的丈夫，是孩子的父亲；在公司里，他又是老板的下属，员工的经理。在纷繁复杂的社会中，人们要想生存，实现各种目标，就需要在不同的场合，扮演不同的角色，当然，其相应的购买方式也是不同的。每一个角色都伴随着一种社会地位，它反映出社会对一个人的总体评价。人们不由自主地扮演着各种角色，为的是争取一个较高的社会地位。人人都希望"唯我独尊"，希望地位高而被人敬仰。因此，在购买时有两种情况：一种是购买的物品与自己的身份、地位相称；另一种是通过高消费的购买，提高自己的品位和地位，如许多人热衷于穿名牌服装，就属于后一种购买行为。

**3. 影响客户购买行为的个人因素**

客户购买决策受其个人特性的影响，特别是受其年龄所处的生命周期阶段、职业、经济状况、生活方式、个性以及自我观念的影响。生活方式是一个人在一定历史时期和社会条件下所表现的有关活动、兴趣和看法的生活模式。个性是一个人所特有的心理特征，它导致一个人对其所处环境的相对一致和持续不断的反应。在这里仅就生命周期、生活方式、自我形象、个性进行阐述。

（1）生命周期

对客户的购买行为产生影响的有两种生命周期，即个人生命周期和家庭生命周期。个人生命周期与年龄相对应，客户对产品的需求会随着年龄的增长而变化，一般来说，年龄不同的人对产品和服务有不同的爱好和需求。家庭生命周期与年龄也有某些关系，它通常可以用个人经历的若干阶段来描述。家庭生命周期对研究客户及其行为具有重要意义。在生命周期的不同阶段，客户对商品的兴趣和需要会有显著的差异；不同性别的客户，其购买行为也有很大差异。

（2）生活方式

生活方式，是指一个人在生活方面所表现出来的兴趣、观念及参加的活动。个人和家庭都有其生活方式。虽然家庭的生活方式部分是由家庭成员的个人生活方式所决定，然而，个人的生活方式也受到家庭生活方式的影响。

（3）自我形象

自我形象，就是个人对自我的所有形象和情感的总和，它是自己对自己的感知与情感。自我形象是由个人对自己的态度所构成的。每个人都会自我认为具有某种性格、习惯，有着独特的自我形象。这种自我形象包括自我估价、他人评价以及自我渴望与追求的理想形象。许多客户的购买行为，是由于期望保持或美化自我形象而采取的购买决策。

（4）个性

个性，是指人的气质、性格、兴趣和能力等心理特征的统一体，是一个人身上表现出来的经常的稳定的实质性的心理特征。客户具有各种各样的个性，个性的差异将导致购买行为的不同。客户的个性还导致客户在购买过程中的不同表现。许多客户具有品牌个性。客户倾向于购买与其具有相似而独特的"个性"的产品或者购买那些可以强化并提高自我形象的产品。

**4. 影响客户购买行为的心理因素**

客户购买行为受到感知与认知、动机、学习、信念与态度等主要心理因素的影响。

（1）感知与认知

感知与认知是客户在购买情景下所能产生的两种不同类型的心理反应。感知是指感官反应，而认知则由智力（思考）反应组成。感知与认知分别由感知与认知系统产生，人们能体验四大类感知反应：情感、特殊的感觉、情绪和评价。比较强烈的感知反应，包括情感，如害怕或生气，还可能涉及生理反应，如心率加速、血压上升、周围神经系统反应、口干等。特殊的感觉比情感所涉及的生理反应强度要弱一些。情绪是相当分散的感知状态，它涉及更低水平的感觉强度。对商品或其他概念的评价通常是伴随着低水平的生理激发的相当弱的感知反应。

（2）动机

动机是需要的后续行为。每个人在特定的时期会有特定的需要。一些是生理需要，产生于人们生理的紧张状态，如饥饿、口渴、内心烦躁等。另一些是心理需要，由心理紧张状况引起的，如要求被别人认识、尊重，对家庭的归属感等。在一定时间内大部分的需要不会紧张到迫使人们采取行动的地步，只有当需要上升到足够强度时，它才变为一种动机。动机也是一种需要，它能够有效地引导人们去寻求满足的方式，只要需要得到了满足，紧张感就会减退。

（3）学习

学习是指由于经验而引起的个人行为的持久性改变。人们从来到这个世界上就开始了不断学习的过程，人类行为大都来源于学习。一个人的学习是通过驱使力、刺激物、诱因、反应和强化的相互影响而产生的。由于市场营销环境的不断变化，新产品、新品牌不断涌现，客户必须经过多方收集有关的信息之后，才能作出购买决策，这本身就是一个学习的过程。

（4）信念与态度

信念是指一个人对某些事物所持有的描述性思想。人们通过观察、学习周围环境中的人们的行为，才有了自己的信念和态度。生产者应关注人们头脑中对其产品或服务所持有的信念，即本企业的形象、本品牌的价值。对客户的一些不利于企业发展的信念，企业要及时采取措施，制止或尽量弱化不利因素。态度是指一个人对某些事物或观念长期持有的好与坏的认识上的评价、情感上的感受和行动倾向。态度能使人们对相似的事物产生相当一致的行为。一个人的态度呈现为稳定一致的模式，改变一种态度就需要其他态度方面作重大调整。

综上所述，许多因素如文化、社会、个人、心理等影响客户的购买行为，这些因素是在长期历史和社会的发展过程中形成的，不是企业和其营销人员能改变的。但识别出这些因素，为企业制定合理的战略提供指导是非常必要的。

## 四、客户的购买决策过程

客户的购买决策过程可以明显地分为五个阶段，即认识需要、信息搜索、评估选择、购买决定与购后评估。

**1. 认识需要**

在认识需要阶段，客户首先要认识到自己需要的某种商品的功能，然后才会去选择和购买。因此，认识需要是客户购买决策过程中的第一个阶段。在这个阶段里，客户认识到自己的即时状态与理想中的状态的差距，所以就想消除这个差距。许多因素都可以使人们认识到自己的需要。当人们看到冰箱里空了，就会去买蔬菜、水果、饮料等来补充它，甚至空了的酱油瓶和醋瓶也会引起人们认识到需要一瓶新的酱油和一瓶醋。正是因为许多因素都可以激发人们的认识需要，因此进行市场营销的企业可以通过广告来激发人们对新产品的需要，从而使他们放弃那些老的产品或者是在市场上已经没有竞争力的产品。

**2. 信息搜索**

客户认识到自己的需要以后，便会自动地进入购买决策过程中的另一个阶段——信息搜索阶段。当然，对于反复购买的商品，客户会越过信息搜索阶段，因为所需信息已被客户通过过去的搜索而掌握，这是不言而喻的。另外对于一个客户来说，越贵的商品越能使客户重视信息搜索。信息的外部来源有如下三种：

（1）个人来源

亲戚和朋友是典型的个人外部信息来源，在与亲朋好友的交流中，人们会获得关于商品的知识和信息，并且有相当一部分的客户喜欢接受别人的建议及购物指南，尽管介绍商品的人的认识或消息来源有时并不十分准确。

（2）公共来源

公共来源的范围较广，可以是政府或其他组织的评奖，也可以是报纸或杂志中关于产品的评论与介绍，还可以是广播电台或电视台组织的有关商品的节目。

（3）商品来源

商品来源包括产品广告、推销员的介绍、商店的陈列或产品包装上的说明等，不过这些途径的信息对客户来讲有时会有先天性的偏差，客户可以同意或相信，也可以提出问题或质疑，还可以根据自己的经验作出其他评论。

**3. 评估选择**

（1）品牌子集

品牌子集是指客户根据某种标准所选出的限定范围内的商品品牌。评估与选择只在客户的品牌子集中进行，这个子集并不包括该类产品的所有的品牌。

（2）决定性因素

在客户评估与选择的标准中，通常会有一项是促成客户决策的主要因素，这项因素被称为决定性因素。决定性因素随商品的种类和客户的感觉、生活方式、态度、需要等诸多方面的因素而变化。例如，当公司一位高级职员要买一块与他的地位相称的手表时，他一般会去买欧米茄（OMEGA）牌的，这时品牌就是他评估与选择的决定性因素。假如一位爱吃辣椒的客户买零食，那么带辣味儿的食品就是他的首选食品，于是他会买带辣味儿的锅巴或虾条，至于说品牌，则不是他关注的要点。有时决定性因素并不止一个，可以是两个或两个以上同样重要的因素。

对企业来说，使某种商品具有独一无二的特色并不是工作的全部，要紧的是这个特色必须与客户眼里的决定性因素结合起来，这样才能吸引客户并满足客户的迫切需要。实际上这种思想已经被许多企业所利用，并在广告中不断地宣传产品的功能以达到迎合客户决定性因素的目的。洗涤剂的去污能力、卫生巾的防侧漏、电视录像一体机的便利、抗过敏药的无嗜睡性等，都是这方面的例子。

**4. 购买决定**

客户经过搜索信息对产品进行评估与选择后就会作出购买决定。当然，客户也可能因为评估与选择过程中的问题而推迟或取消购买决定，这时客户购买的决策过程处于停滞状态。参与营销的企业不可能对客户的购买决定做任何工作，因为客户一旦作出购买决定，余下的只是在商店或其他什么地方完成交易，也就是付款、提货或安排交货地点等事宜。

**5. 购后评估**

客户将商品买回家以后，其购买决策过程还没有终止，因为在最初使用商品的过程中，客户会以购买前的期望为标准来检查与衡量自己买回来的商品，目的是看看有没有问题或不满意的地方。客户的期望与客户所购产品间的差异被称为双向差异。双向差异的校正主要由进行营销的企业方面来执行，例如检查产品说明有无给予客户正确的指导，广告内容有无超出现实，产品制造方面是否存在缺陷等。另外，对技术要求较高的产品，企业对客户进行专门指导和培训是十分重要的，这一做法已被许多计算机公司和软件公司所采用。

【案例1—1】 奇瑞QQ——"年轻人的第一辆车"

"奇瑞QQ卖疯了！"在北京亚运村汽车交易市场2003年9月8日至14日的单一品牌每周销售量排行榜上，奇瑞QQ以227辆的绝对优势荣登榜首！奇瑞QQ能在这么短的时间内拔得头筹，归结为一句话：这车太酷了，讨人喜欢。

在主要微型客车厂家已经把主要精力转向轿车生产，微型客车产量的增幅迅速下降的背景下，奇瑞汽车公司走出了一条自己的成功之路。

1. QQ上市之路

2003年4月初,奇瑞公司以QQ这款车的强烈个性特征和最优的性价比为卖点,掀起第一轮的炒作,吸引了客户的广泛关注。

2003年4月中下旬,蜚声海内外的上海国际车展开幕,奇瑞QQ以未做好生产准备为由没有在车展上亮相,只是以宣传资料的形式与媒体和客户见面,极大地激发了媒体与公众的好奇心,引发媒体第二轮颇有想象力的炒作。

2003年5月底,奇瑞QQ的价格揭晓了——4.98万元,比客户期望的价格更吸引人。这个价格与同等规格的微型客车差不多,但是从外观到内饰都是采用与国际同步的轿车配置。此时媒体和客户沸腾了,媒体开始了第三轮自发的奇瑞QQ现象讨论,客户中也产生了奇瑞QQ热,此时人们的心情就是尽快购买。

这时奇瑞公司宣布:QQ是该公司独立开发的一款微型轿车,因此,客户在购车时不必多支付技术转让费用。这为QQ树立了很好的技术形象,给客户吃了一颗定心丸。

2003年6月初,上市阶段,客户对奇瑞QQ的购买欲望已经具备,媒体对奇瑞QQ的关注已经形成,奇瑞QQ自身的产能也已具备,开始在全国同时供货,客户势如潮涌。此后,奇瑞汽车公司邀请了专业的汽车杂志进行实车试驾,对奇瑞QQ的品质进行更深入的真实报道,在具备了强知名度后进一步加深客户的认知度,促进客户理性购买。

2003年7、8、9月,奇瑞QQ开始了热卖阶段,这阶段的重点是持续不断刊登全方位的产品诉求广告,同时针对奇瑞QQ的目标用户年轻时尚的个性特点,结合互联网的特性,联合新浪网,推出"奇瑞QQ"网络flash设计大赛,吸引目标客户参与。

2003年10月,厂家针对已经购车的客户开展了"奇瑞QQ冬季暖心服务大行动",为已经购车的用户提供全方位服务,以不断提高客户对奇瑞QQ产品的认知度及对奇瑞品牌的忠诚度。

2003年11月下旬,厂家更进一步针对奇瑞QQ客户时尚个性的心理特征,组织开展了"QQ秀个性装饰大赛"。由于"奇瑞QQ"始终倡导"具有亲和力的个性"的生活理念,因此在当今社会的年青一代中深获共鸣。

2. 市场细分

奇瑞QQ的目标客户是收入并不高但有知识有品位的年轻人,同时也兼顾有一定事业基础,心态年轻、追求时尚的中年人。一般大学毕业两三年的白领都是奇瑞QQ潜在的客户。人均月收入2 000元即可轻松拥有这款轿车。

奇瑞公司有关负责人介绍说，为了吸引年轻人，奇瑞QQ除了轿车应有的配置以外，还装载了独有的"I-say"数码听系统，成为"会说话的QQ"，堪称目前小型车时尚配置之最。据介绍，"I-say"数码听是奇瑞公司为用户专门开发的一款车载数码装备，集文本朗读、MP3播放、U盘存储多种时尚数码功能于一身，让QQ与电脑和互联网紧密相连，完全迎合了离开网络就像鱼儿离开水的年青一代的需求。

3. 品牌策略

QQ的目标客户群体对新生事物感兴趣，富有想象力，崇尚个性，思维活跃，追求时尚。虽然由于资金的原因他们讲求实际，对品牌的忠诚度较低，但是对汽车的性价比、外观和配置十分关注，是容易互相影响的消费群体；从整体的需求来看，他们对微型轿车的使用范围要求较多。奇瑞把QQ定位于"年轻人的第一辆车"，从使用性能和价格比上满足他们通过驾驶QQ所实现的工作、娱乐、休闲、社交的需求。

奇瑞公司根据对QQ的营销理念推出符合目标消费群体特征的品牌策略。

在产品名称方面：QQ在网络语言中有"我找到你"之意，QQ突破了传统品牌名称非洋即古的窠臼，充满时代感的张力与亲和力，同时简洁明快，朗朗上口，富有冲击力。

在品牌个性方面：QQ被赋予了"时尚、价值、自我"的品牌个性，将消费群体的心理情感注入品牌内涵。

引人注目的品牌语言：富有判断性的广告标语"年轻人的第一辆车"，及"秀我本色"等流行时尚语言配合创意的广告形象，将追求自我、张扬个性的目标消费群体的心理感受描绘得淋漓尽致，与目标消费群体产生情感共鸣。

案例来源：沈小雨. 定位鲜明. 奇瑞QQ诠释"年轻人的第一辆车". 成功营销，2004（2）

【案例分析】轿车已越来越多地进入大众家庭，但由于地区经济发展的不平衡及人们收入水平的差距，人们对汽车的需求走向了进一步的细分。由于微型车的品牌形象在汽车市场一向是低端的代名词，因此把握客户的购买行为的心理影响因素，突出微型轿车年轻时尚的特征与轿车的高档配置，在众多的消费群体中进行细分，才能更有效地锁住目标客户，以全新的营销方式和优良的性能价格比吸引客户。令人惊喜的外观、内饰、配置和价格是奇瑞公司占领微型轿车这个细分市场成功的关键。

1. 透析客户需求，锁定时尚男女

奇瑞QQ的目标客户是收入并不高但有知识、有品位的年轻人，同时也兼顾有一定事业基础，心态年轻、追求时尚的中年人。根据年轻人追求时尚的需求特点，奇瑞QQ除了轿车应有的配置以外，还装载了独有的"I-say"数码听系统，成为"会说话的QQ"，堪称目前小型车时尚配置之最。让QQ与电脑和互联网紧密相连，完全迎合了离开网络就像鱼儿离开水的年青一代的需求。

2. 独特的品牌策略

"QQ"的目标客户群体具有对新生事物感兴趣，富有想象力、崇尚个性，思维活跃，追求时尚的需求特点。虽然由于资金的原因他们讲求实际，对品牌的忠诚度较低，但是对汽车的性价比、外观和配置十分关注，是容易互相影响的消费群体；从整体的需求来看，他们对微型轿车的使用范围要求较多。奇瑞把QQ定位于"年轻人的第一辆车"，从使用性能和价格比上满足他们通过驾驶QQ所实现的工作、娱乐、休闲、社交的需求。

奇瑞公司根据对QQ的营销理念推出符合目标消费群体特征的品牌策略。在产品名称方面：QQ在网络语言中有"我找到你"之意，充满时代感的张力与亲和力，同时简洁明快，朗朗上口，富有冲击力；在品牌个性方面："QQ"被赋予了"时尚、价值、自我"的品牌个性，将消费群体的心理情感注入品牌内涵。在引人注目的品牌语言方面：富有判断性的广告标语"青年人的第一辆车"及"秀我本色"等流行时尚语言配合创意的广告形象，将追求自我、张扬个性的目标消费群体的心理感受描绘得淋漓尽致，与目标消费群体产生情感共鸣。

【案例思考】

1. 从该案例中可以看出，奇瑞QQ汽车营销成功的影响因素有哪些？
2. 如何才能把握目标客户的需求特征？

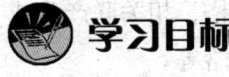

## 学习单元2　客户市场细分

### 学习目标

➢ 掌握市场调查的内容
➢ 掌握市场调查的方法
➢ 掌握市场细分的概念和意义

> 掌握市场细分的原则
> 掌握市场细分的步骤

准确的市场调查是市场细分的前提，只有通过准确的市场调查才能得到科学的市场信息和数据，这是市场细分的依据，进而为开展有针对性的客户服务做好准备。

## 一、市场调查的内容

市场调查的内容很广，归纳起来，有以下八个方面：

**1. 市场需求调查**

市场需求调查，也就是社会购买力及其投向的调查。它包括生产资料购买力和消费品购买力的调查，目的在于掌握生产资料和消费品市场需求状况及其变化趋势。主要调查：市场需求总量、需求构成及其变化趋势，市场面及本企业产品在各个市场面的占有率，商品的购买率和大件耐用商品的普及率等。

**2. 客户调查**

客户调查的目的是了解谁决策、谁购买、为谁买，客户的动机和购买行为是什么。主要调查：现有客户和潜在客户的数量、构成及其地区分布；客户买什么商品、为什么买、怎样买，在什么时间、什么地点购买，是经常购买还是偶然购买，以及购买规模；客户对本企业产品的设计、性能、品质、包装、商标和服务的意见和要求以及对本企业产品的信赖程度。

**3. 商品资源调查**

商品资源调查的目的就是掌握一定时期、一定市场的商品可供量。主要调查：各种商品的生产状况和生产潜力；商品库存量；商品调入调出和进出量；计划期内能为市场提供的产品数量、品种、质量；商品的生命周期，老产品改进、新产品开发及新老产品的更替时间，客户对新产品的评价，新产品需求趋势等。

**4. 价格调查**

价格调查的目的是研究价格变动对商品需求的影响。主要调查：商品价格的成本构成，价格变化的趋势；价格变动对商品销售的影响；影响价格变动的各种因素；商品价格需求弹性，各种商品差价和比价关系；新老产品价格，相关联产品或代用品的价格；竞争者的价格，国家的价格政策和企业的价格策略等。

**5. 流通渠道调查**

流通渠道调查的目的是正确地选择商品的销售渠道，加速商品流转。主要调查：商品销售的地区和销售网点的分布，可供选择的销售渠道种类；中间商品经营状况和经营能力；商品运输路线、运输工具的状况，商品储存的条件及其选择等。

**6. 市场竞争调查**

市场竞争调查的目的是掌握竞争对手情况，使企业在竞争中处于主动地位。主要调查：竞争对手的数目和经营规模；经营商品的数量、品种、性能、质量、规格、花色、包装、用途和交货期限，经营策略和经营手段等。

**7. 促销调查**

促销调查的目的是更有效地刺激客户购买。主要调查：广告的选择及其效果，人员推销、营业推广、公共关系所采取的策略及其对激发客户购买所起的作用等。

**8. 经济效果调查**

经济效果调查的目的是提高企业经济效益。主要调查：一定时期内企业总的经营效果及影响因素，各种营销策略的费用开支、效果及其收益情况。

## 二、市场调查的方法

市场调查方法很多，大体可以划分为如下三大类方法：

**1. 按调查范围划分**

（1）普查

普查是对全部被调查对象进行一次性的全面调查，主要适用于调查对象较少的总体。如居民消费结构普查、大件耐用商品社会保有量普查、商品库存普查、企业普查等。普查所取得的资料比较全面、完整、准确。但由于普查要求有较高的准确性和时效性，要有统一的调查时点，工作量较大，往往花费的人力、物力和时间较多，因此，只能是一次性的调查，不宜经常采取。

（2）抽样调查

抽样调查是从全部被调查对象（总体）中，抽出一部分样本（即子样）来进行调查，并用获得数据推算全面情况的一种调查方法。它是根据概率论原理发展而来的，一般适用于调查对象多且分布面广的总体。抽样调查是市场调查中最广泛采用的方法。例如，居民收入水平的抽样调查、居民需求趋势的抽样调查等。抽样调查要确定合适的样本数目，以保证样本的代表性、典型性，并节省人力、物力、财力。如果样本不足，其代表性误差就大；如果样本太多，又浪费人力、物力、财力。因此，样本多少要根据调查总体大小概率度和允许误差来确定。

（3）典型调查

典型调查是选择一些具有代表性的对象进行调查，然后推算整个市场情况的一种调查方法。这种方法大都适用于调查对象总体大、时间性强的调查项目。如季节性商品需求量的典型调查等。其优点是调查对象不多，资料收集汇总快，花费人力、物力和时间比较少，尤其对于庞大复杂的总体，比普查、抽样调查往往能起到事半功倍的效果。因此，它是市场调查中经常采用的方法，这种方法成功的关键，在于选择的典型对象要具有真正代表性。选取对象的多少主要取决于被调查总数的个体之间差异性大小。差异性大，选取对象多一些；反之，少一些。如果调查对象极广，差异性又大，则可采取划类的办法，即把被调查对象中的个体按一定标志，分成若干类，再按类别选出若干典型个体进行调查。

（4）随意调查

随意调查是根据调查的目的和内容，随意选好调查对象进行调查的一种方法。调查对象多少不固定。例如，了解客户对服装式样的意见、客户对某种商品质量的评价等。调查者可到商店或车站、码头随便找一些人作调查。这种方法简便易行，费用少；缺点是随意性大，不能推断误差，因而不够准确。

**2. 按索取资料具体方式划分**

（1）调查会法

邀请客户、营销人员以及有关专家开会座谈，了解市场动态。其优点是集思广益，共同启发，取长补短，能够较快、较全面地集中各方面意见，得出调查结论。缺点是在会上容易受少数领导人或权威的意见所影响，不能畅所欲言，有时会作出错误决定。

（2）调查表法

根据调查的内容和要求，把调查项目列成表格，进行调查。调查表格的设计要简明扼要，易于填写和回答。一般有下列三种形式：

1）选择法。即回答者可以从表内列出的若干项目中，选择一项或数项进行回答。如问，你家电视机是彩色的还是黑白的？答案只有一项；如问，你为什么要买白玉牙膏？a）价廉物美、b）香型好、c）购买方便、d）包装美观大方，答案可以选择其中一项或数项。这种方法的优点是，问题简单明了，能得到明确的回答，避免中立意见，调查结果便于统计分析；但缺点是，问题回答比较笼统，对意见的程度难以表示，如果是多项选择，不便归类整理。

2）顺位法。请调查对象根据自己的看法，按先后次序对某种商品进行评价。如问，你喜欢哪个牌子的国产电冰箱？双鹿牌、雪花牌、万宝牌、香雪海牌、航天牌、葵花牌。回答者可按自己的喜爱程度，从 1～6 排出顺序来。这种方法的优点是能测量被调查对象对某一问题的态度和意见程度，但缺点是不能回答原因。

3）问答法。表格中只提出问题，由调查对象自由回答。如问，你认为金星彩色电视机质量如何？造型和色彩怎样？由被调查人根据自己的看法，自由回答。这种方法的优点是，可以灵活发表意见，能收集到调查者忽略掉的问题和资料；但缺点是由于一个问题可能有多种答案，给资料的分类整理带来很大困难。

(3) 询问调查法

询问调查法是调查人将所要调查的问题，通过电话、函件或直接面谈的方式向被调查人提出询问，以获得资料的一种方法。具体有以下三种形式：

1）电话调查。客户少，调查项目少，回答问题简单，可用此法。其优点是费用省、速度快，但不能深谈。

2）函件调查。是把调查要求函寄给调查对象，以取得调查资料。其优点是，调查的区域广，被调查者有充分的时间来考虑所要回答的问题，调查费用低；缺点是，回收率低，有时由于答非所问，影响调查的真实性。

3）面谈调查。面谈又有两种形式，一种是上门访问，个别面谈；另一种是召开座谈会，集体面谈。同客户直接面谈，能比较深入了解客户的意见和要求，但调查费用较大。

(4) 直接观察法

直接观察法就是调查人员不暴露身份，在商店、交易会、展销会上，直接观察客户的购买行为和爱好，从侧面了解客户的需求倾向和意见。如浙江某服装厂厂长，要求出差人员通过逛马路、公园和商店，了解市场流行的服装式样和色彩，作为安排本厂生产的重要依据。采用这种方法，需要配备具有丰富经验的调查人员，擅长察言观色，分析判断，才能取得较好的效果。观察法的优点是收集到的资料比较客观、正确，缺点是对客户的心理活动和动机无法观察。

(5) 实验调查法

实验调查法是通过对产品的试销、展销、试用等方式了解市场需要和客户对产品质量、价格、包装、服务等方面的意见。这种方法适用于推广新产品。通过典型实验来评判新产品的发展前途或需要改进之处，然后再作决策。其优点是可以减少市场风险，但缺点是实验费用高。

(6) 建立商情通信网

建立商情通信网是通过兄弟公司或兄弟厂商互相之间传递生产状况、市场动态、销售趋势、价格变化等市场信息，进行情报交流，使各个企业都能了解到市场变化的各种动态。这是经常获得市场信息最重要、最可取的方法。

**3. 按时间连续性划分**

（1）一时调查

一时调查大都是对时点现象所进行的调查，反映现象在一定时点上的状态。这种方法主要用于某种特殊需要所进行的调查。如商品库存调查、节假日购买力调查等。它的优点是能在短时间内迅速掌握所需的调查资料，费用也比较节省；但缺点是缺乏连续性，不能掌握调查对象的发展情况。

（2）经常调查

经常调查是对抽出样本的对象进行长期、反复、连续的调查。这种方法用得最多的是家计调查。如对上海市500户职工家计调查，即选择一些具有代表性的家庭，通过连续登记的方法对其家庭日常收支的各种项目进行调查。这种调查方法能够经常地、系统地、全面地掌握有关资料，对居民消费水平变化、居民需求结构、特点和变化趋势作出正确的分析和判断，并可用这些资料推算整个市场情况。

## 三、客户群体市场细分

美国市场学家温德尔·史密斯（Wendell Smith）于20世纪50年代中期提出了市场细分的概念。市场细分，是指把一个总体市场按照客户需求和欲望划分成若干个具有共同特征的子市场的过程。属于同一细分市场的客户的需求和欲望极为相似，属于不同细分市场的客户对产品的需求和欲望则存在着明显的差别。

**1. 市场细分的意义**

（1）有利于确定目标市场和制定营销策略

目标市场选择正确与否直接影响着企业今后的发展战略，因为目标市场的选择是企业发展后劲的"先天条件"。所以，企业必须找到一个理想的目标市场。一个理想目标市场的选择又必须依据科学的市场细分策略，只有通过市场细分，才能将大的市场划分为若干个小市场，企业才能根据自己的各方面条件对此作出正确的抉择。市场被细分后，因为子市场相对较小，所以方便了解客户的需求，制定相应的营销策略。同时，在细分的市场上，也便于信息了解和反馈。一旦客户的需求发生变化，企业就可迅速改变营销策略，以适应市场变化，提高企业的应变力和竞争力。

（2）有利于发现市场机会，开拓新市场

通过市场细分，企业可以根据对细分市场的购买潜力、满足程度、竞争情况进行分析比较，从而探索出有利于本企业的市场机会，开拓新市场，以更好地适应市场的需要。比如，20世纪90年代的洗衣机市场竞争非常激烈，加上进口产品的冲击，国内许多企业都面临着经营困难，济南洗衣机厂也不例外。但它们没有退缩，全体人员通过市场调研、分析，运用市场细分的原理和方法，发现了如下情况：

1）全自动洗衣机有"小天鹅""金羚"和"荣事达"等名牌在争霸。
2）单缸、双桶及半自动洗衣机被"威力""荷花"等品牌占领。
3）在国外已较为普及的滚筒式洗衣机在我国市场上仍是一个空白，除个别品牌外，市场上尚无国产品牌。

综合分析国内市场的变化和人们需求的多样化，济南洗衣机厂开始引进先进的技术和设备，生产滚筒洗衣机，结果产品一上市，就受到客户的喜爱，产品畅销全国。通过市场细分，济南洗衣机厂不仅走出了困境，而且成为国内生产滚筒式洗衣机的名牌企业，"小鸭·圣吉奥"从此享誉中国。

（3）有利于集中人力、物力投入目标市场

中小企业的资金、技术和经营能力都有限，无法和市场上的大型企业相抗衡，因此，只能在市场细分的基础上，找到市场空白点，集中人力、物力投入目标市场，见缝插针，使自己在规避竞争中不断发展和壮大。

**2. 市场细分的原则**

要在市场细分方面获得成功，需要遵循以下四个原则：

（1）可衡量性原则

可衡量性是指对细分市场上客户需求的差异性能明确地反映和说明，细分后的市场范围、容量、潜力等也能定量地加以说明。

（2）可占据性原则

可占据性是指细分的市场规模、发展潜力、购买实力等都足够大，可以保证企业进入该市场后的销售额足够大并完全有条件去占领该市场。

（3）相对稳定性原则

相对稳定性是指细分的市场能够保证企业在一段时间内保持经营的稳定，不会出现因细分市场的变动而给企业带来较大的损失或风险，以保证企业稳定的利润收益。

（4）可接近性原则

可接近性是指企业可以方便地进入细分市场，不会受到诸多的限制。如果企业在进入市场上花费过多的财力、物力，就会增加成本，影响价格对客户的吸引力。

**3. 市场细分的依据**

市场得以细分的基础是客户需求的差异。影响客户需求差异的变量有很多，概括起来，影响客户市场细分的变量主要有四类：地理变量、人口变量、心理变量和行为变量。以这些变量为依据就产生了按地理变量细分市场、按人口变量细分市场、按心理变量细分市场和按行为变量细分市场四种基本形式。

（1）按地理变量细分市场

按照客户所在的地理位置、自然环境进行市场细分。地理变量很稳定，是市场细分中重点考虑的因素。但要注意，处于同一地理位置的客户的特点也可能有很大差异。所以，简单地以某一地理特征区分市场，不一定能真实反映客户的需求特点，还应结合其他再细分的变量进行综合考虑。例如，根据国家、城市、气候等方面的差异将整个市场划分为不同的子市场。

（2）按人口变量细分市场

以人口统计为基础进行市场细分。人口统计变量比较容易衡量，有关数据也比较容易获取，所以，它也是企业进行市场细分的重要依据。

人口统计变量的内容包括：性别，男性和女性在产品需求和偏好上会有很大不同；年龄，不同年龄的客户会有不同的需求特征；收入，收入不同的客户在消费品的选择上会有很大的差别；职业与教育，客户的职业、所受教育的不同会引发不同的购买需求；家庭生命周期，单身阶段因为没有经济负担会呈现娱乐导向型购买，新婚阶段会对大型消费品需求强烈，满巢阶段注重购买档次较高的商品及子女的教育投资，空巢阶段老年用品、娱乐、服务性支出增加，孤独阶段注重情感及安全的需要。除此之外，经常用于市场细分的人口变量还有家庭规模、宗教、种族、国籍等。因此，大多数企业都会采用两个以上（包括两个）人口统计变量进行市场细分。

（3）按心理变量细分市场

心理变量与人们所处的社会阶层、生活方式和个性特点关系密切。社会阶层是指在一个社会中按等级排列的具有相对的同质性和持久性的群体，同一阶层成员具有类似的价值观、兴趣爱好和行为方式。所以，识别不同社会阶层的消费特点，为市场细分提供了重要依据。生活方式因人而异，随着社会的发展，人们的生活方式越来越多样化，所以，找到适合自己企业的一种类型，从中突破，仍可在市场中站住脚。个性是一个稳定的心理特征，个性会影响一个人或者一群人的购物风格，所以，按照性格特点进行分类，也可以为企业细分市场提供依据。

（4）按行为变量细分市场

行为细分是指根据客户对产品的了解程度、使用情况、反映、态度等的不同将他们划分为不同的群体。行为细分能更直接地反映客户的需求差异，因而是细分市场的最佳立足点。行为变量细分包括以下五项：

1）购买时机。根据客户购买产品的不同时机将他们分成不同的群体。

2）追求利益。按地理、人口、心理变量细分市场是建立在对细分市场人群的事后分析之上，不能用来对未来购买者行为进行有效预测，但未来预测才是企业最关注的地方。这就是为什么有些研究人士认为利益细分才是市场细分最有效的出发点的原因。

3）使用者状况。以客户是否经常购买、首次购买、潜在购买还是非购买者为细分依据。

4）使用数量。以客户是大量使用、中量使用还是轻量使用为细分依据。

5）品牌忠诚度。根据客户对品牌的忠诚情况进行市场细分，通过对客户忠诚情况的研究，为企业选择目标市场提供思考。

**4. 市场细分的步骤**

"市场细分"是一个动态的过程，整个过程可以分为以下六个步骤：

第1步，了解基本情况，定义市场。

在市场细分开始前企业营销人员需要和客户讨论如下问题，以更好地进行项目设计：

（1）客户对产品或服务介入的程度有多深？

（2）客户对这种产品、服务或该行业了解有多深？他们愿意而且能够讨论到何种程度？

（3）这是一种新产品还是现有产品？

（4）市场细分研究的目的是什么？是增加现有客户对产品的忠诚度，是吸引新的客户，还是将客户从竞争对手那边吸引过来？

（5）市场细分研究是为短期规划服务还是为长期战略服务？

（6）企业管理者和销售者对现有市场结构的看法如何？

第2步，确定基础变量，即细分标准。

第3步，收集数据。

第4步，分析数据，完成市场的初步细分。

第5步，评估各细分市场，选择目标市场。

评估各细分市场是否为有效细分的标准如下：

(1) 可确认：可以描述和测量该市场的特征。

(2) 有反应：须对企业的产品和服务有反应。

(3) 足够大：以保证有利可图。

(4) 可接近：必须通过某种手段可以接触到。

(5) 稳定的：人口特征和需求特征不会随时间变化，或至少市场规模不要减少。

(6) 可行性：企业必须有足够的能力照顾到该（这些）目标市场。

(7) 增长性：好的细分市场应该具有增长潜力。

(8) 空白点：细分市场如果被竞争者牢固占领，则其吸引力会大大降低。

评估细分市场应考虑以下因素：

(1) 细分市场的规模及增长率：适当的规模增长。

(2) 细分市场的结构吸引力：强大的竞争者、替代品的存在、其他相关购买力等。

(3) 公司目标与资源。

第 6 步：设计营销战略。完成以上 5 个步骤后，企业已经明确了目前所处的细分市场以及将要进入的细分市场，接下来的工作，将是制定营销战略来攻克这个细分市场。制定营销战略时除了考虑运用各种各样的战略策略以外，还应考虑企业对每个方案的执行能力和执行程度，很多设计方案都被束之高阁，就是因为没有站在企业现实情况的角度去制定可操作性强的、有效的营销战略。

【案例1—2】 客户市场细分——中国移动通信公司的市场细分

中国移动作为国内专注于移动通信发展的通信运营公司，曾成功推出了"全球通""神州行"两大子品牌，成为中国移动通信领域的市场霸主。但市场的进一步饱和、联通的反击、小灵通的搅局，使中国移动通信市场弥漫着价格战的狼烟，如何吸引更多的客户资源、提升客户品牌忠诚度、充分挖掘客户的价值，成为运营商成功突围的关键。作为霸主，中国移动如何保持自己的市场优势？

2003 年 3 月，中国移动推出子品牌"动感地带"，宣布正式为年龄在 15~25 岁的年轻人提供一种特制的电信服务和区别性的资费套餐。针对这一年龄阶段细分市场的消费特点，中国移动开展了一系列的营销活动。比如，2003 年 4 月，中国移动聘请台湾新锐歌星周杰伦作为"动感地带"（M-ZONE）形象代言人；2003 年 9—12 月，中国移动在全国举办"2003 动感地带 M-ZONE 中国大学生街舞挑战赛"，携 600 万大学生掀起街舞狂潮；2003 年 11 月，中国移动"动感地带"（M－ZONE）与麦当劳宣布结成合作联盟，此前由动感地带客户投票自主选择的本季度"动感套餐"也同时揭晓；2003年12月，中国移动以"动感地带"品牌全力赞助"未来音乐国度——U and Me！第十届全球华语音乐榜中榜"评选活动。

中国移动认准15~25岁的年轻人这一细分市场，深入研究这一市场的需求特点，通过各种强有力的营销手段，倾力打造"动感地带"的品牌。目前，动感地带的用户已远远超出一千万人，并成为移动通信中预付费用户的主流。凭借其品牌战略和市场细分战略，中国移动将中国电信市场从资源竞争带入了营销竞争时代。

**【案例分析】**手机已成为人们日常生活的普通沟通工具，伴随着3G浪潮的到来，手机将凭借运营网络的支持，实现从语音到数据业务的延伸，服务内容更趋多样化，同时孕育着更大的市场商机。

同其他运营商一样，中国移动旗下的全球通、神州行两大子品牌缺少差异化的市场定位，目标群体粗放，大小通吃。一方面是移动通信市场黄金时代的到来，另一方面是服务、业务内容上的同质化，面对"移动牌照"这个资源蛋糕将会被越来越多的人分食的状况，在众多的消费群体中进行个性化细分，更有效地锁住目标客户，以新的服务方式提升客户品牌忠诚度，以新的业务形式吸引客户，是运营商成功突围的关键。

根据麦肯锡对中国移动用户的调查资料表明，中国将超过美国成为世界上最大的无线市场，从用户绝对数量上说，到2011年中国的无线电话用户数量将超过8亿个，其中将有3亿用户使用无线互联网服务。

从以上资料可看出，25岁以下的年轻新一代消费群体将成为未来移动通信市场最大的增值群体，因此，中国移动将以业务为导向的市场策略率先转向了以细分的客户群体为导向的品牌策略，在众多的消费群体中锁住15~25岁年龄段的学生、白领，产生新的增值市场。

锁定这一消费群体作为自己新品牌的客户，是中国移动"动感地带"成功的基础。

1. 从目前的市场状况来看，抓住新增主流消费群体

15~25岁年龄段的目标人群正是目前预付费用户的重要组成部分，而预付费用户已经越来越成为中国移动新增用户的主流，中国移动每月新增的预付卡用户都是当月新增签约用户的10倍左右，抓住这部分年轻客户，也就抓住了目前移动通信市场大多数的新增用户。

2. 从长期的市场战略来看，培育明日高端客户

以大学生和白领为主的年轻用户，对移动数据业务的潜在需求大，且购买力会不断增长，有效锁住此部分消费群体，三五年以后将从低端客户慢慢变成高端客户，企业便为在未来竞争中占有优势埋下了伏笔，逐步培育市场。

3. 从移动的品牌策略来看，形成市场全面覆盖

全球通定位高端市场，针对商务、成功人士，提供针对性的移动办公、商务服务功能；神州行满足中低市场普通客户通话需要；"动感地带"有效锁住以大学生和公司白领为主的时尚用户，推出语音与数据套餐服务，全面出击移动通信市场，牵制住了竞争对手，形成预置性威胁。

【案例思考】
1. 从案例中可以分析，中国移动公司精准的市场细分给它带来了哪些好处？
2. 中国移动公司市场细分的依据有哪些？

# 第2节 客户服务人员职责制定

**学习目标**

➢ 掌握客户服务岗位的主要工作内容
➢ 掌握客户服务岗位设计模板的相关知识
➢ 掌握客户服务人员的岗位职责

## 一、客户服务岗位分析

客户服务是基于广义的服务概念而言的，在日趋激烈的市场竞争中，服务在客户心目中的比重越来越大。这意味着，服务的好坏越来越成为赢得客户和市场的关键。对客户来说，得到服务意味着能够最便利地获得产品的利益，最大化地享受到产品的价值。对供应商来说，服务已成为产品不可或缺的一部分。产品成为销售服务的一个平台。供应商通过服务来销售更多的产品，也通过服务来获得更多的利润。对服务人员来说，通过职业化的服务来满足他人的需求，以此获得自我满足的能力。用一句话来概括就是，急客户之所急，想客户之未想，一切以客户服务为中心。

**1. 客户服务定义**

客户服务，简单地说，就是为企业的客户提供他们想要的服务，维护企业与客户之间的关系。引导客户消费企业的产品（服务），在客户使用产品（服务）的过程中提供有效的帮助和其满意的售后服务，最终完成产品（服务）的二次销售。对客户服务部门而言，客户的范围很广，包括外部客户（签约客户、准客户、意向客户等）、内部客户（企业员工、企业各部门）和企业的合作伙伴，即产品（服务）供应商、分销商和其他与企业有合作关系的单位或个人。可以说，客户服务部是企业的第二个销售部。

**2. 客户服务岗位主要工作**

客户服务岗位主要工作包括产品（服务）的售前咨询、售中引导、售后服务、售后回访等。在售前阶段，收集客户信息，联系客户，了解客户的需求，这些全是客户服务人员的职责。售中阶段，主要是引导客户完成消费，为客户讲解企业的产品（服务），并从不同的渠道了解客户对产品（服务）的需求情况，记录并交到有关部门。售后阶段，是客户服务工作的重点，其工作职责可以总结成两句话：解决客户存在的问题，为客户提供满意的解决方案。只有做好这两点，才有可能让客户对企业的产品（服务）感到满意，并能二次或多次继续消费，这也是客户服务部门存在的意义。回访，也是客户服务人员的重要工作。通过回访，可以了解到客户对企业产品（服务）是否满意，如果不满意，问题出在什么地方？是产品的问题还是服务的问题？如果是服务的问题，应该怎样让客户满意？如果是产品的问题，应该将客户意见递交到哪个部门？只有有了"客户满意度"这个数据，才能更好地完成客户服务工作。

**3. 如何做好客户服务工作**

客户服务部是企业对外联系的窗口，对企业创立品牌形象起着至关重要的作用。客户就是企业的命脉，而客户服务部门又是联系客户与企业的桥梁，所以，做好客户服务工作，对企业而言，是非常重要的。如何才能做好客户服务工作，关键在于从客户服务人员的角度去提高服务的质量，从企业或厂家方面提高产品（服务）的质量。如果有投诉产生，则应尽快为客户解决问题；如果问题是客户自己的使用方法欠妥或其他方面原因导致的，则应告知客户正确的使用方法或为客户提供满意的解决方案。"客户至上"，永远是客户服务人员的第一理念。永远站在客户的角度为客户解决问题，企业的忠诚客户将越来越多。在具体工作中，应制定适合企业的客户服务流程，规范客户服务部门的管理制度，定期为客户服务人员提供必要的培训，提升其服务技能，更好地为客户提供服务，为企业赢得口碑，赢得效益。

关于投诉，永远是客户服务工作中的重点。根据以往对电话回访数据的调查统计，单次销售产品或服务，每100个客户中，有10~20个人会对产品（服务）感到不满意，在这一二十人中，打电话投诉的只有2~3个人。所以，一旦有客户投诉产生，必定是客户对产品（服务）感到非常不满，心里有怨言。因此，对投诉必须马上解决，把客户的不满解决在初级阶段。如果客户觉得产品（服务）不够好，客户服务又不能帮他解决问题，那么企业将永远失去这个客户。任何企业的客户都是一个一个积累起来的。失去第一个，就会有第二个。失去一个客户，就会失去一片客户。

**4. 客户服务人员的必备素质**

要做好客户服务工作，客户服务人员的心理素质和个人素质是关键。一个优秀的客户服务人员，应当在接到客户电话或者面对客户的时候，能让客户感觉到你是在用真心为他服务，能让他从你的声音和表情中，感觉到你很乐意为他服务。不要带着情绪去接客户的电话或者面见客户，那只会将不好的情绪传染给客户，让工作更加难做。因此，企业要确定能胜任客户服务岗位的服务人员必须具备的素质要求。

（1）客户服务岗位所需要的关键知识

客户服务岗位的服务人员必须了解工作方法以及产品、服务和客户等方面的知识，了解该岗位对服务人员的工作水平有何要求等。

（2）客户服务岗位必须具备必要的技能

客户服务岗位的服务人员必须了解该岗位的胜任者必须要完成的工作任务，完成该岗位工作必须具备的工作技能及人际交往技能等，并且努力使自己成为该岗位技能的熟练操作者。

（3）客户服务岗位必须具备的品格素质

客户服务的重中之重是永远站在客户的角度想问题，所谓"同理心"，就是要设身处地地理解客户的情绪，感同身受地体会客户的处境及感受，并应客户所需。一个优秀的客户服务代表，永远都是一个优秀的心理学家，感受客户所感受，想客户所想，从中探察客户的最终目的，并以此为导向，开展客户真正需要的服务工作，身为客户服务人员，这是要做的第一点。此外，客户服务人员还应注重承诺，具有宽容心、谦虚诚实、积极热情等良好的品格素质，只有这样才能使每次服务都得到客户信赖，让客户感觉是有人真诚地在为他服务。如果可以做到这些，你就是一名专业的客户服务人员！

## 二、客户服务人员工作分析

### 1. 工作分析的方法

（1）问卷调查法

问卷调查法是工作分析最主要的方法之一，调查内容包括工作任务、活动内容、工作范围、必需的知识技能等。由于问卷将直接反馈到人力资源部门，所以问卷的收集、分析等工作应该是保密的。同时，在问卷的格式上应尽量设计成单选式，减少填充式内容。

优点：费用低、速度快、调查范围广，而且能够规范化、数量化，有利于使用计算机统计结果。

缺点：问卷设计水平的高低将直接影响调查结果，而且不容易了解调查对象的态度、动机等深层次信息。

（2）实地观察法

实地观察法是通过实地观察记录员工工作的流程和其他信息的方法。在现场观察时，应尽量不引人注意，以保证观察的真实性。

优点：运用该方法可以直观、全面地了解工作过程，所获得的信息比较客观准确。

缺点：实地观察法对脑力技能占主导的工作是无效的，比如对财务分析人员的工作，光靠观察不能全面揭示这项工作的要求。

（3）面谈法

通常，工作分析人员先和员工面谈，帮助他们描述出自己履行的职责；然后再和直接管理者接触，检验从员工那里获得的信息是否准确。

优点：通过与员工沟通，可获得更多的职务信息，缓解他们的工作情绪，易于控制，适用于对文字理解有困难的人。该方法过程简单，并能十分迅速地收集信息。

缺点：需要专门的技巧；比较费时、费力，工作成本高；被访者往往出于自身利益，有意无意地夸大或弱化某些职责，导致信息失真；工作分析人员的思维定式或偏见也会影响判断和提问。因此，该法不能单独使用，必须结合其他方法。

（4）工作日志法

员工以工作日志的形式记录其日常工作活动，这份日志就能很自然地揭示某项工作的全部内容。

优点：获取的信息可靠性较高。如一个办公室主任的工作日志上可能按时间顺序写着请示、文件起草、文件签发、文件签收、布置工作、会议安排、对外联络、信访接待、内部协调等事项，一天的工作内容一目了然。

缺点：不适用于工作循环周期长、技术含量较高的专业性工作，需要克服员工有意夸大工作重要性的问题。

在实际工作分析中，通常会结合使用以上四种方法。如在分析事务性工作和管理工作时，可能会采用问卷调查法，并辅之以面谈和有限的观察。在研究生产性工作时，可能采用面谈和广泛的工作观察法等。

（5）基本分析方法

基本分析方法包括观察分析法、工作者自我记录分析法、主管人员分析法、访谈分析法、纪实分析法、问卷调查分析法。

1）观察分析法。一般是由有经验的人，通过直接观察的方法，记录某一时间内工作内容、形式和方法，并在此基础上分析有关的工作因素、达到分析目的的一种方法。这种方法通常带有一定的隐蔽性。比较适用于短时期内外显行为特征的分析，不适用长时期的心理素质的分析。

2）工作者自我记录分析法。一般由工作者本人按照标准格式，及时详细地记录自己的工作内容与感受，然后在此基础上进行综合分析，实现工作分析目的的一种方法。其基本依据是：从事某一工作的人对这一工作的情况与要求最清楚。这种方法比较适用于高水平、复杂工作的分析，体现其比较经济与有效的功用。

3）主管人员分析法。由主管人员通过日常的管理权来记录与分析所管辖人员的工作任务、责任与要求等因素。其依据是：主管人员对这些工作有相当深刻的了解。

4）访谈分析法。当不可能实际去做某项工作，或不可能去现场观察以及难以观察到某种工作时，就可以采用访谈分析法，通过访问工作者，了解他们所做的工作内容，为什么这样做以及如何做，由此获得工作分析的资料。访谈的对象可以是工作者，也可以是主管人员。这种方法既适用于短时间的生理特征的分析，也适用于长时间的心理特征的分析。

5）纪实分析法。通过对实际工作内容与过程的如实记录，达到工作分析的目的。

6）问卷调查分析法。采用问卷来获取工作分析的信息，实现工作分析的目的。是在工作分析中最为常用的一种方法。

**2. 任务分析技术**

（1）任务分析的概念

任务分析，是指工作分析者借助一定的手段与方法，对整个岗位的各种工作任务进行分析分解，寻找出构成整个岗位工作的各种要素及其关系。

(2) 任务分析的方法

1）决策表：把工作活动中的条件与行动加以区分，根据不同的条件，采用不同行动的对应关系，并以表格的形式揭示。

2）流程图：以工作活动流程图的形式来揭示工作任务的操作要素与流向。

3）语句描述：通过语言的形式来揭示工作任务中的要素、关系以及运作要求。

4）时间列形式：依据工作时间长短与顺序来揭示整个工作过程中各种任务的轻重与关系。

5）任务清单：把岗位工作活动中所有的任务逐个列出，让被调查的人选择并标明前后顺序、重要程度或困难程度。

上述五种方法中，1）和 2）比较适合任务之间存在前后顺序或逻辑关系的流水作业岗位分析；3）、4）和 5）比较适合缺乏逻辑关系与顺序关系的岗位任务分析。

**3. 人员分析技术**

(1) 人员分析的概念

人员分析，即任职资格分析，就是通过一定的方法寻求那些足以保证人们成功地从事某项工作的知识、能力、技能和其他个性特征的因素。

(2) 人员分析的途径

人员分析的途径有两个：一是岗位定位，二是人员定位。

岗位定位，就是通过对岗位工作任务的要求分析来确定任职资格。

人员定位，就是通过对任职者行为活动及其成效的分析概括出任职资格。

(3) 人员分析的方法与技术

常见的方法与技术大致有：职能工作分析、关键事件技术、工作因素法、职位分析问卷、临界特性分析、能力要求尺度法。以下主要介绍前三者的方法。

1）职能工作分析：通过任职者本人对有关数据资料的处理、人员交往与管理、工具的操作水平要求等分析，来确定人员的任职资格。

2）关键事件技术：通过设计一定的表格，专门记录工作者工作过程中那些特别有效和特别无效的工作行为，以此作为将来确定任职资格的一种依据。

3）工作因素法：把各种知识、能力、技能以及可以影响工作成功的个人素质看做工作因素，然后让工作分析者按照规定作出判定并予以标记。

### 4. 方法分析技术

（1）方法分析的概念

方法分析，就是通过系统的观察、记录与分析现有的工作过程，以发现存在的问题并提出最优的运作方式。

（2）方法分析的内容

1）工作过程中有没有不合理、不经济的行为及环节。

2）工作过程中有没有不合理、不经济的分工及协作。

3）工作过程中人、事、物三者之间有没有不合理、不经济及不均匀的现象。

4）工作过程中的人是否充分发挥了他的主动性与创造性，在哪些环节上没有做到。

（3）分析技术

问题分析：常用于工作要素与流程分析。有五个操作步骤：目的分析、地点分析、顺序分析、人员分析、方法分析。

有效工时利用率分析：是指在工作日内，完全用于生产劳动并能够创造出劳动价值的工时与制度工时之比。

优选法分析：是通过对各项工作任务作不同的排列与组合，寻找最佳操作方式，节约时间，提高效率的一种分析方法。

## 三、客户服务人员位设计及岗位职责

### 1. 岗位设计

客户服务管理岗位应依据需要服务的客户群规模和业务量及不同的职责部门来设置，一般分为若干等级见图1—5。

### 2. 岗位职责

客户服务人员的岗位职责多种多样，不同企业制定的职责也不尽相同，下面仅对客户服务管理岗位设计模板中的职位进行相应说明。

（1）客户服务经理岗位职责

1）负责管理客户服务部各服务项目的运作。

2）负责对客户服务人员进行培训、激励、评价和考核。

3）负责对企业的客户资源进行统计分析。

4）负责按照分级管理规定定期对所服务的客户进行访问。

5）负责按客户服务部的有关要求对所服务的客户进行客户关系维护。

6）负责对客户有关产品或服务质量投诉与意见处理结果进行反馈。

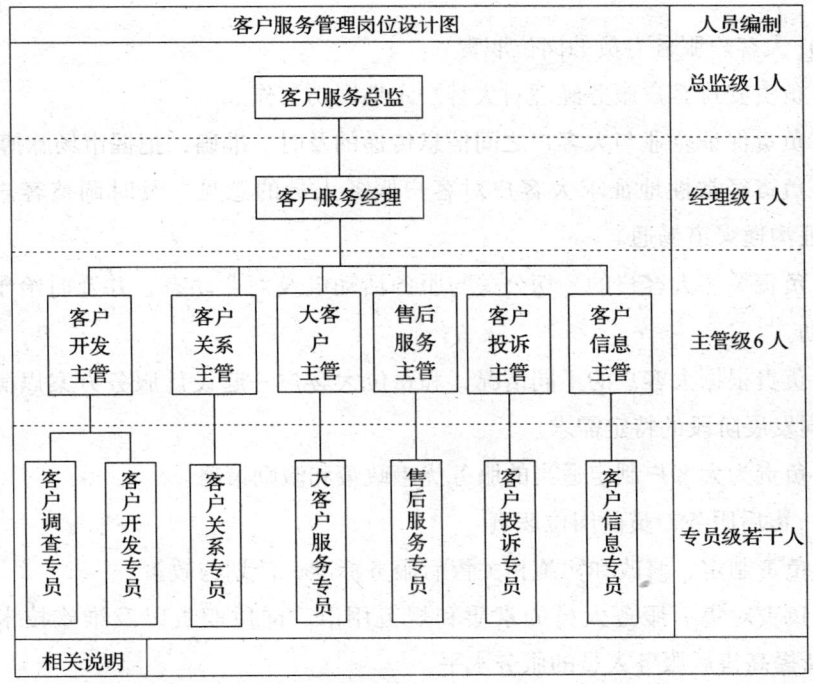

图1—5 客户服务管理岗位设计模板

7) 负责大客户的接待管理工作,维护与大客户长期的沟通和合作关系。

8) 负责创造企业间高层领导交流的机会。

(2) 客户关系专员的岗位职责

1) 负责维护客户关系,包括拜访客户、客户关系评价和提案管理等。

2) 负责与客户日常交往管理,包括客户拜访工作、客户接待工作等。其目的是巩固企业与客户的关系。

(3) 客户信息专员的岗位职责

1) 负责客户信息调查工作。是制订调查计划,明确调查时间、调查目的、调查对象以及调查对象的数量;二是统一调查方法,事前充分模拟,有效完成资料收集工作。

2) 负责客户信息分析工作。对各种客户调查资料的内容、可信度、使用价位等作出分析判断,得出结果,并提交上级有关部门,作为决策的依据。

3) 负责客户档案管理工作。对客户资料进行立档,并对客户档案保管使用及保密工作提出要求。

4) 负责信用管理。负责客户信用调查、信用度评估,并对客户信用进行分级管理。

(4) 大客户服务专员的岗位职责

1) 负责安排客户服务经理对大客户定期回访工作。

2) 负责保证企业与大客户之间信息传递的及时、准确,把握市场脉搏。

3) 负责经常性地征求大客户对客户服务人员的意见,及时调整客户服务人员,保证沟通渠道畅通。

4) 负责关注大客户的一切公关与服务活动以及商业动态,并及时给予技术支援或协助。

5) 负责根据大客户的不同情况,和每位大客户一起设计服务方案以满足大客户在不同发展阶段的特定需求。

6) 负责为大客户制定适当的服务优惠政策和激励策略。

(5) 售后服务专员的岗位职责

1) 负责制定、修改和实施相关售后服务标准、计划与政策。

2) 负责对售后服务人员的素质和规范用语、岗位职责以及维修技术等的培训,不断提高售后服务人员的服务水平。

3) 负责对售后服务人员售后服务流程的培训,不断提高售后服务人员工作效率。

4) 负责售后服务资源的统一规划和配置,对售后服务工作进行指导和监督。

5) 负责指导售后服务具体工作,以保证售后服务质量。

6) 负责收集客户和客户意见,整理和分析产品售后服务过程中反馈的数据和信息,分别转送企业相关部门。

7) 负责审批和制订不良品和产品配件的计划、发放及处理,有效控制售后服务费用。

8) 负责对企业售后服务政策的最终解释,加强与客户的沟通和调解售后服务中的纠纷事宜。

(6) 客户投诉专员的岗位职责

1) 负责制定统一的客户投诉案件处理程序和方法。

2) 负责对客户投诉案件进行登记。例如客户投诉产品的订单编号、料号、数量、交运日期等。

3) 负责检查审核"投诉处理通知",确定具体的处理部门。

4) 负责协助各部门对客户投诉的原因进行调查。

5) 协助各部门开展对客户投诉案件的分析和处理工作,填制由客户服务部统一印制的投诉统计报表。

6）负责提交客户投诉调查报告，分发给企业有关部门。

7）负责客户退换货手续的办理。

8）负责将客户投诉处理中客户所反映的意见和服务处理结果提交企业有关部门。

9）负责定期向客户服务经理汇报客户投诉管理工作情况。

10）负责受理客户投诉，跟踪商品售后信息，做好客户回访工作。

【案例1—3】 客户服务人员岗位职责
——某物业管理公司客户服务中心的岗位职责

一、客户服务中心职责范围

1. 负责住户入住、装修手续的办理，住户房屋及设施、公共设施等工程维修接待、下单安排、跟踪和回访工作。

2. 负责住户投诉处理工作及日常住户联系、沟通协调工作。

3. 负责副主管以下员工招聘、培训的具体工作。

4. 定期组织开展文化娱乐活动，丰富社区文化生活，增强社区凝聚力。

5. 按市物价局公布的收费标准和有关管理规定，及时向业主、使用人通知收取及催缴相关物业管理费用，根据计划财务部提供的相关数据公布收支情况。

6. 负责对管理处各部门工作的检查监督。

7. 负责管理处内部行政事务、文档的管理。

8. 在公司职能部门的指导下，开展各项有偿服务。

二、管理处副主任（客户服务主管）岗位职责

1. 协助管理处主任开展管理处职责范围内的各项工作。

2. 负责小区日常服务管理工作的检查、监督，对不符合内部管理和小区管理要求的现象，及时纠正或向上级及相关部门反映。

3. 负责小区住户投诉、纠纷协调处理和住户日常联系走访及意见征询工作，制订并组织实施小区住户各阶段联系沟通方案，积极赢得广大住户的理解、支持。

4. 组织办理住户入住和装修手续及相关资料的归档。

5. 指导住户房屋设施报修接待、登记，及时安排维修部上门处理，并做好相应督促和住户对处理结果的意见征询工作。

6. 负责物业管理相关费用的收缴工作。

7. 负责客服中心员工的考核工作。

8. 协助并参与日常住户联系走访工作,与住户建立良好的沟通关系。

9. 负责组织社区文化活动及社区宣传工作。

三、客户服务中心行政主管岗位职责

1. 根据《员工培训制度》,负责协调、监督本管理处员工培训工作,并具体进行员工的岗前培训工作。

2. 负责相关文件的起草、整理工作,负责主管以下员工招聘、人事、劳资等相关事务及日常行政事务工作。

3. 负责员工的考勤审核及工资的制表工作。

4. 负责管理处各项行政、人事、劳资等档案的归口管理。

5. 协助管理处主任做好对外接待工作。

6. 协助开展社区文化活动和社区宣传工作。

四、客户服务管理员岗位职责

1. 负责办理住户入住及装修手续。

2. 处理住户日常报修、投诉工作。

3. 负责住户走、回访及物业管理相关指定费用的收取、催缴工作。

4. 负责小区日常工作巡查、监督工作。

5. 负责一般通知及文稿的草拟、打印、校对工作。

6. 协助做好小区文化活动和宣传工作。

【案例分析】该物业公司在管理过程中设置了客户服务中心,这在物业管理中是较为先进的理念。其根据实际工作的需要,设置了管理处副主任(客户服务主管)岗位、客户服务中心行政主管岗位、客户服务管理员岗位,各岗位分工明确,职责明晰,体现了物业管理中实行客户式管理的优越性。

【案例思考】该物业公司制定岗位职责时应注意哪些问题?

# 第3节 客户服务规范制定

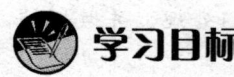 学习目标

➢ 掌握客户服务规范制定的意义
➢ 掌握客户服务规范的构成

➤掌握客户服务工作程序

客户服务规范是企业客户服务人员具体操作的规范体系,是达到企业战略目标,树立企业良好形象,塑造品牌的重要保障。因此,要做好客户服务工作,就必须制定好客户服务规范,保证客户服务工作规范化进行。

## 一、客户服务规范制定的意义

规范是企业在管理过程中借以约束全体成员行为,确定办事方法,规定工作程序的各种章程、条例、守则、规程、程序、标准、办法等的总称。规范的基本作用是约束人们的行为,通过约束人们的行为而促使个人与企业向同一个目标前进。客户服务的管理需要更准确详尽、可直接运作的规范。制定客户服务规范,将各岗位的客户服务人员的责任和权利更为具体地予以规定或说明,以便于操作执行和监督检查。成功的客户服务规范,其效果是使客户服务工作平稳、流畅、高效,并可基本上达到防患于未然。

## 二、客户服务规范的构成

**1. 礼貌用语规范**

客户服务人员在工作过程中语言的使用至关重要,良好的语言可以促进客户服务顺利开展。常用的基本礼貌用语如下。

(1) 称呼语

小姐、女士、先生、大姐、阿姨、大伯等。

(2) 问候语

您好、早上好、下午好、晚上好、您回来了等。

(3) 祝贺语

恭喜、祝您节日愉快、祝您圣诞快乐、祝您新年快乐、祝您生日快乐、祝您新婚愉快、祝您新春快乐等。

(4) 告别语

再见、晚安、明天见、祝您一路平安等。

(5) 道歉语

对不起、请原谅、打扰了、失礼了等。

(6) 道谢语

谢谢、非常感谢等。

（7）应答语

是的、好的、我明白了、不客气、没关系、这是我应该做的等。

（8）征询语

请问您有什么事？请问我能为您做什么吗？请问需要我帮您做什么吗？请问您还有别的事吗？

（9）解释语

很抱歉、对于这种情况，企业的规定是这样的。

（10）基本礼貌用语10字

您好、请、谢谢、对不起、再见。

（11）商量语

您看这样好不好？

**2. 行为举止规范**

良好的行为举止是一种无声的语言，在工作各个方面体现如下：

（1）双手为客户递送物品。

（2）服务时，打喷嚏、咳嗽应将头转开或低下，并说对不起。

（3）不随地吐痰，不乱扔果皮、纸屑。

（4）上班时间不吃零食，不玩弄个人小物品。

（5）不在客户面前吸烟、掏鼻孔、掏耳朵、搔痒、脱鞋、卷裤脚衣袖、伸懒腰、哼小调、打哈欠。

（6）在走廊、过道、电梯或活动场所与客户相遇时，应主动致意，礼让其先行。

**3. 服务态度规范**

（1）为客户提供服务时，无论何时均应面带微笑、和颜悦色、给人以亲切感；与客户谈话时，应聚精会神、注意倾听，给人以受尊重之感；应坦诚待人，不卑不亢，给人以真诚感；应神色坦然、轻松、自信，给人以宽慰感；应沉着稳重，给人以镇定感。

（2）对客户要一视同仁，切忌出现有两位客户有事相求时，对一位客户过分亲热或长时间倾谈，而忽视了另一位客户，导致客人不满。

（3）严禁与客户开玩笑、打闹或取外号。

（4）客户之间交谈时，不要走近旁听，也不要在一旁窥视客户的行为。

（5）对容貌体态奇特或穿着奇异服装的客户切忌交头接耳或指手画脚，更不允许围观，不许背后议论、模仿、讥笑客户。

（6）当客户提出不属于自己职责范围内的服务要求时，应尽可能为客户提供力所能及的帮助，切不可说"这事与我无关"之类的话。

（7）与客户交谈时，要全神贯注用心倾听，要等对方把话说完，不要随意打断对方的谈话。对没听清楚的地方要礼貌地请对方重复一遍。

（8）对客户的问询应尽量圆满答复，若遇不清楚、不知道的事，应请示有关领导后再尽量答复对方，不许以"不清楚、不知道"作回答。回答问题要尽量清楚完整，不许不懂装懂，模棱两可，胡乱作答。

（9）在与客户对话时，如遇另一客户有事相求时，应先点头示意打招呼或请对方稍等，不能视而不见，同时尽快结束谈话招呼另一客户。如时间较长，应说："对不起，让您久等了。"

（10）与客户交谈，态度要和蔼，语言要亲切，声调要自然、清晰、柔和，音量要适中，不要过高，也不要过低，以对方听清楚为宜，答话要迅速、明确。

（11）需要客户协助工作时，首先要表示歉意，并说："对不起，打扰您了。"应对客户的帮助或协助表示感谢。

（12）对于客户的困难，要表示充分的关心、同情和理解，并尽力想办法解决。

（13）当发觉自己与对方有误解或自己有失误时，应说："不好意思，我想我们可能是误会了。"

（14）与客户交谈时，应注意如下方面：

1）对熟悉的客户应称呼其姓氏，如某某先生、某某小姐。

2）与客户对话时宜保持1米左右的距离，应使用礼貌用语。

3）与客户谈话时，应专心倾听其意见。眼神应集中、不游离，不应中途随意打断客户的讲话。

4）应在不泄露公司机密的前提下，圆满回答客户的问题，若有困难，应积极查找有关资料或请示领导后再答复客户，不可不懂装懂。

5）当客户提出的要求超出服务范围时，应礼貌回绝。

6）在服务工作中，处理问题要简洁明快，不要拖泥带水。

7）在与客户打交道时应遵循不卑不亢、坦诚自然、沉着稳重的原则。

8）任何时候都不得对客户有不雅的行为或言语。

**4. 接待来访规范**

（1）对来访人员应主动问询，说："您好，请问您找哪一位？"或"我可以帮助您吗？"

（2）在确认对方要求后说"请稍等"并及时与被访人联系，同时告诉对方被访人马上来，请来访人先坐一下。如果有需要，可将来访人带到接待室等候，并送上茶水；当来访人员离开时，应说："请慢走，再见！"

（3）如果来访人员要找的人不在或不想见时，应礼貌地回答来访人："对不起，他现在不在，您能留下名片或口信吗？"

5. 电梯礼仪规范

（1）伴随客户来到电梯厅门前时：先按电梯呼梯按钮。

（2）轿厢到达厅门打开时：客户不止1人时，可先行进入电梯，一手按"开门"按钮，另一手按住电梯侧门，礼貌地说"请进"，请客户进入电梯轿厢。

（3）进入电梯后：按下客户要去的楼层按钮，若电梯行进间有其他人员进入，可主动询问要去几楼，顺便帮助选层。电梯内可视状况是否寒暄，例如没有其他人员时可略做寒暄，有外人或其他同事在时，可斟酌是否有必要寒暄。电梯内尽量侧身面对客户。

（4）到达目的楼层：一手按住"开门"按钮，另一手作出请出的动作，可说："到了，您先请！"客户走出电梯后，自己立刻步出电梯，并热诚地引导行进的方向。

6. 电话礼仪规范

（1）接听电话的礼仪规范

1）一般铃响三声以内必须接听电话。

2）拿起电话应答一声："您好，某某部门。"

3）认真倾听对方的电话事由，若需要传呼他人，应请对方稍等，然后轻轻搁下电话，去传呼他人（或转给当事人，如果当事人不在，应告诉来电人）；如对方有事相告或相求时，应将对方要求逐条记录下来，并尽量详细问答。

4）中途若遇急事需要暂时中断与对方通话时，应先征得对方同意，并表示感谢或歉意，继续通话时，须向对方致意。

5）通话完毕，须等对方放下电话后，方可放下电话。

6）接电话时，声调要自然清晰、柔和、亲切，不要装腔作势，音量不要过高，也不要过低，以免对方听不清楚。

（2）拨打电话的礼仪规范

1）选好通话的时间：早上7点钟之前，晚上10点钟之后，中午或午休时间不宜打电话。

2）电话接通后，应首先向对方致以问候，如"您好"，并作自我介绍。

3）通话过程中，应使用敬语，将要找人的姓名及要做的事交代清楚。

4）通话完毕时，应说"谢谢您了（麻烦您了），再见"。

**7. 工作中其他应注意的事项**

（1）提前 5 分钟到岗，做好清洁及准备工作。

（2）上班使用员工通道。

（3）办公设施摆放整齐有序，桌面整洁。

（4）出入办公室开门、关门动作要轻，进入上级领导或其他部门办公室以及客户室内，应先轻叩门三下，征得同意后方可入内。若进去时门是关着的，出来时则应随手将门轻轻带上。

（5）保持安静、严肃的工作气氛，不得在办公室、走廊内大声喧哗、吵闹，有事应走到相关人员面前轻声交代。

（6）工作时间不谈论与工作无关的事宜，或到其他办公室随意走动、闲聊。不离岗、串岗、脱岗。

（7）工作时间原则上不接打私人电话；如有急事，通话时间不宜超过 3 分钟。

（8）上班时间不吃零食、饮酒、吸烟、下棋、打扑克，不在办公室内化妆。

（9）三人以上的对话，要用互相都懂的语言；不得模仿他人的语言、声调和谈话；不得长时间闲聊、高声喧哗；不得在任何场合以任何借口顶撞、讽刺客户；不讲粗言恶语，不使用歧视或侮辱的语言；不开过分的玩笑；不讲有损公司形象的话。

## 三、客户服务工作程序

客户服务的内容多种多样，企业不同、产品不同，为客户提供服务的方式和具体内容也会存在很大的差别。但是，客户服务工作的程序基本包括售前服务、售中服务、售后服务三个步骤。

**1. 售前服务**

各企业依据具体情况选择售前服务的内容和方式。最常见的售前服务主要有以下六种：

（1）广告宣传

通过向客户传送有关产品的功能、用途特点等信息，使客户了解产品并能诱发客户的购买欲望，还有利于扩大企业的知名度，树立企业的良好形象。因此，广告宣传受到企业的高度重视，成为售前服务的重要方式。

（2）销售环境布置

销售场所的环境卫生、通道设计、铺面风格、招牌设计、内部装饰、标志设置等因素综合而成的购物环境会给客户留下不同的印象,由此引发客户不同的情绪感受,这种情绪将在很大程度上左右客户的购买决策。因而,它作为售前服务的一种方式,应该引起企业的充分重视。

(3) 提供多种方便

作为企业来说,为客户考虑得越周到,客户便越有可能购买该企业的商品,并且增加客户的忠诚度。为此,企业应尽可能地为客户提供方便,如为客户提供免费咨询指导,商店设立问讯处、试衣室、休息室等。一方面使客户从这些贴心的服务中感到舒适方便;另一方面也节约了客户的采购时间,提高了采购效率。

(4) 开设培训班

随着新技术的出现以及其在产品中的广泛运用,出现了许多技术含量高的新产品。这些产品结构复杂,操作方法相对较难掌握,对使用者的知识水平等方面要求较高。因而,企业应为客户开设各种培训班,提供技术咨询和指导。通过参加培训班,使客户掌握有关技术,可能会对产品产生兴趣,有助于激发客户的购买欲望,促进产品的销售。若开设培训班能吸引较多客户的话,还能够扩大企业的知名度,树立企业的良好形象。

(5) 开通业务电话

开通业务电话、提供电话订货等服务,可以帮助企业进入原本未进入或难以进入的市场,挖掘潜在客户,扩大企业占据的市场份额,并增加产品的销量,抓住更多的销售机会。

(6) 社会公关服务

企业也可通过举行记者招待会、产品展销会等活动销售、介绍产品,扩大影响。售前服务的方式可以说不拘一格、层出不穷,且发展和创新的空间无限。企业应开拓创造性思维,不断创新,以适应整个市场的变化和满足客户的需求。

**2. 售中服务**

售中服务阶段是企业与客户交往最为密切的阶段,注重此阶段的服务程序有利于交易的顺利进行。

(1) 向客户传授知识

客户服务人员在向客户销售产品的同时,必须向客户介绍有关产品的性能、质量、用途、造型、品种、规格等方面的知识。一方面,这是客户作出购买决策的客观要求,即客户在决定购买时,必须了解有关知识,以此作为权衡和考虑的依据;另一方面,销售人员详细地向客户介绍产品,有利于营造良好的销售氛围,形成和谐的人际关系，同时也有促进销售的作用。

（2）操作示范表演

操作示范表演就是向客户展示商品，实际操作，现身说法，真实地体现出商品在质量、性能、用途等方面的特点，引发客户的兴趣，并激起客户的购买欲望。这种方式能使销售人员的说法进一步得到证实，更有说服力，增加客户的信任。

（3）帮助客户挑选商品，当好参谋

当客户向服务人员询问商品的价格、质量、性能、用途及商品的优点和缺点时，服务人员如能根据客户的需求心理进行介绍，正确地引导客户，当好参谋，就能使客户按理想的方式来权衡利弊，从而有利于促成交易的最终实现。

（4）满足客户的合理要求

在销售过程中，客户必然会提出许多要求，其中大多数是比较合理的。服务人员应尽最大努力满足客户的合理要求，提高客户的满意度，增强客户对服务人员的信任，从而促成交易。同时，还会增加客户的重复购买率，提高企业的声誉。

（5）提供代办业务

售中服务不仅对普通客户非常重要，而且也受到批发零售商、生产企业这类客户的重视。向这类客户提供的售中服务主要包括托运代办、代购零配件、代办包装、代办邮寄等。这些服务为客户带来了更大的便利，不仅可以吸引更多的客户促成交易，密切产需关系，而且还能增强客户的信任感，提高企业的竞争力，甚至还能与客户达成长期的合作伙伴关系。

**3. 售后服务**

售后服务本身就是一种促销手段，它是客户服务部门工作的重中之重。售后服务不限于行业，也不拘泥于一种形式，它有着广泛的内容和未被开拓的领域。企业之间的竞争越来越多地转向了售后服务的竞争，售后服务的好坏直接关系到客户的下次购买行为及企业的信誉。

一般售后服务的工作程序如下：

（1）包装服务

商品包装是售后服务中不可缺少的项目。商品包装不仅使商品看起来美观，而且还便于客户携带。许多大中型和有声望的企业在包装物上印刷本企业的名称、地址、标志，起到了广告宣传的作用。

（2）送货上门

对购买较笨重、体积庞大、不易搬运的商品或一次性购买量过大、携带不便或有特殊困难的客户，有必要提供送货上门服务，从而提高客户的重复购买率。

(3) 安装服务

随着科学技术的发展，商品中的技术含量越来越高，一些商品的使用和安装也极其复杂，客户依靠自己的力量很难完成，因此就要求企业提供上门安装、调试的服务，保证出售商品的质量，使客户一旦购买就可以安心使用。这种方式解决了客户的后顾之忧，大大方便了客户。

(4) 维修和检修服务

企业为客户提供良好的售后维修和检修服务，就可以使客户安心地购买、使用商品，从而减轻客户的购买压力。有能力的企业应通过在各地设立维修网点或采取随叫随到的上门维修方式为客户提供维修服务。企业也可抽样巡回检修，及时发现隐患，并予以排除，让客户感到放心、满意。

(5) 电话回访和人员回访

客户购买商品以后，企业应按一定频率以打电话或派专人上门服务的形式进行回访服务，及时了解客户使用产品的情况，解答客户提出的问题。

(6) 提供咨询和指导服务

客户在购买产品后，还不熟悉产品的操作方法，或不了解产品一旦出现故障应如何予以排除。因此，企业应为客户提供指导和咨询，帮助客户掌握使用方法和简单的维修方法。

(7) 建立客户档案

建立客户档案的目的是为了与客户保持长期的联系。通过这种方式，一方面可以跟踪客户所购买商品的使用和维修状况，及时主动地给予相应的指导，以确保商品的使用寿命；另一方面还可以了解到客户的喜好，在出现新产品后，及时地向可能感兴趣的客户推荐。除此之外，销售人员还可以利用客户档案，以上门拜访、打电话、寄贺年卡等形式，与客户保持长期的联络，提高客户的重复购买率。

(8) 妥善处理客户投诉

企业和销售人员应尽可能地减少客户的投诉，有时无论企业和销售人员的售后服务做得如何尽善尽美，难免会招致一些客户投诉。但在遇到投诉时，要运用技巧，妥善处理，使客户由不满意转变为满意。

【案例1—4】 某汽车俱乐部会员客户售后服务规范

售后服务，是现代汽车维修企业服务的重要组成部分。做好售后服务，不仅关系到本企业产品的质量、完整性，更关系到客户能否得到真正的、完全的满意。为此，制定本服务规范。

1. 售后服务工作由业务部负责完成。

2. 售后服务工作包括如下内容：

（1）整理客户资料，建立客户档案

客户送车进厂维修养护或来企业咨询、商洽有关汽车技术服务，在办完有关手续或商谈完后，业务部应于两日内将客户有关情况整理制表并建立档案，装入档案袋。客户有关情况包括：客户名称、地址、电话、送修或来访日期，送修车辆的车型、车号、车种、维修养护项目，保养周期，下一次保养期，客户希望得到的服务，在本企业维修、保养记录（详见"客户档案基本资料表"，此书略）。

（2）根据客户档案资料，研究客户的需求

业务人员根据客户档案资料，研究客户对汽车维修保养及其相关方面服务的需求，找出"下一次"服务的内容，如通知客户按期保养，通知客户参与本企业联谊活动，告知本企业优惠活动，通知客户按时进厂维修或免费检测等。

（3）与客户进行电话、信函联系，开展跟踪服务

业务人员通过电话联系，让客户得到以下服务：

1）询问客户用车情况和对本企业服务有何意见；

2）询问客户近期有无新的服务需求；

3）告知相关的汽车使用知识和注意事项；

4）介绍本企业近期为客户提供的各种服务，特别是新的服务内容；

5）介绍本企业近期为客户安排的各类优惠联谊活动，如免费检测周、优惠服务月、汽车使用新知识晚会等，内容、日期、地址要告知清楚；

6）咨询服务；

7）走访客户。

3. 售后服务工作规定：

（1）售后服务工作由业务部主管指定专门业务人员——跟踪业务员负责完成。

（2）跟踪业务员在客户车辆送修进场手续办完后，或客户到企业访谈咨询后，两日内建立相应的客户档案。客户档案内容见本规定第二条第一款。

（3）跟踪业务员在建立客户档案的同时，研究客户的潜在需求，设计拟定"下一次"服务的针对性通话内容、通信时间。

（4）跟踪业务员在客户接车出厂或业务访谈、咨询后3天至1周内，应主动电话联系客户，做售后第一次跟踪服务，并就客户感兴趣的话题与其交流。电话交谈时，业务员要主动询问曾到本企业保养维修的车辆使用情况，并征求客户对本企业服务的意见，以示本企业对客户的真诚关心，及在服务上追求尽善尽美的态度。对客户谈话要点要做记录，特别是对客户的要求（或希望、投诉），一定要记录清

楚，并及时予以处理。能当面或当时答复的应尽量答复；不能当面或当时答复的，通话后要尽快加以研究，找出办法；仍不能解决的，要在两日内报告业务主管，请示解决办法，并在得到解决办法的当日告知客户，一定要给客户一个满意的答复。

（5）在"销售"后第一次跟踪服务一周后的7天以内，业务跟踪员应对客户进行第二次跟踪服务的电话联系。电话内容仍要以客户感兴趣的话题为主，内容避免重复，要有针对性，仍要体现本企业对客户的真诚关心。

（6）在企业决定开展客户联谊活动、优惠服务活动、免费服务活动后，业务跟踪员应提前两周将通知先以电话方式告知客户，然后于两日内视情况需要把通知信函向客户寄出。

（7）每一次跟踪服务电话，包括客户打入本企业的咨询电话或投诉电话，经办业务员都要做好电话记录，登记入表（略），并将电话记录存入档案，将电话登记表归档保存。

（8）每次发出的跟踪服务信函，包括通知、邀请函、答复函都要登记入表（略），并归档保存。

4. 指定跟踪业务员不在岗时，由业务主管临时指派本部其他人员暂时代理工作。

5. 业务主管负责监督检查售后服务工作，并于每月对本部售后服务工作进行一次小结，每年年底进行一次总结；小结、总结均以本部工作会形式进行，由业务主管提出小结或总结书面报告，并存档保存。

6. 本制度使用以下四张表格："客户档案基本资料表""跟踪服务电话记录表""跟踪服务电话登记表""跟踪服务信函登记表"。

【案例分析】本案例介绍了某汽车俱乐部会员的客户售后服务规范，指出了制定本规范的目的、执行部门、服务内容、工作程序，这些方面是根据该俱乐部的实际情况详细制定的，其内容十分合理，有利于规范的实施。该俱乐部还对客户服务过程中的例外情况规定了详细的应对方法与策略，使工作开展有条不紊、有的放矢。可以说，良好的服务规范的制定是客户服务工作有效开展的重要保证。

该汽车俱乐部针对其会员客户制定了专门的规范，并以制度的形式予以公布，可以说起到了很好的保证作用。此案例给我们的启示之一就是在对客户服务的管理过程中，不是无章可循，而是应当充分发挥制度的作用。客户服务的管理应该是制度管理，而不是靠人治。

【案例思考】结合本案例，试分析制定客户服务规范的重要意义。

# 第 2 章
# 客户服务提供

## 第 1 节 客户服务信息管理

学习单元 1 客户服务信息收集

学习目标

➢ 掌握客户信息的内容和分类
➢ 能明确客户信息的来源
➢ 能有效收集客户信息

## 一、客户信息内容

企业所面对的客户主要指批发商、经销商、零售商等中间商,此外还有企业的最终客户,以及其他相关企业。企业的客户信息内容一般包括四个方面:客户基础资料、客户特征、客户业务状况及交易现状。

**1. 客户基础资料**

企业的客户基础资料是指客户的基本情况,主要包括企业客户的名称,地址,电话,所有者,经营者,管理者,法人代表及其个人的性格、兴趣、爱好、家庭成

员、学历、年龄、能力、创业时间、与本企业交易的起始时间，企业组织形式、业务种类、资产等。此外，客户（包括个人或群体）的资料，如市场规模、市场结构、购买偏好、行为特征及个人性格、兴趣、爱好、家庭成员、学历、年龄、收入等也是企业应掌握的资料。

**2. 客户特征**

客户特征资料是企业重要的客户信息。客户特征主要包括：服务区域、销售能力、发展潜力、经营观念、经营方向、经营政策、经营特点等。

**3. 客户业务状况**

客户业务状况主要包括客户规模、销售业绩、经营管理者和业务人员的素质、与其他竞争者的关系、与本企业的业务关系及合作态度等。

**4. 交易现状**

交易现状主要包括客户的销售活动现状、存在的问题、保持的优势、未来的对策，企业形象、声誉、信用状况，交易条件及出现的信用问题等方面。

## 二、客户信息分类

目前，企业市场调查所得到的客户信息资料大致可分为原始资料（一手资料）和二手资料两大类。原始资料是企业通过市场调查活动在市场上直接获得的，没有经过任何处理的大量个体资料。二手资料则是在调查中通过其他媒介组织而获得的，经过他人整理加工后反映某一类事物情况的资料数据。

就我国企业界目前的市场调查而言，注意力主要集中在对原始资料的收集，而对二手资料的收集整理工作则重视不够。这与我国企业界对二手资料认识模糊有着直接的关系，同时也与市场调查行业不规范有关。

## 三、客户信息的来源

**1. 原始资料来源**

原始资料是指本企业的内部资料，也是调查人员可以最先获取的资料。内部资料来源于以下两个方面：

（1）企业档案

企业本身的业务活动常常可以为做好客户调查工作提供大量有参考价值的资料。企业客户名单、历年销售记录、本企业营销人员（或代理商与经销商）提供的客户报告、客户来往函电（包括询购或索赔的信件），只要细心查阅也可从中检索出大量有用资料。

（2）调查人员自有资料

调查人员每完成一项调查工作，可把获取的全部资料细心编制索引后归入专用档案备查。入卷存档的资料可包括"本人"历次参加各项调查工作所获取的资料，还可包括其他有关文件摘要和剪报资料。

**2. 二手资料来源**

（1）机构

世界上任何一个国家都有向人们提供客户信息（已公布的或未公布的资料）的机构，其目的是为了提供信息业务，以达到信息资源社会共享。这种服务有的是无偿提供，有的则是有偿提供的。客户调查人员与这类机构及其有关工作人员保持密切联系，详细了解它们能够提供哪方面的资料，是其首先需要检索的部分资料来源。

对于出口型企业来说，还需要向国外的公司和拟作为产品目标出口客户的国家或地区的相关机构索取资料。这类机构也经常采用信件方式答复来自各方的询问。若登门拜访，则可能得到更多的资料。

（2）图书馆

图书馆是信息的集散地，但对于客户信息的收集人员来说，最有价值的是商务部门或促进贸易的主管部门附设的图书馆。这些图书馆至少可以提供有关贸易的具体数字和某些客户的基本经济情况等方面的资料，同时也可经常提供关于产品、采购单位等较为具体的明细资料。

（3）政府机关

统计部门专门负责整理和公布各种有关系列的统计资料。有时候，即使是还未公布的统计资料，也可以提供查询服务。

（4）商会

商会一般属于官方组织，当客户调查人员需要和其下属的会员企业交往时，商会经常起到第一联络人的作用。特别是在美国及欧盟等国家，商会是各会员机构的首席代表。商会经常为调查人员提供很多有用的资料，如会员企业名单，当地客户习惯使用的贸易方式和贸易条件、有关贸易规定等。机构较为庞大的商会还附设商业图书馆，供会员企业或非会员企业使用。

（5）行业协会

很多行业协会定期出版报刊，公布关于本行业的统计数据资料和会员名单。但有些并不愿意向非会员企业提供任何资料；即使愿意提供某方面的资料，一般也难满足要求。

行业协会所收集的资料和提供的会员名单一般以当时的会员企业为基础，不一定包括所有大企业和其他为数众多的小企业，而且行业协会所提供的资料不一定能全面准确反映出此行业今后的发展趋势，但其所提供的联络渠道、具体联系人员名单、有关产销方面的结构情况很有参考价值。

（6）商业出版社

很多商业出版社专门组织出版一些对客户调查很有参考价值的书刊，如工商行业名录、商品评论、系列统计资料、工业专题论文等。客户调查人员应与这类出版社建立通信联系，请求它们经常邮寄即将出版书刊的目录或书单等材料。

（7）银行

银行是客户信息收集的一个丰富的资料来源。如果在调查人员所在国的一家银行是外国银行在当地开设的支行，或与国外银行建立了往来业务联系，则它通常可提供下列资料和服务：

1）定期的或特约的客户报告，内容包括有关国家经济发展趋势、政策和展望、主要工业和对外贸易发展情况等。

2）对国外个别客户的资信情况和活动能力进行调查和鉴定，并提供有关情况报告。

3）提供关于国外贷款期限、支付方式、汇率变动等最新消息。

4）向外国商家介绍贸易机会和安排双方会晤面洽等事宜。

## 四、客户信息收集方法

客户信息收集的方法有很多，但比较常用的有三种，即现场采访、电话采访、问卷调查。

**1. 现场采访**

现场采访是收集客户信息的常用方式之一。现场采访的地点选择很灵活，可在街道上进行，也可到客户的家里进行，还可以在采访的企业或企业的中间商那里进行。

现场采访的优点：面对面交流有利于采访者与被采访者建立良好关系，提高获得信息的数量和质量；面对面的交流可以进行较长时间，便于获得较多信息和对问题的讨论；面对面交流还便于借助物品，比如提示卡、照片、产品或服务的样本等，启发采访对象和帮助采访对象回忆。

现场采访的缺点：成本高，需要有技巧的采访人员，需要各种物品配合，需要摄影器材等；采访结果依赖于训练有素的采访人员，经验不丰富的采访人员会影响收集信息的真实度；现场采访如果在一个闭塞或者小范围内进行，比较容易控制场面，否则，很难控制场面；面对面采访会比较难提出和回答私人的或敏感的问题，即使采访者很专业,也只能将这个问题的影响降至较低程度。

**2. 电话采访**

有些企业采用电话采访的方式收集客户信息与资源。电话采访是兼顾成本和效率的一个很好的折中选择。

电话采访的优点:省去了采访不同地区的客户所需的附加费用;比较容易控制,因为基本是一对一的交流,对一些不好开口的问题也比较容易提出和回答。

电话采访的缺点:电话是采访者和采访对象交流的唯一工具,这会使交流过程变得没有吸引力,所以很难保持采访对象的兴致和注意力,从采访对象处获得的信息质量会比较差;对一些需要借助资料才能提供答案的调查,结果也会不理想;电话采访还会遇到电话号码确认方面的困难,未列入电话号码本的电话数目庞大且逐年增加,借助其他外部名录可能会很不可靠,填写表格的采访对象可能只给出工作地点的电话或略去常用电话号码,为了克服这方面的困难,可以利用电话号码查询台,但是要花费相当大一部分时间和财力;最后,电话采访通常在傍晚或周末进行,因为这些时段采访对象会有时间和在家中,但这种做法被许多人认为是对他们隐私的侵犯,所以,电话采访的回绝率很高。

**3. 问卷调查**

有部分企业采用问卷调查的方式收集客户信息。

问卷调查的优点:成本低,支出费用主要是调查问卷的印制和派发人员的工资;不需要具有高素质的采访者,消除了因采访者经验不足引起的信息失真的偏差;侵犯性小,而且能对采访对象的身份完全保密;不存在距离问题,问卷发放的方法很多,有邮寄、传真、送上门、销售人员代发和代收,专人发送和回收会提高回复率,但要记住采用封闭信封以保护问卷的保密性。在销售地点和消费地点最适合发放问卷,可以明显提高数据信息的精确性和完整性。

问卷调查的缺点:问卷必须保持适度的简单和简短,问卷设计上的任何不妥都会对回收率造成一定的影响;这种方法常常回收期较长,许多客户愿意在他们稍有空闲时填写问卷,但常常是忘记或是懒得寄出;如果是现场填写,也会存在采访对象匆匆填写的现象,结果常常会误解问题或漏过一些问题。

## 五、客户信息收集的步骤

**1. 明确调查的关键点**

(1)初步情况分析

首先收集企业内外部有关情报资料进行初步情况分析。内部资料包括历年的统计资料、生产销售的统计报表、财务决算报告等。外部资料包括政府公布的统计资料、研究机关的调查报告、同行业的刊物、经济年鉴手册等。

初步情况分析的目的是查探问题和认识问题,从中发现因果关系。初步情况分析的资料收集不必详细,只要重点收集对所要研究分析的问题有参考价值的资料即可。

(2) 非正式调查

非正式调查也称试探性调查,即信息人员主动去访问专家,向精通本问题的人员(销售负责人、推销人员、批发商等)和客户征求意见,了解他们对问题的看法和评价。

通过试探性调查阶段的工作,使问题的调查范围缩小,明确调查的关键点,有针对性地提出一个或几个调查课题。

2. 确定收集信息的方法

在确定调查的问题以后,就要确定收集信息的来源和方法,即必须明确下列问题:

(1) 调查需要收集什么资料?
(2) 用什么方法进行调查?
(3) 由谁提供资料?
(4) 在什么地方进行调查?
(5) 在什么时间进行调查?
(6) 是一次调查还是多次调查?

收集资料的目的是为了应用,因此资料收集工作要有针对性地进行,在有计划地收集资料的同时,要注意保持资料的系统性、完整性与连续性,还应注意及时收集有关调查问题的发展动向和趋势的情报资料,只有这样才能全面了解客户。

3. 准备所需的调查表格

调查表格的设计随调查方式所选择的询问问题的形式不同而不同。

4. 抽样设计

调查方法确定以后,在现场调查前应该设计并确定对抽样对象采用什么样的抽样方法以及样本的大小。参加实地调查的人员必须严格按照抽样设计的要求进行抽样,以确保调查质量。

5. 现场实地调查

现场实地调查是指到现场去收集资料。现场调查工作的好坏直接影响调查结果的正确性,为了搞好实地调查必须注意做好现场调查人员的选择和培训工作,使他们既有工作热情、踏实肯干,又具有语言表达能力和专门知识。

**6. 整理分析资料**

(1) 检查和评定所收集到的资料,即要审核资料的依据是否充分,推理是否严谨,阐述是否合理,观点是否成熟,以确保资料的真实性和准确性。

(2) 将资料分类、统计计算,有系统地制成各种计算表、统计表以便分析利用。

(3) 运用调查所得的资料数据和事实分析情况,得出结论,进而提出改进建议。

**7. 写出调查报告**

凡是进行特定目的的调查,都必须出具调查报告。

(1) 编写调查报告的要求

1) 调查报告的内容要紧扣主题。

2) 应该以客观的态度列举事实。

3) 文字简练。

4) 尽量使用图表来说明问题。

(2) 调查报告的内容

1) 封面:写明题目,承办单位和日期。

2) 前言:叙述调查的发生经过及当时的背景。

3) 调查的目的。

4) 问题的症结。

5) 结论:主要提出改善建议。因为客户信息收集的最终目的在于改善措施,以增加企业赢利,所以这部分应写得详细具体。

**【案例2—1】** 客户信息的收集——王经理的礼品店

明天是林太太8岁女儿的生日,其女儿尤其喜欢芭比娃娃,于是她就来到了美丽天使礼品店。林太太一进入礼品店,店主王经理就热情相迎,并主动问候,因为林太太和其女儿都是这里的常客。当得知林太太是为女儿买生日礼物时,王经理热情地为林太太介绍,并结合林太太女儿的性格,帮助林太太挑选了一个非常有特点的芭比娃娃。

林太太对此次购物经历感到非常满意,因为她感到自己的需求得到了理解、关注,且得到了满足。王经理对客户信息的掌握,虽然没有利用计算机数据库,但原理却是一样的。他通过自己的观察、询问、平时的销售记录等各种方式,获得了有关客户的信息,包括客户生日、住址、兴趣爱好以及其家人的相关信息。当了解到林太太的购物需求之后，王经理利用自己掌握的这些信息，以及对这些信息进行的一系列分析，估计了林太太对不同商品的响应，并在这个期望响应的基础上制定自己的营销决策。

由于在王经理的礼品店得到了极大的满足，林太太极有可能会成为这个小店的忠诚客户。当她的亲戚朋友有相同需求的时候，她也会根据自己的体验推荐他们到王经理礼品店消费，这帮助王经理的礼品店提升了客户的忠诚度，并赢得了新的消费群体。

可以想象，今后王经理会继续利用这样的营销方式来推销自己的产品，他可以通过各种数据收集途径收集更多、更广泛的客户信息，还可以利用计算机、数据分析软件等支持工具来进行数据的管理和分析，从而巩固现有客户，提升客户忠诚度，更好地根据客户的个性化需求确定目标市场，赢取新的机会。当然，在这些过程中王经理必须要注意的一件事情，就是要时刻关注对数据的保护和更新。

【案例分析】这是一个成功的通过收集客户信息，维护客户忠诚度的案例。店主王经理掌握了为客户提供个性化服务所需要的重要知识，他通过自己的观察、询问、平时的销售记录等各种方式，获得了有关客户的信息，并对这些信息进行了一系列分析，估计了林太太对不同商品的响应，使其在选择礼品时得到了极大的满足。林太太也极有可能帮助王经理的礼品店提升客户忠诚度，并赢得新的消费群体。

【案例思考】

1. 收集客户信息的方法，除了问卷调查、电话访问、现场采访等外，还有哪些新的方法和途径？

2. 对照上述案例，试着寻找其他成功案例，分析收集客户信息的具体方法，找出值得借鉴的地方。

 **学习单元 2　客户服务信息处理**

 **学习目标**

➢ 掌握客户信息分析整理的内容
➢ 掌握客户资料信息卡的类型

➢ 掌握客户资料归档管理的方法
➢ 能对客户数据进行分析和应用

## 一、客户信息分析整理

通过市场调研，我们取得了大量的客户信息，但信息本身并不能回答我们事先设定的问题。要想达到预先设定的调查目的，就必须对调查所取得的信息进行整理和分析。

例如，日本企业非常注意调研，尤其是注重对所获得的信息进行分析，哪怕是简单的一张照片也会反复认真分析，从中发掘出巨大的市场。20世纪60年代初，中国发现大庆油田，日本一家企业看到在《人民日报》上刊登的铁人王进喜的那幅戴着大毡帽的照片后就断定，中国发现的油田在北方，因为中国北方的天气比较寒冷，所以那里的人习惯戴毡帽。后来，他们又根据一篇介绍大庆人手拉肩扛设备奋力建设大庆油田的报道推断：油田一定离铁路不远，所以应该是在中国的东北。再后来，他们从报道上看到大庆附近一个村子的名字，从而完全确定了大庆油田的位置。然后，他们马上深入实地调查，并提据当地的气温、湿度等气候条件，特别为大庆油田制造了有关设备。20世纪70年代，中国石油加工需要加工设备时，日本设备制造商就成为最有竞争力的提供商。

客户信息分析整理的内容包括数据评估、客户构成分析、划分客户等级、客户名册等级、对客户进行区域分析。

**1. 数据评估**

市场调研分析首先必须对已取得的调查资料和数据的可靠性程度进行评估。

数据评估中最重要的是对数据作一个界定。比如，三家企业同时公布收视率数据：AC尼尔森企业公布的是70%，中国中央电视台公布的是50%，某研究企业公布的是60%。为什么三家企业公布的数据不一样呢？主要原因是三家企业的统计口径不同，例如收视率数据调查的时间不一致，或者调查方法不一样，央视可能使用仪器测量的方法，某研究企业可能界定一周内只要看了一次就算收视，AC尼尔森企业可能会界定一周内看了三次才算收视。统计口径不同，所以数据之间就不具备可比性。这一点有时媒体和企业难以意识到。

原始调查资料是企业在市场上通过对被调查人的调查取得的，包含大量的感性信息资料，调查者了解资料取得的方法和资料的取得过程，因而对资料所包含的信息内涵能够做正确的定性分析，不会被资料误导。在此基础上，调查者还可以根据研究的需要对原始资料进行整理，或进行不同的分组，以适应不同的研究目的。但是，原始资料也有着不可克服的缺陷，那就是其收集需要投入大量的人力、物力和财力，需要较长的时间才可能得到调查的结论。

二手资料的收集通常不需要直接与调查个体接触，从有关媒介或政府部门公开发表的信息中便可获得，也可以从专业的市场调查机构定期或不定期发表的资料中获取。二手资料获取的费用要大大低于企业专门组织的市场调查。通过对二手资料的获得，可以方便快捷地取得所需的市场信息。但是二手资料来自不同的部门和机构，各资料最初的调查目的和调查方案方法的设计是不一致的，其内涵和统计口径也是不一样的，所以对二手资料的引用要特别谨慎。引用二手资料要注意以下四点：

（1）对二手资料的统计口径和计算方法要有充分的了解

只有充分了解二手资料的统计口径和计算方法，才有可能根据自身的市场调查目的对二手资料进行再整理和再分组，使其符合企业市场调查的需要。

（2）对二手资料的调查对象有充分的了解和认识

不同的调查对象对同一问题的回答是不一样的，企业在不同的时期有不同的调查任务，在不同的市场上目标客户是不一样的，市场调查的对象自然也不可能是一样的。

（3）要了解二手资料原来的调查过程

不同调查过程会影响样本的选取过程和选取方法，最终影响调查资料误差的大小以及控制调查误差方法的选择。

（4）对于来自商业性的市场调查数据，要有高度的警惕性和充分的认识

由于客户信息库的资料很多都是业务人员在工作中形成的，所以，客户服务人员需要将业务人员手头的各种关于客户的资料整理汇编，这是客户信息分析的第一步。

**2. 客户构成分析**

客户档案分析包括销售构成分析和地区构成分析，利用客户档案分析客户构成，是一种最普遍、最简单的分析方法。客户构成分析有利于企业销售部门及时了解每个客户在企业总销售中所占的比例，以及客户的分布，并从中发现客户服务存在的问题，以便于采取不同的对策。

（1）销售构成分析

销售构成分析是对各类客户、各类客户中的每位客户在企业总销售额中所占的比重，以及这一比重随时间的变化而变动的情况的分析。这种分析对于明晰销售重点，掌握渠道变动情况是很重要的。通过销售构成分析可以对客户进行分级，并针

对不同的客户级别采用不同的政策。

（2）地区构成分析

地区构成分析是对企业客户总量中各地区客户分散程度、分布地区和各地区市场对企业的重要程度的分析，是设计、调整服务和分销网络的重要依据。这种分析要根据一定的时间序列，以及利用至少 5 年以上的资料才能客观地反映出客户构成的变动趋势。

**3. 划分客户等级**

依据客户的销售额，可以将客户分为 A、B、C 三级。划分客户等级的具体方法是将客户连续 3 个月的销售额累计后求出客户的月平均销售额，将月平均销售额按大小顺序排列，以每月平均销售额为"等级标准额"，再将全部客户划分为若干等级。如果以排位第四的客户的月平均销售额为 B 级客户标准额，在此标准额以上的客户均为 A 级客户。

**4. 客户名册等级**

客户名册是指将全部客户分级后分列的名册。

（1）按客户开发的顺序先后，排出"客户名册"。

（2）按客户的资信或规模等状况，排出"客户等级分类表"。

（3）按客户的地址排出"客户地址分类表"。

**5. 对客户进行区域分析**

为便于巡回访问、送货、催讨货款，将客户按地区和最佳交通路线划分为若干区域并分别由客户服务人员负责。

## 二、建立客户资料信息卡

客户资料信息卡是指对客户的资料信息进行分类、整理后建立的一系列以备查用的信息卡。客户服务人员一般应制作以下五种资料信息卡。

**1. 客户资料卡**

客户资料卡是指记录客户信息的卡片，内容包括客户名称、地址、负责人、主要经营项目、主要联络人、与客户的交易额、资本额以及与本企业业务往来情况等，是记录客户信息资料的最主要方式。通过制作客户资料卡可便于在工作中及时查找客户信息。

**2. 客户管理卡**

客户管理卡是对客户资料进行有效管理的卡片。相对于客户资料卡而言，客户管理卡更为具体、详细，涉及的范围更为广泛。

客户管理卡的内容包括：客户企业的概况，如企业名称、地址、电话号码、法人代表、成立年月、工作人员及管理人员结构、开户银行等；客户的业绩变化，如销售额、日常利润等；贸易状况变化，如各种商品、各个时期贸易额的变化；信用限额度、支付条件等，如银行评价、客户信誉度及其他备注事项。

客户管理卡内容的变更，应按以下程序进行：在不同时期，及时修改客户内容，更新客户的业绩；资本金、管理人员结构、支付条件等重要事项变化时，应立刻订正；客户的业绩及贸易额状况明显变化时，必须记入原因；在选定新的客户作为营销目标时，新卡最低限度要记入企业概况等基本项目。

客户管理卡管理上的要求：客户管理卡应以部门共同使用为前提，而不应只为个人使用而制作；应设定能被共同理解的内容，制定保管方法的规则；研究平时与紧急情况下不同客户管理卡的使用方法；使用简洁、易懂的记述、记入方法管理客户管理卡。

**3. 客户地址分类表**

标准的客户地址分类表一般包括客户名称、地址、经营类别、所在地区、负责人以及适宜访问的时间等。做客户地址分类表的目的是便于使用、查找。

**4. 客户等级分类表**

客户等级分类表是指在对客户服务过程中，根据情况，把客户分成几个等级，如把客户分成重要的、一般的和不重要的。这样做的目的是通过区分不同的客户，以便采取有针对性的服务。

**5. 客户投诉记录表**

客户服务人员要想做好售后服务管理工作，不能缺少客户投诉管理。客户的抱怨和投诉可以促使企业进步，获知客户的抱怨是至关重要的。因此，客户服务部门应建立客户投诉管理系统，对每一位客户投诉及处理结果都要作出详细的记录，包括投诉的内容，处理过程、结果，客户满意程度等。

## 三、客户资料归档管理

**1. 建立完整的客户档案**

客户服务人员在建立客户档案时应严格审查客户翔实的资料，诸如一证一照、联系方式、发货地点等，建立起完整的客户档案，从而保证随时和客户联系。优秀客户服务人员对客户的特征、经营状况等都了如指掌。

客户服务人员为了便于对今后客户档案的不断完善、查阅和利用，在进行档案分类时需要注意以下四个方面：

（1）分类应有逻辑性

分类作为一种基本的认识方法和管理方法，应符合逻辑性的要求。否则，分类行为会因为操作困难而无法正常进行，使档案管理混乱无章。这种逻辑性具体表现为：所分类别要包含所有的客户管理对象，不能有剩余的类别，也不能有多余的类别；分类的标准要一致，每一层的划分只能用一种分类标准，不同层次、不同类别的分类标准可以不一致；分类客户之间应含义明确、指向确定，在现实业务中有明确对象，各类之间的界限十分清晰，避免交叉。

（2）分类应符合实际，容易操作

客户分类是企业认识和管理客户的基本方法，因此，应从企业实际出发，决定是否需要分类、怎样分类、分多少个类别以及多少个层次等。一般来说，客户数量少、特征相似，就可以少分类或者不分类，只按照某种序列编号即可；而在客户数量庞大、种类众多且行为特征有很大差异的情况下，就需要进行多层次的分类。

（3）分类应便于管理

客户档案分类方法，应考虑客户档案收集、查询和利用的实际需要，不应照搬某种模式。比如，对于有几条不同产品生产线的企业来说，就可以按不同的产品线对客户进行分类；而对于拥有产品线很少的企业来说，这种方法就不适用了。

（4）分类应具有客观性

可以选择的客户档案分类标准有很多，不同的方法产生的效果是不同的，为了使档案能尽量反映客户的实际情况和特征，就应该使档案的分类具有客观性。

**2. 跟踪客户信息**

通常，客户服务人员只忙于做好客户服务工作，往往容易忽视对客户信息的跟踪。在这方面，客户主管应指定人员，随时跟踪客户最新动态。只有掌握了客户的充分信息，才能对客户关怀到位，"客户关系"才能久经考验。

**3. 客户档案的使用**

企业各部门与客户接触的重大事项，都需报告客户信息管理部门，不可局限于某个人或某个部门的范围内。

**4. 客户档案的保管**

客户服务人员调离企业时，不得将客户资料带走，其业务部门应接收其全部客户资料，并整理、归档。

**5. 档案调阅的权限**

企业应制定客户信息查阅权限。未经许可，任何人不得随意调阅客户档案。

**6. 对客户的管理**

客户服务人员在与客户的信函、传真、电话交往时，均应按企业各项管理办法记录在案，并整理到客户档案内。对一些较重要、未来将发展成为新客户的潜在客户来讲，企业要有两个以上的人员与之联系，并建立联系报告制度。

## 四、客户资料的使用

**1. 动态管理**

"客户资料卡"建立后不能置之不理，否则就会失去其价值。由于客户的情况总是在不断发生变化，所以对客户资料也应随之不断地进行调整。通过调整剔除陈旧的或已经变化的资料，及时补充新的资料，在档案上对客户的变化进行跟踪，使客户管理保持动态性。

**2. 突出重点**

客户服务人员应从众多的客户资料中找出重点客户。重点客户不仅要包括现有客户，而且要包括未来客户和潜在客户，这样可以为选择新客户、开拓新市场提供资料，为市场的发展创造良机。

**3. 灵活运用**

客户资料收集管理的目的是为了在服务过程中加以利用。所以，客户服务人员不能将建立的"客户资料卡"束之高阁，应以灵活的方式及时提供给销售人员及相关人员，使资料得到充分利用，从而提高客户管理效率。

**4. 专人负责**

由于许多客户资料是不能外流的，只能供内部人员使用，所以，客户主管对客户资料应制定确切、具体的规定和使用办法，并由专人负责管理，严格控制客户资料的使用和借阅。

【**案例2—2**】 客户资料的分析应用——某保健品集团的"四心级"服务

国内某保健品集团，自2009年推出了新一代功能性心脑保健品后，在营销策略上另辟蹊径，采用服务营销手段，强化产品与客户沟通上的亲和力，构建了互动式的情感交流平台，从而使该产品一上市便产生了巨大的品牌效应。

2010年年初，该保健品集团客户服务部组织专业人员建立了"客户资料库"。这些资料来源于客户的主动联系（客户来信）、终端销售点的促销人员在客户购买时的资料登记（如记下该客户的年龄、性别、购买目的、购买次数以及客户所提的意见)、每次开展促销活动的表格存档（如活动前的登记、活动后的调查表格填写）等市场第一线收集的资料。

通过这些渠道，该保健品集团的"客户资料库"共收集到了近3万名客户的详细资料，并定期不断增添、筛选、刷新。按客户的病症轻重、服用次数、购买频率等，进行群体细分，针对不同的消费需求提供各种有针对性的服务。如根据客户的热情程度、购买次数、忠诚度等将客户划分为A、B、C、D等几个级别，据此提供电话回访、上门义诊、健康跟踪、组织联谊等不同的增值服务。

2010年春节，该集团新一代功能性心脑保健品为回报老客户的长期支持，按资料库的详细地址，在春节前一个月，给每个客户免费邮寄精美的新年贺卡和以健康为主题的集团新年挂历；并开展"健康之星"评选活动，邀请65名获奖者前往该集团总部所在地，参观通过国际GMP论证的花园式厂房，实地了解科研生产状况。集团总裁在百忙中为这些远道而来的获奖者颁发奖金和证书，披上绶带，合影留念，并亲自陪同，领略该城市的美丽风光。还通过800免费咨询电话，为广大客户解答各种心脑疾病的疑问；成立"专家级组委会"，定期上门为客户进行免费健康检查。希望通过以上各种量身定做的服务，使该集团获得服务上的创新动力，培育出具有强大美誉度的服务品牌，从而提升客户对该集团的信任感和忠诚度。

为回馈广大客户对集团的支持，在2010年3月，该集团提出"诚心、耐心、细心、爱心"的"四心级"服务概念，实现了附加值的有形化，提升了品牌内涵。

**诚心**：在开展健康千里行活动的现场，专家除了悉心为客户诊断及答疑外，还为患者建立了档案；档案建立后，活动组委会派专人整理、归纳，并根据患者年龄、病情轻重进行详细分析、分类，然后由专员进行电话回访、联系。在此基础上组建了俱乐部，经常组织中老年人开展广场文艺表演、健康知识大赛、登山比赛等趣味活动，丰富他们的生活。对于重症患者，组委会工作人员则带上检测仪上门为其检查、诊断，长期进行健康跟踪，直至患者康复。

**耐心**：集团专家组对全国客户来信和来电提出的各种心脑问题，耐心、细致地给予回答解释。若碰到客户有关其他症状的疑问，专家组委会则会根据不同需求，通过书信方式为其作出详细的解答。

**细心**：集团在健康千里行活动中，为确保成功效果，对一些现场布置的具体细节做了大量的工作，如领导上台讲话的时间控制，现场将有多少人参加的预算，天气变化的防范措施，以及可能出现的一些人为因素都考虑得十分细致，并做了两种方案的准备。

夏天天气比较炎热，参加活动的大多数是体弱的中老年人，集团考虑到一整场活动下来，客户精力会消耗过大，容易产生烦闷情绪与疲劳，如果中途他们口渴了怎么办？如果人太多了，他们等得不耐烦怎么办？因此，集团专门成立了以十几个人为一组的"绿色使者"在现场专门为客户服务。如在活动现场准备了轻松的歌曲，并不时配合一些趣味性的娱乐活动，提高客户的兴致，搞活现场气氛；活动期间，"绿色使者"为客户搬椅子、送矿泉水和派发"心脑必读"手册，解决他们由于排队所引起的劳累与烦恼；现场还准备了30多把大遮阳伞，以备天气变化之需。活动的细微之处让许多前来采访的新闻记者为之惊叹：如此周到的考虑在我们报道的所有户外活动中是极少见的。

爱心：集团在服务营销中，把"爱心"两个字体现得淋漓尽致。如根据消费资料，集团客户服务部对客户进行定期的电话回访，组成户外服务队上门进行健康检查。对一些经济较为困难的患者，提供免费的上门诊断后，还赠送多个疗程的产品让其服用。以"数据构建服务体系，品质塑造品牌形象"的服务营销，透过"个人化"的接触方式，与目标客户建立一对一的关系，通过持续的接触与沟通，加强与客户的情感交流，从而提高集团产品的竞争力、附加值、差异化地位。

**【案例分析】** 在以上案例中，该保健品集团建立了"客户资料库"，并成功运用这些资料回馈客户，实现了附加值的有形化，提升了品牌内涵。

2010年年初，该保健品集团客户服务部组织专业人员通过客户的主动联系（客户来信）、终端销售点的服务人员在客户购买时的资料登记、每次开展促销活动的表格存档等市场第一线收集的资料，建立了"客户资料库"。

通过这些渠道，该保健品集团的"客户资料库"共收集到了近3万名客户的详细资料，并定期不断增添、筛选、刷新。按客户的病症轻重、服用次数、购买频率等，进行群体细分，针对不同的消费需求提供各种有针对性的服务，如根据客户的热情程度、购买次数、忠诚度等将客户划分为A、B、C、D等几个级别，建立档案，专人整理、归纳，据此提供电话回访、上门义诊、健康跟踪、组织联谊等不同的增值服务。

案例中的保健品集团注重客户资料的收集，更注重运用客户资料，开展企业经营活动，根据客户特点，提供各种量身定做的服务，从而使该集团获得服务上的创新动力，培育出具有强大美誉度的服务品牌，从而提升客户对该集团的信任感和忠诚度。

**【案例思考】** 结合该保健品集团案例，分析客户信息处理的方法及步骤。

# 第 2 节　客户服务人员管理

## 学习单元 1　客户服务人员招聘与培训

### 学习目标

➢ 掌握客户服务人员的招聘方法
➢ 掌握客户服务人员的培训方法

### 一、客户服务人员招聘

现代企业都在想方设法并不惜代价地吸收和留住有竞争力、有价值的人力资源——优秀人才。能否招聘选拔出合适的员工，使企业拥有富有竞争力的人力资源，是一个企业兴衰存亡的关键。美国通用电气公司首席执行官杰克·韦尔奇就深谙此道，他曾经说过"我们所能做的事就是以我们所挑选的人打赌。因此，我的全部工作就是挑准人"。

**1. 招聘的含义**

招聘又称人力资源的获取与准备，即人员吸收与配置。招聘是指招聘者通过各种媒体、渠道发布有关招聘信息，经过一定程序的科学选拔和测试，将具有一定素质、能力和其他特殊性的潜在雇员（应聘者）吸引并选拔到组织空缺职位上的持续不断的过程。招聘是人力资源管理工作的第一个环节。

**2. 招聘的程序**

招聘有一套系统的流程。招聘工作的一般程序如图 2—1 所示。

**3. 招聘需求**

企业中出现了新的职位或有职位空缺时，就有了获取人力资源的需求。可以根据人力资源规划，编制工作描述、工作规范及素质模型，确定甄选标准，向人力资源管理部门提交正式的人员需求表。人员需求表可以传达人员需求信息，为招聘活动提供信息支持。

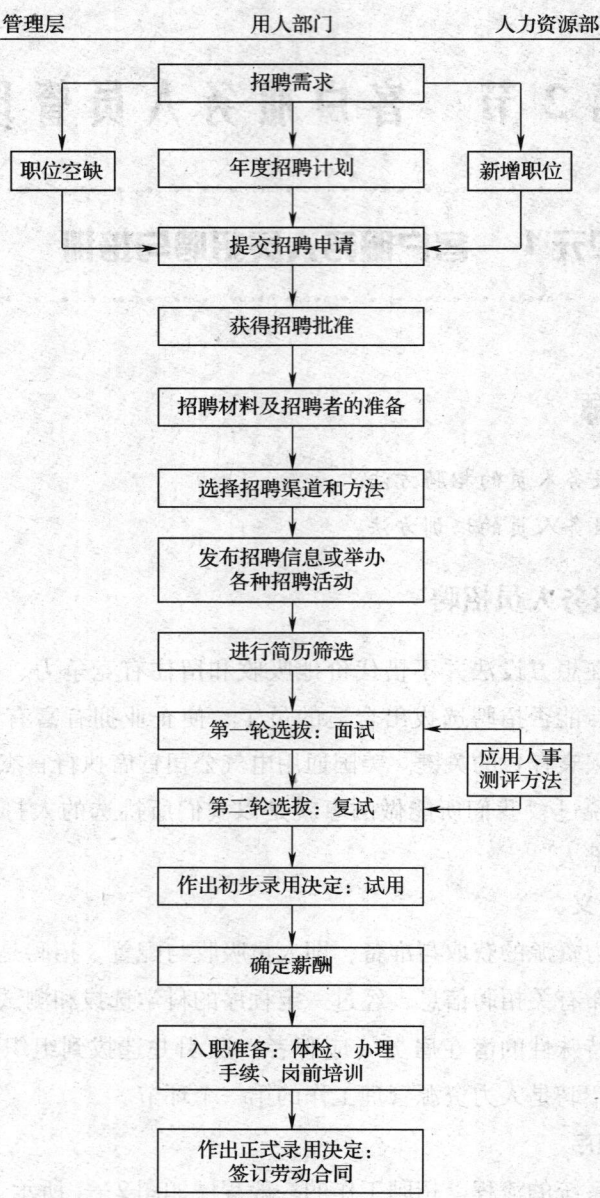

图 2—1 招聘工作的一般程序

**4. 初步筛选**

职位的内在要求是人员甄选录用的客观标准和依据,而对职位内在要求的描述则主要体现在职位分析和素质模型的构建之中。一般来说,人员甄选主要考虑应试者以下三方面的特征:

(1) 基本生理/社会特征:如性别、年龄、户籍等。

（2）知识/技能特征：学历、专业、专业工作经历、其他工作经历、培训数量、专业资格证书等。

（3）心理特征：各种素质、人格、兴趣偏好等。

**5．面试**

面试一般分为结构化面试和非结构化面试，是在各种企业中应用最为广泛的一种甄选方法。

（1）结构化面试

主考官在面试前准备好各种问题和提问的顺序，并严格按照这一事先设计好的程序对每位求职者进行相同内容的面试。这种面试的最大优势在于，面试过程中采用同样的标准化的方式，使每位应试者面临相同的处境和条件，从而使面试结果具有可比性，有利于人员选拔。

（2）非结构化面试

非结构化面试允许求职者在最大自由度上决定讨论的方向，而主考官则尽量避免使用影响求职者的评语，也称为非引导性面试。从某种意义上说，此种面试是主考官和求职者进行的一种开放式的、任意的谈话，它没有固定的模式和事先准备好的问题，而是根据面试的实际情况即兴提问。通常，主考官提问两种类型的问题：一是描述性问题，如"请你介绍一下以往的工作经历"；二是预见性问题，即主考官提出一些假设性问题，要求求职者就这些问题作出回答。这是一种随意性较强的面试方法，求职者的信息、态度、情感都被呈现在主考官面前，有经验的主考官可从中获取求职者隐性素质的判断。由于其灵活性较强，主考官可以针对某一问题进行深入询问，但这需要主考官具有丰富的经验和较高的技术水平，充分引导求职者展示自己，而不偏离方向。非结构化面试的优点在于，主考官和求职者在谈话过程中都比较自然。主考官可以比较全面地了解求职者的情况，求职者也会感觉到更随意、更自在，回答问题时也更容易敞开心扉。通常，非结构化面试有以下三种类型：

1）情境面试。面试题目由一系列假设的情境构成，通过评价求职者在这些情境下的反应情况，对面试进行评价。情境面试的试题多来源于工作或是工作所需的某种素质的体现，通过模拟实际工作场景，反映应试者是否具备工作要求的素质。

2）以行为为基础的面试。与情境面试相近，但情境面试更多的是一个假设的事件，而以行为为基础的面试则是针对求职者过去工作中所发生的事件进行询问。比如"请你说出你最为得意的一个项目的内容""在这一项目中你所遇到的最大的困难是什么，你是如何处理的"。这一提问方式有助于发掘在过去工作中，对求职者印象最为深刻的事件，而这些事件往往是决定其工作绩效或导致其离职的最关键因素，所以以行为为基础的面试比传统的面试更加有效。

3）压力面试。目标是确定求职者面对工作压力时将如何作出反应。在典型的压力面试中，主考官提出一系列直率（甚至是不礼貌）的问题，让求职者明显感到压力的存在，甚至陷入较为尴尬的境地。主考官通常寻找求职者在回答问题时的破绽，在找到破绽后，针对这一薄弱环节进行追问，希望借此使求职者慌乱。例如，一位客户关系管理经理职位的求职者在自我描述中提到，他在过去的两年里从事了四份工作，主考官抓住这一问题，反问他频繁工作变换是否反映了他的不负责任和不成熟的行为。面对这样的问题，求职者若对工作变换能作出平静清晰的说明，则说明他承受压力的能力较强；若求职者表现出愤怒和不信任，就可以认为他在压力环境下承受能力较弱。

## 6. 复试

复试可采取笔试、测试等多种方法进行。

笔试主要用于测试求职者在基本知识、专业知识、管理知识及综合分析能力、文字表达能力等方面的差异。笔试的优点：花费时间少、效率高、成本低，对求职者的知识、技术、能力的考查信度和效度较高。缺点：不能全面考查求职者的工作态度、品德修养等隐性能力。

在人员选拔中，常用的测试方法有身体能力测试、个性测试、智力测试、职业性向测试等。

## 7. 人员录用

在经过笔试、面试、复试后，招聘录用工作进入决定性阶段——人员录用阶段，在这一阶段需作出最后的录用决策。这一阶段的主要任务是通过对甄选评价过程中产生的信息进行综合评价与分析，确定每一位求职者的素质和能力特点，根据预先确定的人员录用标准与录用计划作出录用决策。测评数据资料的综合分析由专门的人事测评小组或评价员会议进行。测评小组讨论每个评价维度的行为表现，得出对某一求职者有关情况的一致评价意见。在对每一评价维度都进行了类似的综合测评后，评价员们就要考虑勾画出该求职者在所有评价维度上的长处和弱点，然后作出最后的录用决策。

## 二、客户服务人员培训

完成了客户服务人员的招募和选拔工作后，就要对这些客户服务人员进行上岗引导和培训。

客户服务人员上岗引导是指为新客户服务人员提供有关企业的基本背景信息，这些信息对客户服务人员做好本职工作是必需的。这些基本信息包括：工资如何发放和增加，工作时间为每周多少小时，新客户服务人员将与谁一起工作等。事实上，上岗引导是企业新客户服务人员社会化过程的一个组成部分。社会化过程是个不断发展的过程，它包括向所有客户服务人员灌输企业及其部门所期望的主要态度、规范、价值观和行为模式。如果处理得当，可以有助于减少新客户服务人员上岗初期的紧张不安，以及可能感受到的现实冲击。

培训是为新客户服务人员或现有客户服务人员传授其完成本职工作所必需的基本技能的过程。因此，培训可以是给一个机械工演示如何操作他的新机器，也可以是给一个推销员示范怎样卖出公司产品，或者是向一个新的主管讲授如何与客户服务人员面谈，如何评价客户服务人员。例如，技术培训的目的是为客户服务人员提供完成其目前工作所必需的技能；而管理能力开发则是一种比较长期的培训，其目的是为企业发展或解决某些问题而可能出现的某些未来的工作，开发现在的或将来的管理人员。

### 1. 培训前准备

培训前应做好以下准备：

第一，制定培训目标。培训前培训的负责人应该与参加培训者讨论培训目标，帮助其明确培训目的，为培训提供基础。目标是培训的导向，目标不清或者没有，参加者会很糊涂，影响培训的效果。

第二，确立培训的内容。根据培训目标确定培训内容。

第三，选择培训师。一个专业、博学的培训师会让被培训者感到信赖，并对培训留有深刻印象。培训师的选择应考虑其工作经历和授课风格等。

第四，制订培训时间计划。什么时间开始培训，持续多长时间，中间怎样休息，这些都应该做好详细计划。

第五，选定培训地点。无论是企业内培训还是企业外培训，都需要明确地点。尤其是在企业外进行培训，除了要告知地点的确切位置外，还应包括怎样到达培训地点。

培训前1~2个周应将培训的相关信息发到每位被培训者的手中，使被培训者有事先的了解，能够更积极地参与到培训中去。

培训前的准备应该体现一种主动性，这样被培训者就会将培训当做是全面服务计划的一部分，而不是离开工作岗位度过的无意义的一天。有效的培训是一种很好的经历，并有着巨大的影响。培训不应该被看做是惩罚的工具，这在无形中贬低了被培训的人，同时也给培训者创造了一个困难的沟通环境。

**2. 培训的内容**

根据研究发现，需要对客户服务人员进行的培训包括6个方面，即服务意识的建立、服务技巧、解决问题、建立协调合作组、企业内部服务和其他方面的培训。

服务意识建立的培训是提供优质服务的基础，是对企业的服务理念和服务的意识的培训，是确立一名客户服务人员具备真诚服务的品德和提供优质服务的前提，所以通常作为实施的第一步。

服务技巧的培训，比介绍服务意识更深入，告诉服务人员服务的技巧，从而在具备了优质服务意识的基础上服务得更好。

解决问题的培训奠定了改善服务的基础，其目的是帮助客户服务人员理解各种各样问题的解决模式，学会分析问题的特殊技能。

建立协调合作组的培训有利于强调客户服务是整体行为这一理念，有助于服务人员意识到如何改进相互合作，以提供良好服务的方法。

企业内部服务的培训是为其他部门的员工设计安排的。主要集中在三个方面：鉴别谁是主要的内部客户，弄清他们的需求；了解幕后的服务工作也是在间接地为客户提供服务，从而改善其他部门的服务心态；传授其他部门解决问题的方法和技巧，有效地满足内部客户的需求。

其他方面的培训，如时间管理、谈判技巧等，对客户服务人员来说虽不是最贴近工作的培训，但却是非常有价值的培训，因为这些也都隐含在客户服务人员的日常工作中。

**3. 培训的方法**

常用的培训方法有两种：教室集中培训和媒体培训。

教室集中培训法是由专业的培训人员在室内进行的培训。为了收到好的培训效果，培训必须受到足够的重视。此种培训参与人员多，可采取小组讨论、练习、测试和角色演练等多种方法。培训的工具包括培训手册、笔、备用白纸、姓名牌、标签、水杯等。

媒体培训法是借助媒体进行的培训。可借助于以下五种类型的媒体：

（1）书籍

市场上有关客户服务人员培训的书籍有很多，因此，可以使用此类书籍进行培训。

（2）录像带

可以请专业的咨询公司根据企业实际设计培训录像带。尽管比购买市场上的录像带要贵，但是优点是能得到高质量的、为客户编制的、反映企业需要和特色的优质录像带。

（3）录音带

录音带要比录像带便宜很多，选择方向也很多，并且可以随身携带，方便使用。

（4）光盘

使用光盘可方便被培训者选择学习速度。如果短期内培训大批新人或者被培训者分散在不同的地方，使用光盘是既经济又实用的一种培训方法。

（5）网上培训

许多公司通过网上培训方式进行培训。网上培训是购买者购买并学习不同的培训软件。这些培训软件是动态的，包括图像和声音，能对测试提供即时打分，并能经常改变和更新。但是同其他培训方式一样，网上培训的质量也会因主讲人不同而差别较大，因此在购买前要进行测试。

培训作为企业的一项大计，应该选好培训种类和方法，以发挥它应有的作用。

**4. 培训跟进**

（1）培训跟进的作用

培训跟进可完善培训评估信息；客观评价培训整体效益；加强交流，增加培训效果；为培训管理者提供再培训的参考；提高客户服务人员参与培训的积极性；保障培训工作形成良性循环。

（2）培训跟进信息反馈

培训活动结束后，客户服务人员返回本职工作岗位的同时，培训管理者应发给客户服务主管一份通知，请主管人员配合观察、收集客户服务人员返回工作岗位后应用培训所学内容情况，并提示主管人员为客户服务人员提供实践的机会。有关培训后的变化信息需汇总填入"培训跟进信息反馈表"，并反馈到培训管理者手中。

（3）举办培训心得交流会

举办培训心得交流会除了为接受过培训的客户服务人员提供交流机会外，还可以使没有参加过培训的员工从中学到宝贵经验。在培训活动后3个月到一年之间举办培训心得交流会比较合适。

**【案例2—3】** 招聘与培训客户服务人员——Cisco的招聘策略

Cisco曾被评为100家网上最受欢迎企业的第一名,被《财富》杂志列为美国100个最佳工作场所的第四名,被《工业周刊》评为美国100家管理最佳企业中的第一名。怎样的员工才能创造这样的企业,让我们首先来看一下它的招聘策略。

1. 招聘总动员

Cisco的招聘广告是:我们永远在雇人。对优秀人才Cisco永远有兴趣。在Internet世界里,最关键的是人才的取得和保留。Cisco在Internet领域走得非常快,以至于整个世界人才的供应都跟不上Cisco成长的速度。

2. 全面招聘

Cisco公司的招聘方式是全面撒网:报纸、网站、猎头、人才招聘会等,面对Cisco每年60%的增长速度对人才的需求,这些方式都显得不够得力。

3. 进入学校培养员工

Cisco的发展速度要求员工能够自己很快独当一面。Cisco从1999年开始就在一些大学设立了虚拟网络学院(Net Working Academy),通过提供一些设备和课程,让学生熟悉Internet环境,而且对学生有一个笔试的CCNA认证,让学生对Internet有基本的了解。Cisco从通过认证的学生中挑选一些做见习员工。

4. 人人都需要领导素质

Cisco招聘一个人,除了有基本条件的要求外,还要求应聘者具有领导的特质。因为在Cisco,每一名员工都是一个单兵作战的单位。例如,Cisco在招聘工程师时考虑到应聘者需要具有领导特质,因为工程师可能要到客户那里去作报告,需有较好的表达能力,并且能对工作的需要和客户的需要都有敏锐的反应,而不仅仅是懂技术就可以了。Cisco的业务不是一次买卖,而是与客户建立一种长久的关系,需要员工能感觉到客户的需要就是Cisco的需要,这样的敏感度和成熟度必须反映到每个人的身上。对于行政部门的员工,也需要他们给别人提供好的服务。到Cisco应聘主要通过面谈。招聘的大致经历是:首先挑选简历,然后用人部门直接安排时间与应聘者面谈。应聘者进入Cisco一般最少要跟5~8个人交谈,应聘任何职务都要经历这个过程。

5. 一票否决制

1999年,Cisco给员工推出一个培训项目,培训员工很专业的面谈技巧,所有服务人员和经理都要学习这个课程,因为在Cisco,每一名员工都要学会识别人才。培训中提到,在面试过程中,要通过多个项目与应聘者交谈,每个负责招聘的人有一份面谈记录,每个人在与应聘者面谈后有一个最终评价,Cisco用的是一票否决制。例如,在9个负责招聘的人中,如果有一个人持否定意见,那么应聘者就没有机会被录用。

6. 反问面试员

Cisco非常重视面谈的开始和结束,Cisco强调面试人员需要一个完整的培训。面试人员不只是懂得问什么问题,还要给应聘者营造一个愉快的环境,让应聘者不要等得太久。面试人员的责任之一是对自己在面试程序上的表现作总结,所有面试人员面试结束后会问应聘者,什么环节他们做得不好,希望应聘者对面试提出意见。他们会根据应聘者的意见,作出修正。

【案例2—4】 迪斯尼乐园员工培训

世界上有6个很大的迪斯尼乐园,在美国佛罗里达州和加利福尼亚州的两个迪斯尼乐园营业都有一段历史了,并创造了很好的业绩。不过全世界开得最成功的、生意最好的,却是日本东京迪斯尼乐园。美国加利福尼亚州迪斯尼乐园营业了25年,有2亿人参观;东京迪斯尼乐园,最高纪录为一年有1 700万人参观。东京迪斯尼乐园是如何吸引回头客的呢?

到东京迪斯尼乐园去游玩,人们不大可能碰到其经理,门口卖票和检票的也许只会碰到一次,碰到最多的还是扫地的清洁工。所以东京迪斯尼乐园对清洁员工非常重视,将更多的训练和教育集中在他们身上。

1. 从扫地的员工培训做起

东京迪斯尼乐园扫地的员工,有些是暑假工作的学生,虽然他们只扫两个月时间,但是培训他们扫地要花3天时间。

(1) 学扫地

第一天上午要培训如何扫地。扫地有3种扫把:一种是用来扒树叶的,另一种是用来刮纸屑的,还有一种是用来掸灰尘的,这三种扫把的形状都不一样。怎样扫树叶,才不会让树叶飞起来?怎样刮纸屑,才能把纸屑刮得很好?怎样掸灰,才不会让灰尘飘起来?这些看似简单的动作都经过严格的培训。扫地时还另有规定:开门时、关门时、中午吃饭时、距离客人1.5米以内等情况下都不能扫。这些规范都要认真培训,严格遵守。

(2) 学照相

第一天下午学照相。十几台世界最先进的数码相机摆在一起,各种不同的品牌,每台都要学,因为客人会叫员工帮忙照相,可能会带世界上最先进的照相机来这里度蜜月、旅行。如果员工不会照相,不知道这是什么东西,就不能照顾好客户，所以一个下午的时间要学会照相。

(3) 学包尿布

第二天上午学怎样给小孩子包尿布。孩子的妈妈可能会叫员工帮忙抱一下小孩，但如果员工不会抱小孩，动作不规范，不但不能给客户帮忙，反而增添客户的麻烦。不但要会抱小孩，还要会替小孩换尿布，这些都要认真培训，严格规范。

(4) 学辨识方向

第二天下午学辨识方向。有人要上洗手间，"右前方，约50米，第三号景点东，那个红色的房子"；有人要喝可乐，"左前方，约150米，第七号景点东，那个灰色的房子"；有人要买邮票，"前面约20米，第十一号景点，那个蓝条相间的房子"……客户会问各种各样的问题，所以每一名员工要把整个迪斯尼乐园的地图熟记在脑子里，对迪斯尼乐园的每一个方向和位置都要非常地明确。

第三天对前两天所学内容进行练习。训练3天后，发给员工3个扫把，开始扫地。如果在迪斯尼乐园里面，碰到这种员工，人们会觉得很舒服，下次会再来迪斯尼乐园，也就是所谓的引客回头。

2. 会计人员也要直接面对客户

有一种员工是不太接触客户的，就是会计人员。迪斯尼乐园规定：会计人员在前两三个月中，每天早上上班时，要站在大门口，对所有进来的客人鞠躬，道谢。因为客户是员工的"衣食父母"，员工的薪水是客户掏出来的。感受到什么是客户后，再回到会计室中去做会计工作。迪斯尼乐园这样做，就是为了让会计人员充分了解客户。

3. 其他重视客户、重视员工的规定

(1) 怎样与小孩子讲话

迪斯尼乐园的游客很多是小孩，这些小孩需要跟大人交流，迪斯尼乐园在培训员工时要求：员工碰到小孩问话时，统统都要蹲下，蹲下后员工的眼睛跟小孩的眼睛要保持一个高度，不要让小孩子抬着头去跟员工讲话。因为那个小孩子是未来的客户，将来都会再回来的，所以要特别重视。

(2) 怎样送货

迪斯尼乐园里面有喝不完的可乐，吃不完的汉堡，享受不完的三明治，买不完的糖果，但从来看不到送货的。因为迪斯尼乐园规定在客人游玩的地区内是不准送货的，送货统统在围墙外面。迪斯尼乐园的地下像隧道网一样，一切食物、饮料统统在围墙的外面下地道，在地道中搬运，然后再从地道里面用电梯送上来，所以客人永远有吃不完的东西。这样可以看出，迪斯尼乐园多么重视客户，所以客人就不断去迪斯尼乐园。去迪斯尼乐园玩10次，大概也看不到一次经理，但是只要去一次就看得到他的员工在做什么。这就是前面讲的，客户站在最上面，员工去面对客户，经理站在员工的底下来支持员工，员工比经理重要，客户比员工更重要，这个观念人们应该建立起来。

【案例分析】以上两个案例是企业在招聘和培训员工方面的典型案例。Cisco 公司的员工招聘非常注重员工的综合能力，为了全面了解求职者的实力，Cisco 公司在招聘程序上侧重于面谈，求职者不得不经历 5~8 次的面谈，才能决定去留。为了完善招聘面试程序，Cisco 富有创意的反问面试员取得了很好的效果。迪斯尼乐园的员工培训富有特色：第一，注重培训员工基本技能；第二，不论是正式员工还是暑期工，都要接受正规培训；第三，不论是对客服务岗位还是后勤服务岗位，都要接受对客服务技能的培训。

【案例思考】
1. 结合案例分析客户服务人员招聘的程序是怎样的？
2. 结合案例分析客户服务人员培训的方法有哪些？

## 学习单元 2　客户服务人员综合管理

## 学习目标

➢ 掌握客户服务人员综合管理的内容
➢ 能对客户服务人员进行综合管理

通过规范管理客户服务人员，灌输全员服务理念，让客户服务人员掌握标准的客户服务方法和技巧，提高处理问题的能力，提升企业服务品质，提高客户满意度，进而提高客户忠诚度，降低客户流失率，为客户创造价值，实现持续销售。

对客户服务人员的综合管理主要包括客户服务人员的基本管理、对客户服务人员的业绩考核、激励、压力管理及授权等。

## 一、对客户服务人员的基本管理

**1. 档案管理**

档案管理主要是建立和管理客户服务人员、客户管理部门的档案资料。

（1）客户服务人员档案资料

客户服务人员档案资料包括基本资料、通信资料、个性化资料、培训记录、工作经历、客户对应关系等。

（2）客户管理部门资料

客户管理部门资料包括基本资料，如编号、名称、工作范围；客户服务人员对应关系，记录客户管理部门与其所辖客户服务人员的对应关系；客户管理部门对应关系，记录上级客户管理部门与其所辖下级部门的对应关系。

**2. 工作计划管理**

工作计划按时间属性可分为中长期计划（年计划）与短期计划（月计划、周计划）。工作计划应以客观的数值指标来加以衡量，以便对计划进度进行有效跟踪。每个工作计划的主要业务要素包括：时间段、计划对象、计划服务成本、计划内容描述、计划目的描述。

对常见工作计划的业务要素说明如下：

（1）客户访问计划

客户访问计划的业务要素包括时间段、访问方式（访谈、电话、短消息、信函、E-mail等）、访谈客户数量、访谈内容、访谈目的、服务成本。

（2）客户活动计划

客户活动计划的业务要素包括时间段、参与活动的客户数量、活动内容、活动目的、服务成本。

（3）服务计划

服务计划的业务要素包括时间段、服务对象数量、服务成功的对象数量、服务内容、服务目的、服务成本。

（4）宣传计划

宣传计划的业务要素包括时间段、宣传的对象数量、宣传内容、宣传目的、服务成本。

（5）对上级的相关建议与意见

对上级的相关建议与意见的业务要素主要包括建议时间和建议内容。

**3. 计划跟踪管理**

实现客户服务人员对各项工作计划进展情况实时了解，以便适时调整工作，保证计划顺利实施。对工作计划进行跟踪的主要业务要素包括：时间段、计划对象数量、最低对象数量、计划服务成本、实际完成的对象数量、实际服务成本。

**4. 日常工作管理**

（1）工作日志管理

工作日志管理包括：客户部门、工号、客户编码、时间、信息来源、服务类型、处理情况、客户满意情况等。

（2）客户投诉处理

客户投诉处理包括：投诉内容、投诉时间、处理情况、客户满意情况、是否超时处理。

（3）业务波动跟踪管理

实现对客户的业务量变化和升降级变化进行跟踪分析，以便更好地了解自己管辖的客户情况，指导下一步的工作。业务波动跟踪管理的要素有时间段、业务完成量、级别升降的变化情况。

（4）客户挽留管理

实现对已流失或有流失倾向的客户进行跟踪，并且对其进行挽留。客户挽留管理的要素包括：客户流失原因或流失意向原因、挽留成本、挽留时间、挽留结果。

（5）服务成本管理

对客户服务成本预算、结算和调整等进行管理，这部分成本包括人力资源、设备资源和资金投入等。服务成本管理的要素包括预算的成本、日常服务的成本、每次活动的成本、每次活动的时间、内容描述、目的描述等。

（6）服务质量跟踪

对上述日常工作进行全面的跟踪和监控，包含服务的时效性、完成进度、成功率和客户满意度等。

（7）信息交流与事务提醒管理

在客户发生重要变化时，行政管理人员应该及时以各种形式告知，以避免由于工作的疏忽或其他原因造成不良后果，帮助客户服务人员及时发现问题，提高客户服务人员的工作效率。

**5. 任务管理**

任务按时间属性可分为中长期任务（年度任务、季度任务）与短期任务（月任务、周任务）。任务应以客观的数值指标来加以衡量，以便对任务执行情况进行控制和评估。

每项任务的主要业务要素包括：接受任务的客户服务人员或客户部门、时间段、任务对象数量、最低对象数量、服务成本、任务内容描述、任务目的描述等。对几种常见任务的业务要素说明如下：

（1）客户访问任务

接受任务的客户服务人员或客户部门、时间段、访问方式（访谈、电话、短消息、信函、E－Mail 等）、访谈客户数量、访谈内容、访谈目的、服务成本等。

（2）优惠任务

接受任务的客户服务人员或客户部门、时间段、优惠客户数量、优惠内容、优惠目的、服务成本等。

（3）客户活动任务

接受任务的客户服务人员或客户部门、时间段、参与活动的客户数量、活动内容、活动目的、服务成本等。

（4）服务任务

接受任务的客户服务人员或客户部门、时间段、服务的对象数量、服务成功的对象数量、服务内容、服务目的、服务成本等。

（5）宣传任务

接受任务的客户服务人员或客户部门、时间段、宣传的对象数量、宣传内容、宣传目的、服务成本等。

（6）对上级部门提出意见和建议

客户部门负责人对上级客户部门提出的相关建议和意见主要有以下内容：建议时间、建议内容。

（7）客户服务人员对上级提出的建议和意见

客户服务人员可对上级所下达的任务等提出自己的建议和意见，并以书面形式反馈给上级。

## 二、对客户服务人员的业绩考核

根据书面测试、情景测试、服务回访、管理人员日常观察，对客户服务人员的服务技巧、沟通技巧、业务知识、专业知识等业务能力进行评分。

**1. 工作情况考核**

根据客户服务人员各类工作日志及任务执行评价的统计分析结果，对客户服务人员工作量、计划进度、任务执行情况、日常事务处理等工作情况进行评分。

**2. 服务成效考核**

根据对客户服务人员所辖客户各类情况统计分析的结果，从服务收入、新业务发展、应收款情况、客户变化、服务成本、客户满意度等方面，对客户服务人员的服务成效进行评分。

（1）服务收入

客户服务业绩完成情况。

（2）新业务发展

专门针对目标客户在新业务方面的销售增减情况。

（3）应收款情况

客户累积应收款、应收款回收率增减情况。

（4）客户变化

所辖客户升级、客户数量增减、流失增减情况。

（5）服务成本

客户服务人员服务成本分配比例（与目标潜在客户数的比例、与服务成本总额的比例）及成交情况（与计划成本的比例、与目标完成情况的比例）。

（6）客户满意度

主要考虑客户服务回访记录、客户投诉记录中的相应内容。

**3. 综合业绩评价**

综合业绩评价是对客户服务人员的专用全面评价工具，与年终奖金挂钩，也是人员选拔机制的辅助工具之一。综合业绩评价必须由企业人力资源部门作为公正的第二方组织考核，结果公开。

（1）频率为每季度/每半年/每年。

（2）考评为上级评价下级，同时下级评价上级的交互式问卷调查。

（3）下级评价上级，对单个人员给出的评价分数保密，最终评价结果公开。

（4）被评价人员为包括客户服务人员在内的营销系统所有人员。

### 三、对客户服务人员的激励

**1. 激励应注意的问题**

要想激励客户服务人员，达到预期效果，应该做到以下四点：

(1) 明确激励理念

客户服务人员要有为他人服务的思想，需要一定的奉献精神。但人是社会人，客户服务人员也有自己的需求。因此，对于客户服务人员追求个人利益的要求，只要在不侵犯他人利益的前提下，应该给予充分的尊重。因此，在保证客户服务人员个人利益的前提下，再强调奉献，才是合情合理的，而完全抛弃个人利益，一味地强调奉献显然不现实。激励的基本理念一定要很清晰。

(2) 激励力度适中

在激励客户服务人员的过程中，力度要适中。太小起不到激励客户服务人员的作用，达不到企业的目的，太大则过犹不及。正如设立一个目标，如果目标太容易达到，服务人员工作热情不饱满，员工的潜力得不到发挥，而目标太高，服务人员怎么努力也达不到，就会产生厌烦情绪，长此以往，士气就十分低下，也达不到激励的目的。

(3) 形式多种多样

激励并不等于奖励。对客户服务人员进行激励可以有很多种方式，包括物质激励和精神激励。物质激励如长期收入、短期收入、稳定收入、风险收入、现金收入、实物收入，精神激励包括口头表扬、书面表扬、职位升迁等。

(4) 激励要因人而异

要针对客户服务人员个人情况给予激励。要想达到激励的最佳效果，应对服务人员的需求认真具体地分析，不能采用"一刀切"的方法对所有人采用同样的激励手段，否则达不到应有的效果。如对管理人员和普通员工就不能采用同样的激励方法，前者可能需要的不只是表扬和奖金，他追求的是事业的成就感。同样，科技人员和工人的需求也是不一样的。因此，对于不同的人应具体分析，采取不同的激励方法。

**2. 激励因素**

常见的激励因素主要有：别人的尊重、挑战性的工作、管理层的鼓励、金钱补偿、展示创造性的机会、稳定的工作、晋升的机会、融洽的工作环境、获得利益、即将完成的计划、即将到来的假期、得到其他人的认可、与客户的良好关系等。

每个人不时地都会受到以上因素的影响，这些因素能促使他们集中精力达到目标。每个人都必须了解能激励自己的因素。很多时候，管理者没有意识到有很多可以激励员工的因素，他们所关注的激励因素只是服务人员的工资。但是研究表明，对很多人来说，只要他们的收入能满足基本需要，其他因素也能起到激励的作用，而不只是工资这一项。

**3. 自我激励**

自我激励,是个体在某项活动中达到或未达到自定的目标而给自己的奖励或者是惩罚,包括对自己满意的评价,给予自己一定的享受,或者是对自己某种程度、某种意义上的惩罚。对客户服务人员来讲,自我激励包含两方面的意思:一是通过自我鞭策保持对客户服务工作的高度热忱,这是一切成就的动力;二是通过自我约束来克制冲动和延迟对自己工作成就的满足,这是获得任何成就的保证。因此,客户服务人员必须树立积极的自我激励意识,从而不断取得进步。

## 四、压力管理

**1. 压力的危害**

客户服务人员在没有得到有效调节的前提下,如压力过大,工作将会受到很大的影响。

(1) 失去工作热情

当工作压得人喘不过气来的时候,相信任何人都无法保持工作热情,有的时候,甚至会对工作产生厌倦感。

(2) 情绪波动大

当一个人被巨大的压力笼罩时,其他的任何小事都可能会引发他的脾气。所以,压力大的人常常被形容为"火药桶",一点就着。

(3) 身体受损

压力还会给人体带来损伤,常见的症状有心悸、胸部疼痛、头痛、掌心冰冷或出汗、消化系统问题(如胃部不适、腹泻等)、恶心或呕吐、免疫力降低等。

压力太大会影响到免疫系统,人的免疫系统内有一种T细胞会杀死外来的病菌,当压力大的时候,T细胞活动力降低,细菌容易入侵,也就会影响到身体的健康。

(4) 影响人际关系

许多人都说,不应该把工作带回家,尤其是工作中的压力。但是有几个人能真正做到?所以在工作中有压力的人,他的家人、朋友通常也要跟着承受这种压力。开始,大家会给予谅解和帮助,但是时间久了,人际关系就会变差。

**2. 压力的来源**

客户服务人员面临的压力主要来自以下八个方面:

（1）客户期望值的提升

企业的服务水平已经比以前有了很大的提升，但是产品、服务的价格却随着行业竞争的加剧而不断下降。总之，客户得到的越来越多，但客户的满意度却没有提升，甚至是在下降。客户期望值提升是与行业竞争的加剧分不开的。客户每天都被优质服务包围，所以，客户对服务的要求也就越来越高了。

（2）服务失误导致的投诉

在客户投诉的处理上，可以通过一些技巧很好地化解客户的抱怨。但是，有些投诉是非常难解决的，像服务失误导致的投诉就属于这一类。比如飞机延误或行李丢失给客户造成的损失，尽管机场会按保险金额赔给客户，但是客户的实际损失和因为行李丢失而造成的不便却是机场不能弥补的。因服务失误而给客户带来的损失无法解决，这个时候，服务人员就只剩下道歉这一条路了。但是，并不是所有的客户都会接受致歉。所以，如何有效处理因为服务失误而导致的投诉给服务人员造成了巨大的压力。

（3）超负荷工作

客户需求的变动会给服务人员带来超负荷工作的压力。现在很多企业的服务人员都在超负荷的工作压力之下，一个人干两个人的工作是很常见的。需求的变动使企业很难按照客户最高的需求来安排自己的服务，所以如何调整心态、提升解决难题的能力，以更好地在超负荷的工作压力下提供好的服务，是服务人员面临的又一个挑战。

（4）同行业竞争加剧

这是一个鼓励竞争和允许充分竞争的时代，所以，没有哪个能赢利的企业会一直没有竞争对手出现。几乎所有的行业都在飞速地加剧竞争。竞争导致的结果就是要做得越来越好，越来越优秀，所以，企业对客户服务的重视程度提高、服务人员工作压力的增大也是必然的。

（5）不合理的客户需求

有时候客户提出的不合理要求也会给服务人员造成很大的压力。企业不允许那么做，客户却偏要那么做，满足了客户，就违反了企业规定；遵守了企业规定，又得罪了客户。所以，如何在遵守企业规定的前提下，让客户接受自己的合理解释，就成了摆在服务人员面前的一道难题。

（6）后台支持不足

在服务过程中常会遇到客户提出一些个性化但又合理的要求，是一线人员无法解决的，如果这时因后台支持不足导致无法及时满足客户的要求，就会引发客户的不满，所以如何建立一套完善的制度使后台全力为一线服务是提升服务质量的一个难题。

（7）服务技能不足

服务工作看似简单，实际上却并不简单，尤其是在处理很棘手的客户问题的时候，并不比攻克一个科研难关容易，比如说投诉。服务技能的不足使服务人员不能从工作中得到满足感，却常常有失望、沮丧感，这给服务人员造成了很大的心理压力。国内的服务人员技能的缺乏尤为严重。

（8）服务需求波动

几乎所有的行业都会有服务的高峰期，当高峰期出现的时候，由于要服务的人数众多，服务人员的服务热情就很难维持，毕竟在频繁的服务中，体力、心力、智力都在消耗。但客户不会理解这些，他们要求在高峰期的时候同样能享受到优质的服务，如果享受不到，他们就会表示不满，向服务人员施压。因此，如何在客户服务的高峰期也能提供令客户满意的服务是服务人员必须承受的压力。

**3. 压力管理的方法**

企业的领导者和人力资源部门应该充分关心一线服务人员的压力现状，从组织层面拟定并实施各种压力减轻措施，有效管理、减轻服务人员压力。

（1）改善工作环境，减轻恶劣的工作条件给服务人员带来的压力感

企业应力求创造一个高效的工作环境，如关注噪声、光线、舒适、整洁、装饰等方面，给一线服务人员营建一个赏心悦目的工作空间，有利于促进服务人员与环境的适应度，提高服务人员的安全感和舒适感，从而减轻压力。

保证服务人员拥有较好的工作用具，如及时更新旧的复印机、话筒等，避免这些物品成为制造麻烦的源头。

（2）鼓励并帮助服务人员提高心理保健能力，学会自我调节

企业向服务人员提供有关压力管理的知识，订阅有关心理健康的书籍、杂志，开设宣传专栏，普及心理健康知识，也能体现企业对服务人员的关心，使服务人员感受到企业的关怀，从而有效调整心态。

例如，英国 UNIPART 公司花了 100 万英镑为员工实施了预防保健计划，并开设了 1 个名为 Lean Machine、价值为 50 万英镑的运动中心，包括壁球场、有氧健身房和保健医疗中心。在 Lean Machine 健康中心，服务人员可以通过运动来应对压力，还能针对压力产生的问题进行心理治疗，并学会利用锻炼和治疗方法避免问题、缓解压力。

（3）加强过程管理，减轻服务人员的工作压力

在招聘中，应选拔与工作要求相符合的人力资源，避免上岗后因为无法胜任工作而产生心理压力的现象。在人员配置中，做好人与事的搭配，并清楚定义岗位角色，可减轻因角色模糊、角色冲突引发的心理压力。

在人员培训中，进行技能培训，使之能更快适应工作；进行时间管理培训，消除时间压力源；进行沟通技巧培训，消除人际关系压力源等。

在职业规划中，帮助服务人员树立切合实际的人生目标，减少因无法实现的落差给人造成的心理压力。

在企业关怀中，领导者应向服务人员提供企业的有关信息，并让服务人员参加一些与他们息息相关的决策制定，使服务人员知道企业发生了什么，从而增强可知感和可控感，减轻不确定性带来的压力；领导者还应该关心服务人员的生活，了解他们在工作中遇到的困难，这可以减轻各种困难给服务人员带来的不利影响和压力，并缩短与下属的心理距离。

完善服务人员的保障制度，提供多种形式的保险，增强服务人员的安全感和稳定的就业心理，从而减轻压力。

通过压力管理，企业不仅能够有效地为服务人员减轻压力，更增加了企业的凝聚力和向心力，拉近了服务人员与企业间的距离，促进服务人员满意度和客户满意度的提高，有效地提升企业的服务水准，树立服务品牌。

### 五、对客户服务人员的授权

#### 1. 授权的含义

在客户服务领域，授权是指允许客户服务人员独立地作出决策，以便更好地为客户服务。客户服务人员经常会遇到一些不在企业现有政策范围之内、又没有处理经验的问题，通过授权，客户服务人员就被赋予了自主权，能够自己作出决策，进一步为客户提供更好的服务。

授权意味着一线服务人员被给予了更多的自由、控制力和决策权。授权使客户服务人员能够自主地决定是否同意客户的要求。当一个客户打电话到企业进行询问时，他们通常都会很详细地向接电话的人解释自己的问题。如果客户服务人员得到了授权，他们就能决定怎样来解决这个问题，当然，这也是有限制的。如果客户服务人员不得不让客户挂线或等候后，再把问题向上级解释一遍，这样对任何一方都没有好处。客户不得不等待或者把问题再重复一遍，客户服务人员也不得不先抛开自己的工作，感觉就像个没有用处的中间人一样，而上级也不得不在匆忙之间听完问题的解释。通过授权就可以避免这样的情况。

**2. 授权给客户服务人员**

授权是有一定条件的，它是企业集中精力确立指导性方针、对客户服务人员进行培训、承担责任并对取得的积极成绩进行庆祝的结果。

制订授权计划时，有以下建议：

（1）对希望达成的目标勾画出蓝图。这幅"图"能提醒企业想要完成什么，以及企业中的每一个服务人员将会得到什么样的益处。

（2）让客户服务人员自己决定是否被授权。给予他们自主选择的权利，并就他们的选择给予反馈。当出现错误的时候不要惩罚他们，而要重新培训。如果员工惧怕后果，就会放弃被授权的机会。

（3）对授权取得积极效果的事例进行奖励和推广。

**【案例2—5】 绩效管理**

某公司人力资源经理李若兰接到了客户服务人员李小茹的投诉：每月都要做绩效考核，但从来没见考核结果起过作用，对自己的工作质量提升没有任何影响。她以最近一次与直接上司客户服务经理吴静的绩效面谈为例，认为这纯粹是浪费时间。

2月21日上午，客户服务经理吴静把长达几页的绩效考核表格分发给所属的7名客户服务人员，提醒这两天是公司例行的月底绩效考核周期，要求客户服务人员在两天内填好并上交给她。同时，吴静还告诉她的下属：公司将在今年开始实施每月的考核结果与年度的奖金发放、末位淘汰挂钩的制度。

出乎吴静的意料，当天下午，这些复杂的考核表格全都上交回来了，所得的自评分数均在70~80分之间，这是一个既没有优秀又没有普通的分数段。更让她哭笑不得的是，有3名客户服务人员在自评后，即在上司评分栏里签下了自己的名字。也就是说，不管上司给予什么样的评分，员工在事前就已经表示了同意。

在下班前，吴静召集服务人员开了一个简短的通气会，就服务人员在考核结果的上司评分栏签名的做法，她指出，这种提前签名的做法有悖于以往的考核管理，是不合理的。她要求员工重新拿回表格，再做评估与衡量，合理地打出自己的分数后再返回给她。同时吴静再次强调：人力资源部门已经明确发文，考核结果将作为年底奖金发放及末位淘汰的参考依据！

第二天下午，吴静收回了7名服务人员的考核表格。结果却让她更为难：服务人员自评全都在80分以上！这意味着，部门服务人员的绩效表现均为优，而这不符合人力资源部门制定的强制分布原则：每个部门只有20%的服务人员得优。

吴静根据月初制定的关键绩效指标，逐一对7名服务人员进行了评分。最后，她和往常一样，把考核表格发还给服务人员，交代服务人员如有异议，可找她面谈。

1. 绩效面谈起冲突

在过去，由于考核结果并没有与收入直接挂钩，中层经理及一线服务人员一直都不重视考核结果的应用，绩效面谈也一直流于形式，最后是如果服务人员对上司的评分没意见，就干脆把绩效面谈这个流程给省掉了。

这次，员工李小茹主动找吴静要求面谈，吴静知道入职4个月的李小茹的绩效评分在最近三个月都不是非常理想，这个月也得最低分。

李小茹非常坦诚地问她的上司：这个月她的关键绩效指标完成情况的确不够理想，也遭到了几位客户的投诉，得了部门的最低分，她心里非常难过。但她希望知道自己如何做，才能避免这种情况。

吴静并没有绩效面谈的经验，只是简单地安慰李小茹，她会考虑下一个月度调低对她的考核指标，帮助她把工作做得更好，也会动员其他同事给她提供一些帮助。至于如何调整考核指标、提供什么样的帮助，她表示自己正在考虑中。

李小茹对吴静的态度感到不满，认为自己在这种非常无助的情况下，的确希望自己的直接上司在工作改进上提供指导性的帮助。但吴静的答复，对她没有任何价值。她认为，这样下去，自己肯定是第一个被淘汰的服务人员。她再次直截了当地问吴静：怎样帮助自己改善绩效？吴静仍然只是简单地以调低绩效考核指标来敷衍。

2. 投诉激化矛盾

感到异常无助的李小茹，把绩效面谈的情况及结果以邮件的方式告诉了人力资源部门经理李若兰，对公司的绩效考核目的及直接上司的绩效面谈方式均提出了质疑。李若兰认为，绩效管理是一个持续的咨询与指导过程——给员工在绩效方面提供建设性的、目标导向的反馈，包括对一些绩效过低的员工要给予更多的沟通及明确的改善步骤。直接上司在整个考核年度都必须扮演一个教练的角色，而不仅仅只是把绩效管理当做一个年度的评估。

此后，吴静对李小茹的投诉非常反感，认为自己已经作出了多个承诺，李小茹却还要越级投诉，后来二人的关系一直处得不甚愉快，李小茹的工作绩效也没有起色。

【案例分析】这是一个绩效管理失败的案例。绩效管理的重要依据是在对工作岗位进行科学分析以后，形成的岗位说明书。绩效目标确定以后，管理者要对服务人员进行不断的日常考察和沟通，记录服务人员的表现，作为年终考核的依据。必要时，要与服务人员就近期的工作进行沟通，了解服务人员的情况，帮助他们解决困难，为更好地完成绩效目标而努力。而不是平常的考核记录流于形式，年终考核一蹴而就。做好绩效面谈应遵循如下五个步骤：

1. 确定面谈内容

了解客户服务人员的工作日程及工作目标，并在这个目标与客户服务人员个人的技能水平之间准确地找出任何不足。在本案例中，吴静既然给自己的下属打了一个最低分，就应该在做绩效面谈前收集相关信息，确定面谈的主要内容，在下属的绩效目标及其个人技能之间寻找差距。

2. 分享经验

以客观的、非判断性的思维倾听服务人员的绩效描述，准确无误地记录服务人员对自己的绩效描述，然后帮助服务人员分析绩效结果优劣的原因，同时分享自己在实际工作中的一些经验。在本案例中，吴静没有根据自己的经验为下属提出改善绩效的方法，只是一味许诺，这很容易被下属视为是在敷衍，认为上司对自己已经失去信心，不愿意给自己提供指导性意见。

3. 制订绩效发展的行动计划

把一个大的目标分解细化为一个一个的小目标，并帮助下属确定完成这些小目标的时间安排。如吴静即使真的要调低对李小茹的考核指标，具体到什么程度？指标细化为一个个小目标后，各个小目标的完成时间段是怎样安排的等。

4. 提供资源，发现障碍

在完成目标分解及时间安排后，应询问下属完成这些目标需要哪些资源，缺乏哪些资源，共同发现和找出客户服务人员完成目标过程中可能面临的潜在障碍，并与下属一起找出清除这些障碍需要提供哪些资源及协助。

5. 让客户服务人员扼要重述

让客户服务人员回顾面谈获得了哪些信息，承诺在下一次面谈之前必须采取的行动及需要完成的目标。同时，再次强调，作为上司会尽可能提供资源支持，将会以什么样的方式提供协助，明确小目标完成的时间段及各自的义务。

【案例思考】

1. 结合案例分析客户服务人员绩效考核的基础是什么？
2. 结合案例分析怎样才能做好客户服务人员的综合管理？

# 第3节 客户服务现场管理

 **学习单元1　客户服务现场管理概述**

 **学习目标**

➢掌握客户服务现场管理的定义、要点、目标
➢能进行客户服务现场管理
➢掌握应对突发事件的措施

## 一、客户服务现场管理的概念

服务质量形成于生产和服务的过程之中,对服务质量的控制,需要加强事先的过程设计,解决好影响过程的人、设施、材料、方法、环境等方面的问题。但服务现场的情况是千变万化的:一方面客户会提出各种意想不到的要求,原先设计的服务方法,以及对人的训练等,未必能满足客户的需要;另一方面,因各种原因,客户服务人员未按照设计的要求去对客服务,因此服务偏离设计的情况随时都可能发生。服务又与客户的消费同步,客人消费完毕,服务也就无影无踪了,事后的检查很难弄清对客服务的真实情况。这一切都要求加强对服务现场的质量监控,现场监控是客户服务管理的重要环节。

**1. 定义**

关于管理的定义有很多种说法,从客户服务现场管理的角度来看,管理就是一个企业在进行客户服务的过程中,有效地利用所拥有的资源,有计划、高效率地采取的各种措施,对客户服务的范围、时间、进度等各个方面进行规划,设置目标,把握进程的实际情况,为完成目标寻求最好的方法所实施的行动。

因此,客户服务现场管理可定义为:企业在为客户提供产品和服务的过程中,通过制定科学的管理制度及标准的服务程序,对现场的各要素如人、设备、环境、信息等进行合理有效的计划、组织、指挥、协调、控制,使现场服务能够满足客户

需要，实现企业的目标。

**2. 要点**

在客户服务现场管理中有一个很重要的概念就是整个现场要处于受控制的状态，现场出现的问题要立即解决。客户服务现场管理的要点是一目了然、重点管理、全员参与。

（1）一目了然

在服务现场，必须明确谁干什么，应该如何去完成，对于服务的程序、要点等要有明确的制度性规定。对服务现场各种服务活动的进展情况分门别类地进行统计，可以用展示板、图表、提示牌，将服务的进度、完成时间等明确地标示出来。

（2）重点管理

客户服务管理人员在服务现场进行管理以走动管理为主，而服务是一个过程，要求他们对所有的服务内容全面管理是不太现实的。因此，在日常工作中，应注重加强对现场服务关键点的管理和监控，这些服务的关键时刻控制在 10 项左右，但是这 10 项都应该是关键的项目。

（3）全员参与

客户服务现场管理仅依靠管理人员是完不成的，现场所有的客户服务人员都来参加，才能保证运作顺利进行，实现真正意义上的现场管理。

客户服务现场管理过程中要充分调动所有客户服务人员参与管理的积极性，在其承担的服务内容范围内进行质量、安全和设备等方面的管理控制，定期召开现场会议，让所有客户服务人员都来参加。在会上，对服务现场的现状进行说明，对存在的问题进行讨论，对员工提出的积极有效的建议予以充分肯定和采纳，以提高客户服务人员参与管理的意识和积极性。

**3. 目标**

客户服务现场管理的任务，由它在整个企业管理中的地位和目标决定。客户服务现场管理是整个企业管理的重要组成部分，是最基础性的管理。现场管理的目标是实现现场活动的科学化、标准化、系统化和高效化，以达到优质、高效、文明、安全的目的。

要实现这一目标需完成以下客户服务现场管理任务：

（1）制定切实可行的现场管理标准、指标体系、评估内容和考核办法，提高现场管理水平。

（2）实行行之有效的现场管理方法和手段，为提高服务质量和增加经济效益服务。

（3）探索现场管理科学化、标准化、系统化和高效化的内容，创建有效的现场管理体系。

为实现客户服务现场管理任务，可采取以下措施：提高管理层对客户服务现场管理的认识，重视客户服务现场管理思想在管理实践中的应用；制定相应目标，在制订企业计划时，同时注重客户服务现场管理目标；根据企业具体情况，制定符合实际、便于实施的客户服务现场管理要求和细则；根据标准和要求，制定相应的实施规划，加强督导，指导交流工作。

## 二、客户服务现场管理的标准化

**1. 标准化服务的必要性**

没有标准概念的企业在现代社会中是不能立足的。按照标准作业，企业中无论是谁为客户提供服务，都会有同样的结果。因此，对企业而言制定各种客户服务标准是最基本的，也是最重要的。

客户服务标准化作业的必要性如下：

（1）确保达到设定的服务效果

无论是谁为客户提供服务，只要是按标准进行操作，都能够为客户提供高效的服务，出现质量波动的概率会降低，从而能够为客户提供满意的服务。

（2）有利于对客服务技能的提高

企业在对客服务中按标准提供服务，新加入的客户服务人员就有章可循，并能尽快熟练地掌握对客服务的技能，从而使技能获得提高。

（3）有利于发现问题

客户服务人员在对客服务中如果不按标准操作，或没有标准可以遵循，在一定程度上就会加大引起客人不满的概率。如果按照标准执行，基本上能够做到防患于未然。

**2. 服务标准化**

服务标准化，是指通过对服务标准的制定和实施，以及对标准化原则和方法的运用，以达到服务质量目标化、服务方法规范化、服务过程程序化，从而获得优质服务的过程。服务质量目标化、服务方法规范化和服务过程程序化是不可分割的整体，由它们共同实现服务标准化的功能。

服务的标准化可以从不同的角度和侧面细化进行，现从以下两个方面进行讨论：一是服务流程层面，即服务的递送系统，向客户提供满足其需求的各个有序服务步骤，服务流程标准的建立，要求对适合这种流程服务标准的目标客户提供相同步骤的服务。二是提供的具体服务层面，即在各个服务环节中人性的一面，在一项服务接触或"真实的瞬间"中，服务人员所展现出来的仪表、语言、态度和行为等。

（1）服务流程标准化

服务流程标准化着眼于整体服务，采用系统的方法，通过改善整个服务体系内的分工和合作方式，优化整个服务流程，从而提高服务效率，寻求服务质量的保证。

客户在接受服务的过程中，一方面希望获得专业化的服务，另一方面也希望得到极大的便利，减少等候的时间、方便结算。所以，在进行服务流程标准的设计过程中，要以向客户提供便利为原则，而不是为了企业内部实施方便等。

（2）提供服务标准化

服务通常是生产与消费同步进行的，这种同步性也意味着较高的客户参与度，服务的质量与客户满意度将在很大程度上依赖于"真实瞬间"的情况，如果能在这些"接触瞬间"提炼出可以标准化的部分，会成为服务的亮点。"接触点"的服务标准化，主要体现为服务人员的仪表、语言、态度和行为标准等。

### 三、客户服务现场安全管理

**1. 服务现场安全管理的概念**

服务现场安全管理是指为避免任何有害于企业、客户及员工的事故发生所采取的必要的防范措施。事故一般都是由人们的粗心大意造成的，往往具有不可估计和不可预料性。执行安全措施，具有安全意识，可减少或避免事故的发生。因此，在客户服务现场无论是客户服务管理人员，还是客户服务人员，都必须努力遵守安全服务操作规程，并承担维护安全的义务。服务现场需要安全的工作条件加安全的工作行为，以避免安全事故发生。

**2. 服务现场安全管理措施**

（1）加强对客户服务人员安全知识的培训，克服主观思想，强化安全意识，未经培训客户服务人员不得进行生产和服务。安全管理"以人为本"，因为设备要靠人来操作，制度要靠人来遵守，安全措施要靠人来实施，事故隐患要靠人来排除。所以，强化对人的安全教育，提高人的安全意识，是搞好安全生产和服务的基础。

（2）健全各项服务现场安全制度，使各项服务安全措施制度化、程序化，服务规程规范化,特别是要建立防火安全制度,做到有据可依,责任到人。

(3) 保持工作区域和服务区域的环境卫生,保证设备处于最佳运行状态,对各种设备采用定位管理等科学管理方法,以保证工作程序的规范化和科学化。

(4) 认真落实日检查、周检查制度。日检查和周检查工作是查找隐患的有效方法之一,是预防事故的第一道防线,现场服务人员应认真落实确保安全。服务人员每天对电器线路、设备设施等进行巡查,发现问题及时整改;每周由检查小组对所有的设备设施、环境卫生、产品等进行详细检查,消除每一项隐患或潜在的危险源,真正给一线生产和服务人员创造一个安全舒适的生活和工作场所。

### 四、应对突发事件

#### 1. 突发事件的概念

突发事件,是指在事先没有通知、预兆的情况下,忽然发生的、对生产和服务有一定破坏力和影响力的事件,具有不确定性。在客户服务过程中,不论之前准备得多么完善,总会有各种各样的突发事件发生,而对这些突发事件的处理决定客户服务的质量。不同领域的企业会面对不同的突发事件。从诱因看,突发事件可分为由客户方面引发的突发事件、由自身方面引起的突发事件及其他原因如盗窃、火警、争吵等引起的突发事件。

(1) 由客户方面引发的突发事件

作为客户服务人员,每天要接触不同素质、不同文化、不同阶层的人,偶尔会遇到自身服务未得到客户理解,或某些客户的刁难等。这时需要耐心处理,否则可能会使客户不悦,严重的还有可能会影响到企业的形象与业绩。

(2) 由自身方面引起的突发事件

在客户服务管理过程中,也可能会由于产品、客户服务人员的素质或疏忽及现场设备故障等引发一些突发事件。例如,在回答客户问题时,口齿不清晰,客户听不明白;客户提出的问题,不知道怎么回答;或者首次联系客户时没有及时备注或备注有误,导致再次联系时的被动和尴尬等。

(3) 其他原因引发的突发事件

在客户服务部门发生的盗窃、火警、争吵、斗殴等类型的突发事件。

#### 2. 应对突发事件的措施

(1) 对由客户方面引发的突发事件

客户服务人员面对客户的无端要求或问题时,可以简单回答,如果遇到无法回答的问题，可以采取巧妙的转移方法，将话题不知不觉地转移到别的问题上去。同时尽量让对方相信自己，要减少客户与服务人员之间的隔阂。

一般处理程序包括：静听，弄清楚原因；容忍，无论什么原因，也不论是否合理，都必须耐心、细心聆听，减少客户怨气；灵活，在可能的范围内尽量满足客户，果断灵活地处理，以避免误会加深；解释，客户讲完后，先对不能满足他的要求和产生的误会表示歉意，然后解释不能做到的原因，减少客户的怨气。

（2）对由自身方面引起的突发事件

既然是自身产生的问题，自然是通过对自身的不断改进来解决。由产品本身引发的问题可进行退换货等处理，同时不断改进自己的产品。加强对客户服务人员素质的训练，如口齿不清晰问题，可在工作时间以外，多练习普通话，语速放慢，尽量让自己的每个字句都清晰。如果由于客户服务人员自身疏忽出现问题，要勇于承认错误，向对方道歉。平时注意设备设施的定期检查和保养。

（3）对由其他原因引发的突发事件

对在客户服务部门发生盗窃、火警、争吵、斗殴等突发事件，要对客户服务人员进行处理此类突发事件的培训。

盗窃、匪警事件发生时，要保持镇静，同时立即通过通信设备呼叫求援，及时报告保安部，重大案件要立即拨打"110"电话报案。要保护案发现场，记录客户所提供的所有情况。现场如有人员受伤，要立即设法尽快抢救并报告公安机关。

当接到火灾报警时，要严守各自岗位，值班人员要做好安全防范工作，以防坏人浑水摸鱼、趁火打劫。所有员工应听从指挥，无条件服从领导及主管调配。如果现场有被困客户，应本着"先人员，后财产"的原则抢救。扑救完毕后，客户服务部安排人员协助有关部门查明原因。

当发现客户之间有争吵、斗殴的现象时，要及时劝止。

【案例2—6】 客户服务现场管理——应对突发事件

2010年某日下午4时05分，某市某加油站正值加油高峰期，突然加油机联网的中控系统出现了故障，4台加油机均停止发油，加油站挤满了车辆……正在现场值班的主管果断地对现场危机进行了处置。她立即组织服务人员迅速检查加油机、感应器网络和电源，并将加油机和中控系统脱离，采取脱机加油。

4时10分，加油机依然没有恢复正常工作。加油现场挤满了车辆，进出较为困难，司机们的怀疑声和不满声不断地泛起，部分定点加油的老客户也对刚挂牌的

"星级站"加不出油来表示不理解。

这时，主管等人果断招集站内所有服务人员，按照平时的演习方案，将服务人员分成三组：第一组，负责维持现场秩序，做好客户解释工作，同时注意油站安全，防止出现意外情况。该组服务人员一人在主车道引导车辆进出，另外几名服务人员则做好解释和安全防范工作，向客户真诚道歉并解释原因，请客户稍后进站加油或到就近加油站加油，并主动登记好客户资料。第二组，负责进出口礼品发放。该组服务人员主要负责为进出客户发放报纸和矿泉水，凡是进站客户均可得到一份礼品，并做好解释工作，减少客户心理影响，争取得到客户理解。第三组，及时联系加油机厂家和系统售后服务商，将现场情况及时上报上级公司，同时与加油站经理取得联系。

随后，三个小组组长各自带队投入紧张的工作。第一小组的服务人员以标准的手势一边引导车辆有序离开，一边登记有关资料。第二小组服务人员身着迎宾绶带，用真诚的微笑、温馨的礼品，赢得客户理解。而第三小组成员则做好外部联系工作。这时，外援开始进驻加油站。

4点25分，分公司主管人员到场；4点30分，维修人员进站；5时整，加油站恢复正常营业。

在不到一个小时的时间里，这一加油站迎来了数百名客户，但却没有收到客户的投诉，最可贵的是很多客户一直等到系统维修好了才过来加油。事后，站经理及时制订了客户回访计划，赠送给部分客户电影票，同时亲自给当天进站的客户挨个打电话。第二天，该加油站销量不仅没有下降，反而略有回升。

这次"突发事件"提高了该加油站服务人员在电脑系统出现故障后的处理能力，也显示了该加油站现场应急和客户服务意识的管理水平。

【案例分析】这是一个应对突发事件的案例。该加油站面对突然出现的技术故障，没有慌乱无序，而是果断决策，指挥有方，最终成功解除危机，并实现成功营销。

在预防管理方面，该加油站对突发事件的预防工作比较到位，有一套完整的应急预案。突发事件发生时，管理者能镇定自如，果断处理。

在服务补救方面，该加油站做到了现场补救与事后回访，维护了其"星级站"的荣誉。

【案例思考】你在工作中遇到过突发事件吗？结合案例，分析突发事件的应对及补救措施。

## 学习单元2 客户服务现场指导

**学习目标**

➢ 掌握客户服务现场指导的概念
➢ 掌握客户服务现场指导的能力要求
➢ 掌握客户服务现场指导的具体运作
➢ 能指导客户服务人员现场操作

### 一、客户服务现场指导的概念

客户服务现场指导，是指客户服务管理人员现场发现问题并现场给予服务人员以指导直至问题解决。在客户服务管理中它更多的是为客户服务人员提供支持，不断打探事情经过并小心处理问题的过程，以期问题圆满解决。具体来说，现场指导主要有以下三种方式：

**1. 置身事外**

客户服务管理人员在服务现场，发现客户服务人员在服务过程中出现问题，不要马上干涉，应仔细观察，对事情进行判断，当认为客户服务人员能够解决该问题时，就该笑笑、点点头或用别的动作表明不干预，然后走开。如果对碰到的事儿不放心，不妨问一声："你这儿需要帮忙吗？"如果回答是否定的，就听从服务人员的话先走开，也可趁机提醒服务人员，他可以要求帮忙。

**2. 委婉处理**

客户服务管理人员发现客户服务人员与客户发生冲突，此冲突引起较多关注，可能会扰乱现场服务秩序，影响企业形象时，应寻找恰当的时间加以制止，并另寻合适的地方解决该事情。

**3. 直接干涉**

当发现客户服务人员明显不能控制局面而客户情绪又过于激动时，客户服务管理人员可果断插手，打断客户与服务人员之间的对话，表明身份，倾听事件经过，并对事情合理处理。

## 二、客户服务现场指导的能力要求

**1. 敏捷的思维**

客户服务现场有时可以被描述为"突发现场",来企业找麻烦的客户随时都可能出现;服务新手的笨拙服务,也可能制造麻烦。因此,具备灵活、快速解决这些状况的敏捷思维对客户服务管理人员来说非常重要。

**2. 完美的表达**

客户服务工作对语言表达能力要求很高,无论是指导下属还是解决客户投诉,客户服务管理人员都需要流利表达。流利的表达有助于下属清楚工作职责,并按照职责有条不紊地工作;流利的表达有助于提升客户的信赖,这是客户评判管理人员是否合格的标准之一。下属和客户在面对表达吃力的上司或服务人员时,信任感会荡然无存。因此,客户服务管理人员需要通过大胆的说、勤奋的锻炼和长时间的学习,来实现完美的表达。

在客户服务现场指导中,客户服务管理人员还应该清晰表述。按照事物的逻辑顺序,控制语速、音量,清晰地表达自己的观点,以进行良好的现场指导。

**3. 专业的示范**

客户服务现场指导中的示范主要包括工作标准的示范和事件处理的示范。

客户服务现场指导对示范的要求是专业,专业的示范技巧标准如下:

(1) 语言和动作协调一致

示范通常需要语言和动作同步进行。例如,对打电话技巧的示范,就需要在讲解的过程中,有相应的动作配合,或者在做动作的时候有相应的语言描述,这样才不会出现说和做不一致的情形。

(2) 道具应用规范

很多示范都需要借助一定的道具,因此,对道具的使用也应该规范。细节决定成败,通过细节可以看出客户服务管理人员是否专业。同样是打电话,专业示范应该是轻拿轻放电话听筒,同时注意调整放置的位置,不应该歪斜。

(3) 与观看者同步

与人示范,目的是让观看者看过之后能够掌握,这就需要在示范过程中与观看者时刻保持沟通,否则,示范完了,观看者什么都没记住,示范也就失去了意义。每讲到一定阶段,都应该停下来,观察观看者的反应,听听观看者的意见。只有不断地沟通,才能实现预期的目标。

(4) 有效处理提问

信息在传递过程中，会因为个体的差异产生不同的理解。而人们在不确定自己的理解是否正确时常常会通过提问来证实。所以，在示范过程中，观看者提问是不可避免的。示范人员要对这些提问正确解答，这样才能保证示范顺畅进行。

### 三、客户服务现场指导的具体运作

**1. 客户服务现场指导模型**

客户服务现场指导模型详细介绍了客户服务现场指导所需要的步骤（见图2—2）。

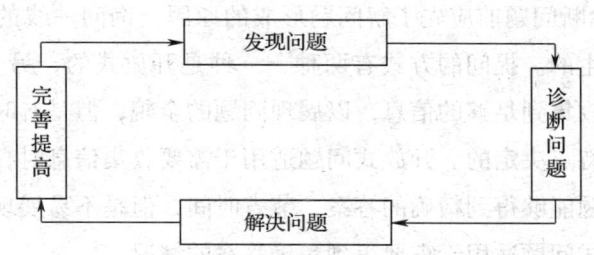

图2—2　客户服务现场指导模型

模型共介绍四个步骤：发现问题、诊断问题、解决问题和完善提高。该模型是个封闭的图形，因为有关客户服务现场问题的处理是个循环的过程，一个问题解决了，又会有新的问题出现，这遵循事物发展的规律。

**2. 客户服务现场指导步骤**

（1）发现问题

指导要有的放矢，即应在问题的基础上进行指导，所以客户服务指导的第一步是发现问题。

有些客户服务管理人员常说自己的团队没有问题，没有问题是最大的问题。每一个企业都是被各种各样问题包围着的，只是问题的大小、形式不同而已。所以，客户服务管理人员应具有"问题意识"。

"问题意识"培养来自如下三方面的努力：

1）细心观察。问题在不同人的眼中有着不同的分量，被服务管理人员认为是问题的问题在一线服务人员那里也许就不是问题了，因为二者对问题的认识角度和程度不同。所以客户服务管理人员需要细心观察一线人员的日常工作，发现影响他们工作效率、效果的因素和无意识触犯客户的因素。

2）良好沟通。客户服务管理人员的时间不可能都花在服务现场，这表明有些问题他是看不到的，但是现场的客户服务问题是切实存在的。如果大家有着良好的沟通氛围，那么，下属会及时将感知到的问题反映给客户服务管理人员，这有利于客户服务管理人员培养"问题意识"。

3）善于分析。有时在实际的服务提供中可能很难发现问题，但是在服务质量报告中却可能隐含了一些潜在的服务隐患，这就需要客户服务管理人员培养对各种报告的敏感度，及时发现存在的问题。

（2）诊断问题

问题被发现后，客户服务管理人员需要对问题进行诊断，从而有利于问题的最终解决。诊断问题的技巧有三个：提问、倾听和复述。

1）提问。诊断问题前应先了解问题形成的原因，询问一线的客户服务人员这个问题是怎样产生的。提问的方式有两种，一种是开放式的，另一种是封闭式的。开放式的问题能收集到足够的信息，以展现问题的全貌，但是有时会偏离主题，这是由它发散性的特点决定的。开放式问题适用于需要收集信息时，尤其是在谈话开始时。封闭式问题能够得到精确的答案，节省时间，但是不易展现问题全貌和收集信息较少。封闭式问题适用于需要得到精确答案的情况。

2）倾听。在询问的过程中，要保持良好的倾听。以下方式是保证聆听无障碍进行的技巧。

保持视线接触。聆听时，必须看着对方的眼睛。专家认为，正常的目光接触应该占全部谈话过程的60%~80%。如果需要做记录，则目光接触的时间应为全过程的20%左右。如果目光接触的时间占到了90%，就能向对方传递出非常真诚的感觉。

全神贯注。聆听时，全神贯注表明了你很在意对方，全部的精力都用在了对方身上，这样对方才能够真诚地将问题全部反馈给你。应避免坐立不安、东张西望、打呵欠、答非所问或向远离讲话者的方向挪动身体，甚至乱写乱画、胡乱摆弄纸张或看手表等心不在焉的行为。

积极回应。如果听者毫无反应，客户服务管理人员就无法断定听者是否已听懂，是否该继续说下去。另外，被积极回应的说话者会对讲话的内容更投入，反映的信息也更真实、全面，因此在聆听中一定要积极回应、反馈。

让人把话说完。让人把话说完整并且不插话，反映了对人的尊重。反之，则表明你不重视对方的意见，以自我为中心。因此，粗暴地打断别人的谈话，或急于反驳，不适时宜地插话等行为，是非常令人反感的，同时也无助于问题沟通，有时还会令问题更加复杂和难以解决。

确认理解。为什么听者误解了谈话者的意思却不自知？这是因为他们在聆听时没有随时检查自己是否听真切了，或理解对了。所以要保证聆听效果，就需要经常确认对方所讲的内容。

用笔记录。当讲话者看到自己所说的话被记录下来，他的感觉会非常好，因为自己受到了重视。记录有利于随时回顾讲话者提供的信息，以便有效分析。

3）复述。最后的复述有利于对所得信息的确认。复述也应得到讲述者的确认。

（3）解决问题

客户服务现场指导的第三步是解决问题。在解决问题阶段有两项主要工作要做：

1）找到解决问题的方法。经过诊断问题阶段，就需要找到解决问题的方法。无论是什么问题，总会有解决的办法。但是这个办法不应是应付了事，而应是切合实际的。

2）评估。判断解决问题的方法是否切合实际，就是对该方法进行评估。

评估的方式有两种，一种是内部评估，即将解决问题的方法摆在相关服务人员的面前，让大家讨论该方法的优点与不足，然后以某种评判标准最后确定该方法是否合适；另一种是外部评估，即在客户服务中检验。如果在服务交往中，客户再不会因为对这个问题不满而投诉，转而是满意的，那么证明该方法是恰当的。相反，客户仍然不满，或者更生气，那么就需要寻找新的解决办法。

（4）完善提高

完善提高是客户服务所有工作的最后一步。在完善提高阶段，有两项工作要做：

1）记录存档。企业的发展在某种程度上可以说是建立在经验的基础上，如果没有经验，企业的所有工作、所有人都处于起步阶段，那么企业是无法生存下去的。记录存档是对经验的有形保存。因此，将所有与客户服务相关的信息记录存档的工作对所有企业、所有部门来说都是非常重要的。

2）充实和修正。受到时间、条件等的限制，服务管理人员需要对原有方法进行充实和修正，以便给后来会应用到的人更好的指导。

总之，客户服务现场指导对于服务管理人员来说是一项必须具备的技能。为了更好地掌握该技能，需要客户服务管理人员不断地练习和掌握相关知识。

【案例2—7】 服务管理人员现场操作的指导

李经理在一家商务酒店担任大堂经理。他巡视大堂时，听到前台接待人员小孙和小王正在尖刻地议论着一个蛮横的住客。而前台离酒吧很近，他们的话有可能会传到经常在酒吧里享用免费午间咖啡的客人的耳朵里。

李经理花了一分钟时间想了想,决定接下来应该怎样处理。

他没有立即采取行动,而是分别将小孙和小王叫到一旁,说道:"你们可能没意识到,你们在前台的说话咖啡间里都能听到。现在请你们告诉我,我进去的时候,大堂里出了什么事?"

小孙说:"这位难缠先生退房时,对小王先是恶言恶语,大声抱怨毛巾不好用、房间噪声大、房间里太热等,要求给予免费或打折,反正一副无赖样。"

李经理问小王:"小王,当时你是怎样处理这件事的?"

小王说:"我向他道歉,并记下了他的投诉,还取消了他在小酒吧的账单。但这些都没能堵住他的口,很明显不是我们的房间有问题,而是不想付费。"

李经理道:"我很遗憾,这位住客让你这么难堪。你也确实尽力安抚他了。但现在我想稍微转换一下话题。我担心的是,你们的这种背后抱怨会传到大堂周围客人的耳中。我们在前台的议论客人很容易听到。"

小王说道:"这一点我倒没想到,小孙,你呢?"

小孙说:"我隐约想到了,但……"

"能意识到就好。同时,针对客人反映的问题,我们一定要重视,说明我们在服务中一定有不足的地方,要站在客人的角度去补救,而不仅仅是简单地免单了事,对待这样的客人我们要抓住其心态……",李经理说。

【案例2—8】 服务管理人员现场操作的指导

小赵正在营业厅里招呼一名客户王先生。王先生坚称:"Windows 6.0这种软件能把文件从苹果电脑转到个人电脑。"小赵向他说明这种软件根本不存在。但客户仍然说:"我每天工作都用它,我怎么会不知道?"

两人说话的声音越来越大,已引起其他客户的注意。

这时,客户现场管理人员刘经理走上前,向客户王先生微微一笑,然后转身对小赵说:"小赵,这儿好像有点误会,我能帮上忙吗?"

王先生说:"我想买Windows 6.0,就是那种能把文件从苹果电脑转到个人电脑的软件。我办公都用它,可他说没这种软件。"

刘经理(同客户说话,且与小赵保持目光交流)说道:"微软公司的确设计了一种具有这种功能的软件程序,不过是Word 6.0。这是你工作中用的软件吧?"

小赵说:"对,应该是它。"

刘经理说:"小赵,你能告诉王先生Word 6.0软件放在哪吗?"

小赵说:"王先生,很抱歉,我没弄明白您的意思。我告诉您这种软件放在哪儿。我还可以给您一些安装说明。"

刘经理的目的是给服务人员和客户一点缓冲时间，使双方都能平静下来。而把问题和注意力转向服务人员，可以给客户一个既可恢复常态又不失面子的机会。

【案例2—9】 服务管理人员现场操作的指导

客户服务经理王明听见从服务人员小陈那儿传来一声尖叫。他走过去时，看到一名客户正对小陈挥舞拳头，并大声怒喝要求将普通舱机票换成头等舱机票。小陈的脸一阵红一阵白，她的目光避在一边，似乎听任客户大叫。

王明感觉到小陈明显不能控制局面而客户情绪又很激动，知道该自己出来插手收拾局面了。他打断了客户："先生，能告诉我出了什么问题吗？"

客户说："我已打过电话换机票，可这个蠢货却坚持说我订的是普通舱。这怎么能接受！"

"先生，我保证我们会妥善给您安排。您能把情况说清楚吗？"王明道。

客户说："我已和她讲过。我要求……"王明说："先生，我们会尽力帮您，今天坐飞机的人很多，现在排在您后面的就有30多名乘客。如果您愿意协助我们找出原因，我保证会尽快让您登机，您看怎样？"

客户说道："那么快点！我还得赶飞机呢。"

王明对小陈说："调出这位先生的预订资料，看看是什么问题。"

王明的出现平抚了客户的情绪，且恢复了正常服务。

【案例分析】 这是一组关于现场指导的案例。精明的服务管理人员应该具备敏捷的思维，能够当场发现问题并现场解决。

【案例思考】

1. 结合案例分析现场服务管理人员应该具备哪些能力素质？
2. 现场指导的步骤有哪些？

# 第3章 客户服务控制

## 第1节 客户服务质量控制

### 学习单元1 质量信息管理

 学习目标

➢ 掌握服务质量的内涵
➢ 掌握客户服务质量管理的特点与原则
➢ 了解服务质量信息管理的内容
➢ 了解服务质量调查与处理的工作流程与执行标准

一、服务质量管理

**1. 质量**

质量是一个备受关注的话题,质量的定义也有很多种。戴维·加文(David Garvin)教授从五个角度归纳出了质量的五种定义,见表3—1,这些不同的质量定义代表了企业不同的岗位对质量所持有的不同观点。

美国国家标准研究所(American National Standards Institute,ANSI)和美国质

量协会（American Society for Quality，ASQ）联合推出了质量定义：质量是指"产品和服务得以满足一定需求的全部特征和性质"。

表3—1　　　　　　　　　　　质量的定义

| 关注角度 | 内涵 | 缺陷 |
| --- | --- | --- |
| 出类拔萃（transcendent） | 是指其无与伦比的天生优越性，也可以说"你不能定义质量，但是当你看到它的时候就知道质量是什么了" | 仅能靠经验来鉴别，对于经营者来说，并不具有现实的指导意义 |
| 关注产品（product–based） | 以产品为标准，依据是可以检测的量 | 它假设所有的客户都想要同样的属性，没能考虑客户品位和偏好的影响 |
| 关注用户（user–based） | 从关注产品定义的结束处开始，因此也有人认为质量是"适应性"，它从单个客户的角度来定义质量 | 这种定义方法的主观性导致了两个问题：①为了吸引最大量的客户，怎样决定产品或服务所包括的属性②怎样区分保证满意程度和保证质量的两种属性 |
| 关注生产（manufacturing–based） | 以生产为基础定义质量，是把质量视为工程和生产过程的产出。根据这个方法，质量就是"与需求相一致的"标准 | 除非标准是按客户的需求和偏好制定的，否则质量会成为一个企业内部的问题，管理者会简化生产控制，而忽视客户的需求 |
| 关注价值（value–based） | 把价值和价格在定义中融为一体，质量被认为是经营结果与客户可以接受的价格之间的平衡 | 该定义只从供求关系的角度出发，只关注产品的结果，没有量化生产及其相关的全过程 |

随着人们对质量的日益关注，全面质量被提上日程，它包括组织内部全部过程、职能部门和所有人员的质量。表3—2描述了质量和全面质量的区别。

表3—2　　　　　　　　　　　质量和全面质量

| 要素 | 质量 | 全面质量 |
| --- | --- | --- |
| 对象 | 提供产品（或服务） | 提供的产品及所有与产品有关的事物（附加服务） |
| 相关者 | 外部客户 | 外部客户和内部客户 |
| 包含过程 | 与产品提供直接相关的过程 | 所有过程 |
| 涉及人员 | 组织内部分人员 | 组织内所有人员 |
| 相关工作 | 组织内部分职能或部门 | 组织内所有职能或部门 |
| 培训 | 质量部门 | 组织内所有人员 |

**2. 服务质量**

（1）服务质量的重要性

激烈的市场竞争使质量成为服务业生存的先决条件，良好的对客服务质量对于企业的重要性体现在以下三个方面：

第一，可以提高客户的忠诚性和员工的忠实性。质量是客户满意的重要组成部分。优质服务产生高满意度，而高满意度又能产生忠诚的客户。客户的忠诚是导致收益提高和增长的源泉。据有关数据分析，开发一位新客户的成本是挽留一位老客户成本的6倍。企业应更多地关注客户的忠诚度和客户生命周期的开发与管理，从第一次销售开始与客户建立良好的互动关系，有效地建立防线。良好的服务是降低客户流失率和赢得更多新客户的有效途径。

生产优质的商品和服务的企业，客户服务人员会为自己的工作而感到骄傲，他们能从工作中获得较高的满意度。满意的客户服务人员往往更加忠诚，生产率更高。

第二，可以降低企业的成本，为投资者带来较高的投资回报。良好的服务意味着企业可以用较少的钱来纠正错误或补偿不满意的客户。因此对错误的防范能提高生产率，同时降低成本。研究表明，以良好的商品和服务质量而著称的企业是能够赢利的企业，它们的股票也会成为好的投资对象，可以为投资者带来较高的投资回报。

第三，可以提高企业对价格竞争的抵御能力。当前我国经济生活中一个引人注目且频繁出现的现象就是各行各业中广泛出现的价格竞争。换言之，价格竞争已经成为我国许多企业主动或者被动频繁使用的策略，但也容易导致恶性竞争的出现。如果企业能够不断提高对客服务质量，以优质服务而著称，提供竞争者不能提供的东西，通常情况下则不必参与价格竞争，在激烈的市场竞争中将会立于不败之地。

（2）服务质量的内涵

服务质量出自客户感知，取决于客户对服务的预期质量和其实际感受得到的服务水平，即体验质量的对比，因此服务质量具有很强的主观性和差异性。通常情况下，服务质量包含技术质量和功能质量两项内容。

技术质量是指服务本身的质量标准、环境条件、网点设置、服务设备以及服务项目、服务时间等是否适应和方便客户的需要。它是客户从服务过程中得到的东西，可以满足客户的主要需求。对企业来讲，它可以得到许多客户比较客观的评价，是比较容易掌握的质量标准。

功能质量是指服务推广的过程，即客户与服务人员打交道的过程，服务人员的行为、态度、穿着等都直接影响客户的感知。功能质量易受客户的个性、态度、知识、行为方式等因素的影响，是一种比较主观的判断，企业难以掌握。

服务质量是在客户服务人员与客户的互动过程中形成的。服务产品与有形产品不同，服务的生产和消费具有同时性，通常是无法分割的，互动性是服务质量与有形产品质量的一个非常重要的区别。此外，全面质量（TQM）正日益成为普遍的现象。

**3. 客户服务质量管理的特点和原则**

（1）客户服务质量管理的特点

1）主观性强。从客户服务质量的评估方法看，它经常以管理者或质量专员对客户服务人员进行实时监听以及录音回放的方式进行测评，然后根据测评人的判断进行打分，同一名客户服务人员的同一段通话，不同的质量专员可能会给出不同的分数。因此客户服务质量的管理具有很强的主观性，再加上服务质量的优劣本身就是一种感觉，导致了客户服务质量评估的高难度和复杂性。

2）成本比较高。质量管理的常用手段是实时监听或录音回放，由于这两项工作都非常耗时，而且要有专人对服务质量进行监控，因此从劳动强度和工作效率方面来讲，都需要较高的管理成本。

（2）客户服务质量管理的原则

在进行客户服务质量管理时，需要遵循以下三项最基本的原则：

1）以人为本。客户服务管理人员必须把对人的培训及关心放在第一位。这里所指的培训，包括对客户服务人员的培训和对各级管理者的培训，在促进客户服务质量提高的同时，促进服务人员自身发展，增强服务人员对企业的忠诚度。

管理者自身也要以支持、反馈、培训、鼓励、承担责任、疏导关系等方式参与客户服务活动，使全体成员都能以共同的目标和质量管理策略开展工作，给客户带来一致性的服务，保持客户的忠诚度。

2）以客户为中心。理解客户当前和未来的需求，让客户满意，以客户的满意度作为衡量客户服务质量优劣的关键因素。通过各种方式的客户满意度调查来发现自身的不足和客户的期望，获得客户持续有效的反馈信息，以此来制定积极有效的服务策略，提高客户终身价值和向他人推荐本企业产品或服务的可能。

3）量化原则。由于客户服务质量管理具有主观性强、难以评估和管理成本高的特点，确定一系列量化指标，同时设专人定期对这些指标进行检测，以便将客户和质量专员对服务质量的感觉进行量化，是客观评价客户服务质量优劣的重要手段。

## 二、服务质量信息管理

**1. 服务质量信息管理的工作流程与工作标准**

服务质量信息管理工作是全面质量管理的基础工作之一。信息在现代服务管理中起着极其重要的作用;服务质量信息指在形成产品质量的全过程中所产生的各种有用情报和资料,它包括产品质量信息和服务工作质量信息两个方面。服务质量信息管理是指在形成产品和对客服务质量的全过程中对所产生的各种有用情报和资料进行全面、综合的管理。它主要包括服务质量信息传递、日常服务质量信息的处理、市场服务质量反馈信息处理等多方面的内容。

(1) 服务质量信息传递工作流程与工作标准

服务质量信息传递的工作流程从服务质量管理部开始,服务质量管理部制定出企业的《服务质量信息管理制度》,经部门经理及总经理审核、审批通过后,分发到各客户服务管理岗位,并要求其执行。客户服务管理各岗位在工作过程中则注重服务质量信息的收集、汇报。服务质量管理部将所有汇报的信息汇总、整理,提出处理意见,将一线服务过程中出现的问题及处理意见反馈给部门经理及总经理,在得到上级审批通过后,下达至各一线服务岗位,各客户服务岗位根据新的问题处理策略,改进工作中的不足,提升工作品质,并将执行的效果反馈到服务质量管理部,由它们对执行效果进行评估、总结,进而完善《服务质量信息管理制度》,进入新一轮的服务质量信息传递过程(见表3—3)。然而,服务质量信息在传递的过程中,并不是零散的,而是有固定的服务质量信息收集、传递的工作标准(见表3—4)。各客户服务岗位遵循一定的程序、标准收集服务质量信息,服务质量管理部也同样按照一定的标准汇总、整理相关信息,并提出处理意见。

(2) 日常服务质量信息处理的工作流程与工作标准

日常服务质量信息处理的工作流程同样是从服务质量管理部开始的。服务质量管理部制定服务质量管理制度,下发并监督实施,各相关部门在服务过程中严格执行,并将在服务过程中的有关服务质量信息收集、汇报,服务质量管理部通过分析信息的来源、信息之间的联系、发生的原因等,找出问题解决的方案,制订出改进计划,并将其上报部门经理及总经理,在获得审批通过后,再次下发实施,根据服务部门的反馈信息,进行跟踪评审,并保存信息(见表3—5)。这样的工作按照日常服务质量信息处理工作标准(见表3—6)反复进行,并按照服务质量信息传递渠道循环流动。为一线服务过程中发现的问题能及时、准确地传递到管理部门,并以最好的方式得到解决,为企业客户服务管理制度的形成提供重要的依据。

表3—3　　　　　　　　　　服务质量信息传递工作流程

| 单位名称 | 服务质量管理部 | | 流程名称 | 服务质量信息传递工作流程 | |
|---|---|---|---|---|---|
| 层次 | 3 | | 任务概要 | 服务质量信息传递 | |
| 单位 | 总经理 | 服务质量管理部经理 | 服务质量管理部 | | 相关部门 |
| 节点 | A | B | C | | D |
| 1 | | | 开始 | | |
| 2 | 审批 | 审核 | 制定《服务质量信息管理制度》 | | |
| 3 | | | 组织执行 | | 执行 |
| 4 | | | 信息汇总 | | 信息收集 |
| 5 | | | 信息分析整理 | | |
| 6 | 审批 | 审核 | 信息处理 | | 参与 |
| 7 | | | 组织实施 | | 执行 |
| 8 | | | 效果验证评估 | | |
| 9 | | | 信息统计管理 | | |
| 10 | | | 结束 | | |

| 企业名称 | | 密级 | | 共　页　第　页 | |
|---|---|---|---|---|---|
| 编制单位 | | 签发人 | | 签发日期 | |

表3—4　　　　　　　　　　服务质量信息传递工作标准

| 任务名称 | 节点 | 任务程序、重点及标准 | 时限 | 相关资料 |
|---|---|---|---|---|
| 服务质量信息收集 | D4 | 程序<br>☆企业各相关部门根据《服务质量信息管理制度》的规定，负责责任范围内服务质量信息的收集、整理、分析、传递及处理<br>☆各职能部门将收集、整理的服务质量信息传递给服务质量管理部 | 即时 | 一、《服务质量信息管理制度》<br>二、服务质量信息反馈表 |

续表

| 任务名称 | 节点 | 任务程序、重点及标准 | 时限 | 相关资料 |
|---|---|---|---|---|
| 服务质量信息收集 | D4 | 重点 | | 一、《服务质量信息管理制度》<br>二、服务质量信息反馈表 |
| | | ☆产品日常服务质量信息的收集 | | |
| | | 标准 | | |
| | | ☆信息收集准确、及时、全面 | | |
| 信息分析与整理 | C4<br>C5 | 程序 | 根据实际 | 《服务质量信息管理制度》 |
| | | ☆服务质量信息的内容包括：行业的法律、法规，新产品、新技术的发展方向与技术标准，市场调研报告，客户调查分析报告，产品销售报表，产品质量统计结果，客户投诉，服务质量管理体系内外审报告及管理评审报告等 | | |
| | | ☆服务质量管理部汇总相关部门收集的数据和信息，采取一定的方法（如对质量分析、质量改进可以采取排列图法、因果图法等），完成信息的分类整理工作 | | |
| | | 重点 | | |
| | | ☆信息的分析与整理 | | |
| | | 标准 | | |
| | | ☆信息分析及时、准确 | | |
| 信息处理 | C6<br>B6<br>A6<br>D6 | 程序 | 即时 | 一、《纠正措施控制程序》<br>二、《预防措施控制程序》 |
| | | ☆根据信息分析的结果，对其中现有的或潜在的不合格项，采取纠正或预防措施 | | |
| | | ☆制定的措施报质量管理部经理、总经理审批 | | |
| | | 重点 | | |
| | | ☆相关措施的制定 | | |
| | | 标准 | | |
| | | ☆按《纠正措施控制程序》或《预防措施控制程序》执行 | | |
| 信息统计管理 | C9 | 程序 | 即时 | 一、《服务质量文件控制程序》<br>二、《服务质量记录控制程序》 |
| | | ☆服务质量管理部根据信息的重要程度实行分级管理 | | |
| | | 重点 | | |
| | | ☆信息管理 | | |
| | | 标准 | | |
| | | ☆信息保管完整，符合企业相关规章制度 | | |

表3—5　　　　　　　　　日常服务质量信息处理工作流程

| 单位名称 | 服务质量管理部 | 流程名称 | 日常服务质量信息工作流程 |
|---|---|---|---|
| 层次 | 3 | 任务概要 | 日常服务质量信息处理 |

| 单位 | 总经理 | 服务质量管理部经理 | 服务质量管理部 | 相关部门 |
|---|---|---|---|---|
| 节点 | A | B | C | D |
| 1 | | | 开始 | |
| 2 | | | 服务质量管理制度的制定与监督实施 | 执行 |
| 3 | | | 日常服务质量信息汇总分析 | 收集整理日常服务质量信息 |
| 4 | | | 发现问题 | 信息反馈（否） |
| 5 | | | 分析问题并明确责任 | 配合 |
| 6 | 审批 | 审核 | 制订改进计划 | |
| 7 | | | 组织实施 | 执行 |
| 8 | | | 跟踪与评审 | |
| 9 | | | 信息存储 | |
| 10 | | | 结束 | |

| 企业名称 | | 密级 | | 共　页　第　页 |
| 编制单位 | | 签发人 | | 签发日期 |

表3—6　　　　　　　　　日常服务质量信息处理工作标准

| 任务名称 | 节点 | 任务程序、重点及标准 | 时限 | 相关资料 |
|---|---|---|---|---|
| 日常服务质量信息的收集与整理 | D3 | 程序 | 即时 | 《服务质量信息管理制度》 |
| | | ☆企业各相关部门根据《服务质量信息管理制度》的规定，进行产品日常服务质量信息的收集与整理，并传递给服务质量管理部 | | |
| | | 重点 | | |

续表

| 任务名称 | 节点 | 任务程序、重点及标准 | 时限 | 相关资料 |
|---|---|---|---|---|
| 日常服务质量信息的收集与整理 | D3 | ☆产品日常服务质量信息的收集、整理 | | 《服务质量信息管理制度》 |
| | | 标准 | | |
| | | ☆信息收集的准确性与及时性达到××%以上 | | |
| 信息分析 | C3 C4 C5 | 程序 | | 《服务质量信息管理体系》 |
| | | ☆信息收集的内容包括：物资采购信息，质量检验信息，生产信息，质量管理体系信息，行业技术标准，有关法律、法规信息等 | 即时 | |
| | | ☆服务质量管理部接到相关部门传递来的信息并进行分析、整理 | | |
| | | ☆对存在质量问题的地方，明确责任部门及产生产品质量问题的原因 | | |
| | | 重点 | | |
| | | ☆信息的分析与整理 | | |
| | | 标准 | | |
| | | ☆信息分析及时、准确 | | |
| 改进计划的制订与实施 | C6 D6 C7 D7 | 程序 | | 相关改善措施 |
| | | ☆根据信息分析的结果，服务质量管理部组织相关部门人员针对需要改进的地方制订相应的改进计划 | 即时 | |
| | | ☆相关责任部门执行质量改进计划 | | |
| | | 重点 | | |
| | | ☆改善措施的实施与监控 | | |
| | | 标准 | | |
| | | ☆改善措施的全面执行 | | |
| 改进计划实施效果的监控与评估 | C8 | 程序 | | 《服务质量改进计划》 |
| | | ☆服务质量管理部对相关部门改进计划的实施情况进行监督 | 即时 | |
| | | ☆服务质量管理部对改进计划的实施效果进行评估，对实施效果未达到要求的，责令相关责任部门再次实施改进 | | |
| | | 重点 | | |
| | | ☆改进计划的实施监控与效果评估标准 | | |
| | | 标准 | | |
| | | ☆改进效果达到预期目标 | | |

续表

| 任务名称 | 节点 | 任务程序、重点及标准 | 时限 | 相关资料 |
|---|---|---|---|---|
| 信息存储 | C9 | 程序 | 及时 | 《服务质量信息管理制度》 |
| | | ☆服务质量管理部应根据《服务质量信息管理制度》《服务信息存档管理程序》等规定对相关信息进行整理、存储 | | |
| | | 重点 | | |
| | | ☆信息存储 | | |
| | | 标准 | | |
| | | ☆符合企业相关规定 | | |

（3）市场服务质量反馈信息处理的流程与工作标准

市场服务质量反馈信息是企业内部与外部信息交流的重要渠道。市场营销部门在工作过程中注重市场信息的收集，并反馈到服务质量管理部。服务质量管理部通过对问题原因的调查分析，明确责任，制定改善措施并下发到客户服务部门实施，对实施的效果进行评估总结，并存储相关信息（见表3—7和表3—8）。通过市场服务质量信息的反馈，服务质量管理部能准确掌握市场动态，制定相应的质量改进措施，指导客户服务部门的工作，从而使得企业的服务质量管理良性循环。

**2. 服务质量信息的调查与处理**

（1）客户服务信息管理流程与工作执行（见表3—9）

（2）客户服务信息管理执行工具与模板

客户服务信息的管理是从建立客户服务信息档案开始的，客户服务信息档案的建立与客户服务信息的收集整理是分不开的。一般采用客户服务信息调查表对客户服务信息进行收集（见表3—10）。

对于每个工作日收集到的客户服务信息要及时整理、分类管理。每天获得客户信息通过制作客户服务信息日报表（见表3—11），进行汇总。对每个计划期内的客户服务信息日报表进行分类整理，根据客户的地址、地区分布、区域分布、行为特点等因素进行分类（见表3—12至表3—15），以获取客户的分类信息，使企业明了自己的客户群主要集中在哪些地域，客户主要为哪一类人群，客户群体有什么样的消费特征等。此外，通过计划期内分类统计，企业还可获取客户来往次数的频繁程度，对于来往比较频繁、交易金额较高的客户，企业可将其作为大客户进行管理，并为其制定专门的客户资料管理表（见表3—16），了解其个人信息、地域信息、财务信息和行为信息，以便于进一步合作。

表3—7　　　　　　　　市场服务质量反馈信息处理流程

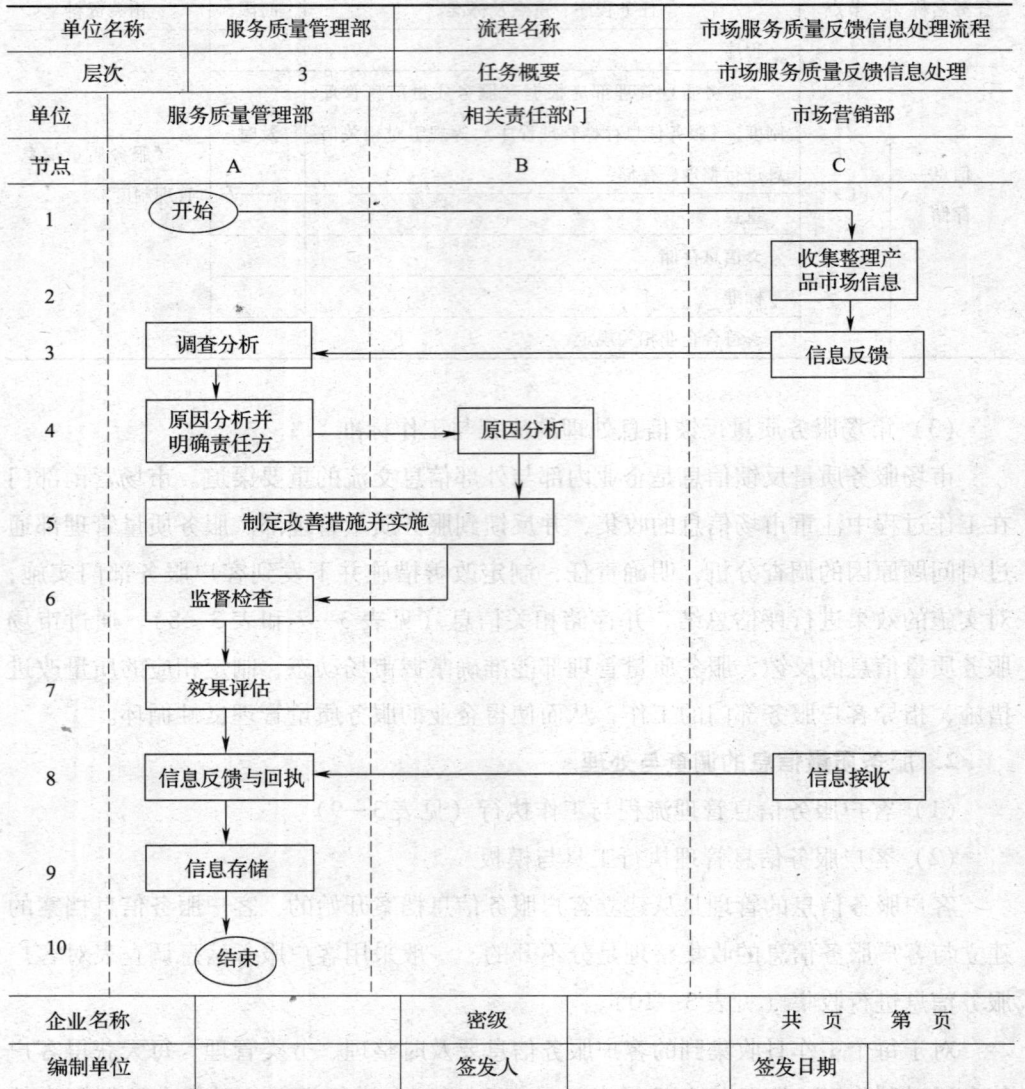

表3—8　　　　　　　　市场服务质量反馈信息处理工作标准

| 任务名称 | 节点 | 任务程序、重点及标准 | 时限 | 相关资料 |
|---|---|---|---|---|
| 市场服务信息的收集、整理与反馈 | C2<br>C3 | 程序<br>☆市场营销部及企业其他相关部门对服务质量状况、客户意见与投诉等信息进行收集、分析与整理<br>☆相关部门将服务相关信息反馈给质量管理部门 | 即时 | 一、国家、地方及行业相关规定<br>二、企业相关规章制度 |

续表

| 任务名称 | 节点 | 任务程序、重点及标准 | 时限 | 相关资料 |
|---|---|---|---|---|
| 市场服务信息的收集、整理与反馈 | C2 C3 | 重点 | | 一、国家、地方及行业相关规定 二、企业相关规章制度 |
| | | ☆服务市场信息的收集、整理与反馈 | | |
| | | 标准 | | |
| | | ☆信息收集、整理与反馈及时，且符合企业相关规章制度 | | |
| 原因分析及明确责任 | A3 A4 | 程序 | | 《质量信息管理体系》 |
| | | ☆服务质量管理部接到相关部门传递来的信息，及时地对每条信息进行反馈处理 | 即时 | |
| | | ☆服务质量管理部首先对接收到的信息进行调查分析，并进行问题诊断，查明产生问题的原因是物料质量问题、产品生产过程中的问题、产品设计的问题还是其他 | | |
| | | ☆服务质量管理部根据调查分析的结果明确责任部门 | | |
| | | 重点 | | |
| | | ☆信息的调查与分析 | | |
| | | ☆产生相关问题的原因分析及责任的划分 | | |
| | | 标准 | | |
| | | ☆信息反馈处理及时、合理，原因分析准确 | | |
| 改善措施的制定与实施 | B4 B5 A5 | 程序 | | 相关改善措施 |
| | | ☆相关责任部门对服务质量管理部反馈的信息进行分析 | 即时 | |
| | | ☆服务质量管理部、相关责任部门制定相应的改善措施 | | |
| | | 重点 | | |
| | | ☆改善措施的实施与监控 | | |
| | | 标准 | | |
| | | ☆改善措施的全面执行 | | |

续表

| 任务名称 | 节点 | 任务程序、重点及标准 | | 时限 | 相关资料 |
|---|---|---|---|---|---|
| 监督检查与效果评估 | A6 A7 | 程序 | | | 相关评估报告 |
| | | ☆服务质量管理部对相关部门改善措施的实施情况进行检查 | | 即时 | |
| | | ☆服务质量管理部对措施实施效果进行评估，对实施效果未达到要求的，责令相关责任部门再次实施改进 | | | |
| | | 重点 | | | |
| | | ☆改善措施的实施检查与效果评估 | | | |
| | | 标准 | | | |
| | | ☆问题得到有效解决 | | | |

表3—9　　　　　　　客户服务信息管理流程与工作执行

| 工作目标 | 知识准备 | 关键点控制 | 细化执行 | 流程图 |
|---|---|---|---|---|
| 1. 规范客户服务信息管理行为 2. 为相关部门的决策提供依据 | 1. 熟悉客户服务信息收集的方法 2. 掌握客户服务信息分析的技巧 | 1. 制定《客户服务信息管理制度》 客户服务部根据企业对客户服务信息管理的要求，编制《客户服务信息管理制度》，经客户服务总监审核通过，报送总经理审批 | 《客户服务信息管理制度》 | 1. 制定《客户服务信息管理制度》 ↓ 2. 确定客户服务信息收集的内容 ↓ 3. 收集客户信息 ↓ 4. 更新客户服务信息库 ↓ 5. 客户服务信息整合与分析 ↓ 6. 建立相关的客户指标 ↓ 7. 编制《客户服务信息分析报告》 ↓ 8. 资料归档 |
| | | 2. 确定客户服务信息收集内容 客户服务部经理根据审批通过的《客户服务信息管理制度》，确定客户服务信息收集内容 | 《客户服务信息管理制度》 | |

续表

| 工作目标 | 知识准备 | 关键点控制 | 细化执行 | 流程图 |
|---|---|---|---|---|
| 1. 规范客户服务信息管理行为 2. 为相关部门的决策提供依据 | 1. 熟悉客户服务信息收集的方法 2. 掌握客户服务信息分析的技巧 | 3. 收集客户服务信息 客户服务部人员及销售人员采用一定的收集信息方法收集客户服务信息，并按照具体的要求填写客户服务信息调查表 | 客户服务信息调查表 | |
| | | 4. 更新客户服务信息库 客户服务人员与销售人员将收集的客户信息汇总并送至客户服务部信息管理人员处，同时将客户服务信息库进行更新 | 客户服务信息统计表 | |
| | | 5. 客户服务信息整合与分析 客户服务部信息管理人员对客户的具体信息进行整合、分析 | 客户信息分析表 | |
| | | 6. 建立相关的客户指标 客户服务部信息管理人员根据对过往资料的统计分析和经验，并且在与其他部门充分讨论的基础上，建立相关的客户指标 | | |
| | | 7. 编制《客户服务信息分析报告》 客户服务部信息管理人员根据其他部门的要求，编制不同的《客户服务信息分析报告》 | 《客户服务信息分析报告》 | |
| | | 8. 资料归档 客户服务部信息管理人员将客户信息资料及相关分析报告按时归档 | 《客户档案》 | |

表 3—10　　　　　　　　　　客户服务信息调查表

| 客户名称 | | 电话 | | 地址 | | |
|---|---|---|---|---|---|---|
| 负责人 | | 年龄 | | 文化程度 | | |
| 联系人 | | 职称 | | 负责事项 | | |
| 经营状况 | 经营方式 | □积极 | □保守 | □踏实 | □不定 | □投机 |
| | 业务范围 | | | | | |
| | 销售对象 | | | | | |
| | 价格水平 | □合理 | □偏高 | □偏低 | □衰退 | □削价 |
| | 业务金额 | 每年　　，旺季　　月，月销量　　，淡季　　月，月销量 ||||| 
| | 组织形式 | □股份有限公司 | □有限公司 | □合伙经营 | □独资 ||
| | 员工人数 | 管理人员　　人，一般人员　　人，合计　　人 |||||
| | 同业地位 | □领导者 | □具体影响 | □一级 | □二级 | □三级 |
| 付款方式 | 态度 | | | | | |
| | 付款期 | | | | | |
| | 方式 | | | | | |
| | 手续 | | | | | |
| 与本企业往来 | 年度 | 主要采购量 | | 旺季每月 | | |
| | | | 金额 | 淡季每月 | | |
| | 客户负责人 | | | | | |

表 3—11　　　　　　　　　　客户服务信息日报表

　　　　　　　　　　　　　　　　　　　　　　　　　　年　月　日

| 编号 | 客户名称 | 余额 ||| 态度 | 信用度 | 日记账 || 累计 |||
|---|---|---|---|---|---|---|---|---|---|---|---|
| | | 赊销 | 未决算 | 总债权 | | | 收集金额 | 销售净额 | 收支金额 | 销售金额 | 折扣金额 | 销售净额 |
| | | | | | | | | | | | | |
| | | | | | | | | | | | | |
| | | | | | | | | | | | | |

表 3—12　　　　　　　　　　　客户地址分类表

地区：　　　　　　　　　　　　　　　　　　　　负责人：

| 项次 | 客户名称 | 地址 | 经营类别 | 不宜访问时间 | 备注 |
|---|---|---|---|---|---|
|  |  |  |  |  |  |
|  |  |  |  |  |  |
|  |  |  |  |  |  |

| 访问路线图 | |
|---|---|

表 3—13　　　　　　　　　　　客户地区分布状况表

| 年度摘要 | 地区 | 客户数量 | 销售量 | | 备注 |
|---|---|---|---|---|---|
|  |  |  | 金额 | 比率 |  |
|  |  |  |  |  |  |
|  |  |  |  |  |  |
|  |  |  |  |  |  |

填写说明：
1. 此表用于客户数量统计；2. 此表反映了客户各地区分布状况。

表 3—14　　　　　　　　　　　客户区域分布表

| 组别 | 区域代号 | 所辖区域名称 | 组别区域界限 | 备注 |
|---|---|---|---|---|
|  |  |  |  |  |
|  |  |  |  |  |
|  |  |  |  |  |
| 区域经理 |  |  |  |  |

填写说明：
1. 此表按区域进行划分；2. 此表由区域经理负责保管。

表 3—15　　　　　　　　　　　客户行为资料表

| 客户 | 购买时间 | 购买地点 | 购买过程 | 购买数量 | 合作情况 | 购买行为 | 商品使用概况 |
|---|---|---|---|---|---|---|---|
|  |  |  |  |  |  |  |  |
|  |  |  |  |  |  |  |  |
|  |  |  |  |  |  |  |  |

表 3—16　　　　　　　　　客户资料管理表

| | | | | | | | |
|---|---|---|---|---|---|---|---|
| | 企业名称 | | | 电话 | | 传真 | |
| | 地址 | | | | | 邮编 | |
| | 企业类型 | | | | 注册资金 | | |
| | 营业内容 | | | | | | |
| 客户概况 | 内外销对比 | | | | | | |
| | 营业性质 | | | | | | |
| | 信用状况 | | | | | | |
| | 营业状态 | | | | | | |
| | 员工人数 | | | | | | |
| | 淡旺季分布 | | | | | | |
| | 最高购买额/月 | | | | | | |
| | 平均购买额/月 | | | | | | |
| 主要人物概况 | 姓名 | 职务 | 电话 | | 性格特点 | | 嗜好 |
| | | | | | | | |
| | | | | | | | |
| | | | | | | | |
| | | | | | | | |
| 使用本企业主要产品 | | | | | | | |
| 首次交易时间 | | | | | | | |
| 备注 | | | | 总经理 | 经理 | 主管 | 制卡 |

(3) 客户档案管理的流程与工作执行

客户档案管理对于客户服务信息的管理至关重要。一般客户档案管理的流程包括建立客户资料归档表（见表3—17）、归档案卷目录表（见表3—18）、档案内容登记表（见表3—19）、客户档案借阅登记表（见表3—20）、客户档案销毁登记表（见表3—21）进行管理。

(4) 网络客户服务信息处理流程与工作执行

网络客户服务信息处理，是将客户服务信息电子化，基于因特网和电子商务平台，建立客户服务信息数据库，实现企业内部客户信息共享。信息处理流程的基础工作是建立客户服务信息的相关数据库，通过软件开发及应用实现客户服务的信息化管理。然而，这一过程是一个漫长的系统工程，要依赖于信息技术展开。客户服务内容的差异决定着数据库中所收集数据的不同，但一般来说，数据库的建立通常是一个系统工程，表3—22、表3—23和表3—24分别给出了数据库的立项审批、验收申报和维护三个环节。

表3—17　　　　　　　　　　客户资料归档表

| 客户名称 | | 文件名称 | |
|---|---|---|---|
| 文件编号 | | 文件总页数 | |
| 归档编号 | | 归档存放处 | |
| 保密等级 | | 保管期限 | |
| 说明 | | | |
| 归档时间 | | 交送人 | | 接收人 | |
| 修改变更记录 | | | | | |
| 修改日期 | 修改单号 | 送交人 | 接收人 | 存档变更记录 | |
| | | | | | |
| | | | | | |

表3—18　　　　　　　　　　归档案卷目录表

卷宗号：　　　　　　　　目录号：　　　　　　　　部门：

| 案卷顺序号 | 立卷类目号 | 案卷标题 | 起止日期 | 卷内张数 | 保管期限 | 备注 |
|---|---|---|---|---|---|---|
| | | | | | | |
| | | | | | | |
| | | | | | | |
| | | | | | | |

表3—19　　　　　　　　　　档案内容登记表

| 案号 | 内容 | 备注 |
|---|---|---|
| | | |
| | | |
| | | |
| | | |

表 3—20　　　　　　　　　　　客户档案借阅登记表

| 借阅日期 | 部门 | 批准人 | 借阅档案名称 | 档案号 | 密级 | 页数 | 借阅人 | 归还日期 | 归还情况 | 收档人 | 备注 |
|---|---|---|---|---|---|---|---|---|---|---|---|
|  |  |  |  |  |  |  |  |  |  |  |  |
|  |  |  |  |  |  |  |  |  |  |  |  |
|  |  |  |  |  |  |  |  |  |  |  |  |

表 3—21　　　　　　　　　　　客户档案销毁登记表

| 序号 | 归档编号 | 文件编号 | 文件标题 | 页数 | 所属部门 | 归档日期 | 保管期限 | 销毁日期 |
|---|---|---|---|---|---|---|---|---|
|  |  |  |  |  |  |  |  |  |
|  |  |  |  |  |  |  |  |  |

表 3—22　　　　　　　　　　　数据库系统立项评审表

| 项目名称 | | | |
|---|---|---|---|
| 评审时间 | | 评审地点 | |
| 组织单位 | | 主持人 | |
| 参加人员 | | | |
| 系统需求情况 | | | |
| 可行性分析 | | 分析人：<br>日期： | |
| 评审结论 | | 评审负责人：<br>日期： | |
| 附带材料 | | | |

表 3—23　　　　　　　　　　　数据库系统验收申报表

| 项目名称 | | | |
|---|---|---|---|
| 项目负责人 | | 项目组成员 | |
| 项目计划完成时间 | | 项目实际完成时间 | |
| 项目总预算 | | 项目实际开支 | |
| 项目描述 | | | |
| 项目组自评意见 | | 项目组组长：<br>日期： | |
| 项目评审意见 | | 项目评审组组长：<br>日期： | |
| 总经理审批意见 | | 总经理：<br>日期： | |

表3—24　　　　　　　　　　数据库系统维护申请表

| 时间 | | 部门 | | 申请人 | |
|---|---|---|---|---|---|
| 维护项目内容及故障原因 | | | | | |
| 客户服务部审核意见 | | | | | |
| 总经理审核意见（较大规模） | | | | | |
| 维护记录 | | | | | |
| 技术员 | | | | 维护时间 | |
| 备注 | | | | | |

客户服务信息数据库的建立使企业具有企业内部信息自动化系统工作平台，每个服务人员实现了信息共享，有效地降低了企业的经营成本。客户服务信息数据库能智能地对客户进行识别、分析和归类，克服了人工操作的种种弊端，能够为企业区分出不同价值水平的客户群体，企业可以有针对性地为这些客户提供服务，从而可以有针对性地增加经营利润。此外，由于客户服务信息数据库能够迅速调出客户的所有信息，当客户来访时，能准确地判断该为客户提供哪些服务，因此可以显著提高客户满意度。

（5）客户服务质量调查问卷

对客户服务质量的调查通常采用调查问卷方式展开，问卷一般涉及两部分内容：一是客户对服务质量的期望，二是客户感受到的服务质量，见以下样卷。

1）期望。该部分用于了解客户对企业服务的看法。请对下列观点中描述的该项服务应具有的特点，按给出的等级标准打分。非常同意的为6分；非常不同意的为1分；如果感觉不是很强烈，在1～6之间选择，对这些观点的回答没有对与错之分。

　　1 2 3 4 5 6　　企业应该有最新的设备和技术。
　　1 2 3 4 5 6　　企业的有形设备应有视觉的吸引力。
　　1 2 3 4 5 6　　企业的服务人员应穿着整齐、干净、得体。
　　1 2 3 4 5 6　　企业的硬件水平和软件水平应该一致。
　　1 2 3 4 5 6　　企业应该遵守承诺。

| 1 2 3 4 5 6 | 当客户遇到问题时，企业应给予帮助，消除客户的顾虑。
| 1 2 3 4 5 6 | 企业应该是可以信赖的。
| 1 2 3 4 5 6 | 企业应准确地记录对客服情况。
| 1 2 3 4 5 6 | 企业不应该被期望准确地向客户通报什么时候开始服务。
| 1 2 3 4 5 6 | 对客户来说，从企业的客户服务人员那里得到快速及时的服务不现实。
| 1 2 3 4 5 6 | 企业的员工有时不愿意帮助客户。
| 1 2 3 4 5 6 | 如果服务人员太忙以至于不能及时回应客户是可以接受的。
| 1 2 3 4 5 6 | 客户应该能够相信这些企业的服务人员。
| 1 2 3 4 5 6 | 客户在与客户服务人员交往时能够产生安全感。
| 1 2 3 4 5 6 | 服务人员应该有礼貌。
| 1 2 3 4 5 6 | 服务人员应该从企业中得到足够的支持以做好工作。
| 1 2 3 4 5 6 | 企业不应该被期望对客户给予特别的关照。
| 1 2 3 4 5 6 | 企业的服务人员不应该被期望给予针对个人的特殊关照。
| 1 2 3 4 5 6 | 期望服务人员知道客户的需求是不现实的。
| 1 2 3 4 5 6 | 期望企业了解客户最感兴趣的东西是不现实的。
| 1 2 3 4 5 6 | 企业不应该被期望能根据客户的需要调整服务时间。

2) 感知。下列观点与客户对某企业的感觉有关。请对下列观点中描述的客户认为某企业所具有的特点，按下列等级划分。打6分说明客户非常同意某个观点，打1分说明客户非常不同意某个观点。客户可以在1~6之间选择任何一个分数来说明感觉的程度。

| 1 2 3 4 5 6 | 企业有最新的设备和技术。
| 1 2 3 4 5 6 | 企业的有形设备应有视觉的吸引力。
| 1 2 3 4 5 6 | 企业的客户服务人员应穿着整齐、干净、得体。
| 1 2 3 4 5 6 | 企业的硬件水平和软件水平应该一致。
| 1 2 3 4 5 6 | 企业遵守承诺。
| 1 2 3 4 5 6 | 当客户遇到问题时，企业应给予帮助，消除客户的顾虑。
| 1 2 3 4 5 6 | 企业是可以信赖的。
| 1 2 3 4 5 6 | 企业准确地进行情况记录。
| 1 2 3 4 5 6 | 企业没有向客户通报什么时候开始服务。
| 1 2 3 4 5 6 | 客户从来没有从企业那里得到快速及时的服务。
| 1 2 3 4 5 6 | 企业的客户服务人员有时不愿意帮助客户。

| 1 2 3 4 5 6 | 企业的客户服务人员太忙以至于不能及时回应客户是可以接受的 |
| 1 2 3 4 5 6 | 客户相信公司的员工。|
| 1 2 3 4 5 6 | 客户在与企业的客户服务人员交往时能够产生安全感。|
| 1 2 3 4 5 6 | 企业的客户服务人员有礼貌。|
| 1 2 3 4 5 6 | 客户服务人员应该从企业中得到足够的支持以做好工作。|
| 1 2 3 4 5 6 | 企业不能对客户给予特别的关照。|
| 1 2 3 4 5 6 | 企业的客户服务人员不能对客户的个人情况给予特殊关照。|
| 1 2 3 4 5 6 | 企业的客户服务人员不知道客户的请求。|
| 1 2 3 4 5 6 | 企业不了解客户最感兴趣的东西。|
| 1 2 3 4 5 6 | 企业不能根据客户的需要调整服务时间。|

【案例3—1】　A公司老客户服务信息管理

　　A公司是国内较早经营各种办公设备及耗材的公司，代理惠普、松下、东芝、佳能、施乐等著名厂商的多种产品，并负责产品的售后服务。为了提升客户服务质量，A公司与B信息科技有限公司合作。在客户服务部全面实施了B客户关系管理系统，并建立了以提高老客户保有率为目的的全新服务模式。

　　随着该行业商业模式的改变，其赢利点也在慢慢转变。在这种情况下，与已经购买了产品的老客户保持长久的合作关系，及时了解并挖掘老客户对耗材和维修保养服务的需求，并主动提供相应的服务成为A公司客户服务部的主要业务。

　　客户关系管理系统将A公司老客户的信息集中到一个统一的平台上，通过对一些关键信息的收集，帮助A公司的客户服务人员分析老客户的需要，如购买了复印机的客户，在他的资料中有一个"复印"的记录，及客户每个月的复印量。有了这条信息，再根据客户购买的复印机机型，A公司的服务人员就能够估算出该老客户什么时候需要再次购买墨粉、纸张等耗材，然后在系统中设置自动提醒的功能，提前主动与老客户联系，询问耗材需求情况。

　　现在，A公司定期派出服务人员对老客户的办公设备进行巡检，了解设备的运行情况。这项巡检工作已被纳入客户关系管理系统中加以管理。每次拜访完客户，A公司的服务人员将该客户当月的设备使用情况、有没有出现故障、故障排解方法、更换的部件、维修后的使用情况等一一记录到系统中。这些集中有序的资料加强了A公司全体服务人员对老客户的了解，并在此基础上作需求分析，为老客户提供个性化服务。如客户服务人员根据客户设备的历次检修情况提供相关保养服务的建议，并分析设备使用不当的地方，提醒客户使用时应注意的环节。

使用客户关系管理信息系统后，客户打电话叫修时，可以立刻从该系统中调出该客户的信息，与客户在电话中核对被叫修设备的机型、保修期，并立刻通知相应的服务人员联系上门服务的时间等。

【案例分析】

1. 建立专业的老客户服务信息系统

在上面这个案例中，A公司在客户服务部建立了以提高老客户保有率为目的的全新服务模式，全面实施了客户服务信息管理系统。据客户关系管理信息系统提供的相关信息，客户服务部门可以预测该客户购买耗材的时间，把握老客户维修保养的需求；同时，客户打电话叫修时，客户服务部门通过查看该客户购买的机型，可派遣适合的维修人员及配备合适的维修工具上门维修。

2. 及时准确收集老客户的信息，充实老客户服务信息系统

A公司同时确立了针对老客户的巡检制度，即公司的客户服务人员定期巡检老客户购买的办公设备，记录下该设备的使用情况、有没有出现故障、故障排解方法、更换的部件、维修后的使用情况等信息。将这些信息录入到客户服务信息管理系统，方便客户服务人员对信息进行分析，以便为该客户提供个性化服务。

3. 分析老客户的信息，把握老客户的需求

客户关系管理信息系统是老客户信息管理的中心，也是实施老客户信息管理的基础；通过客户服务人员实地调查取得数据，不断充实该数据库是实施老客户服务信息管理的一个关键环节，因为这样才能保证数据的真实性。可见，随着数据的累积，客户关系管理系统将使客户服务人员越来越多地了解老客户的需求和喜好，及时提供所需要的技术支持和相关信息，以此保住老客户，赢得老客户的忠诚。

4. 定期对老客户实施贴心的售后服务

A公司定期派出服务人员对老客户的办公设备进行巡检，了解设备的运行情况，将情况一一记录到系统中，客户服务人员根据这些真实的数据对老客户进行需求分析，为老客户提供个性化服务。建立老客户信息系统的最终目的就是做好售后服务，最终赢得客户的忠诚。A公司建立专业的老客户信息系统，方便客户服务人员集中这些信息进行更贴切的服务。

【案例思考】

1. 请总结分析A公司客户关系管理系统的作用，该公司对老客户管理的具体过程及方式。

2. 结合 A 公司的老客户服务信息系统，谈谈老客户服务信息管理的基本环节及每个环节应注意的事项。

3. 试论老客户服务信息系统数据真实的重要性及如何保证其是真实可靠的。

4. 与同事一起讨论学习 A 公司的老客户服务信息系统的体会，并且交流今后的对客户提供服务的主张。

## 学习单元 2　评估客户服务质量

## 学习目标

➢ 掌握客户服务质量评估的概念与服务质量评估的要素
➢ 掌握客户服务质量管理模式的相关知识
➢ 掌握客户服务质量控制的方法
➢ 了解客户服务质量评估指标体系

### 一、客户服务质量的评估

客户服务质量评估是指利用一定的评估手段与标准测评出客户的满意度，是对客户服务质量进行控制的有效途径。通过评估提供的信息可以弥补现实与标准之间的差距，更好地提升客户服务质量。

**1. 客户服务质量评估的要素**

根据客户服务人员对客户服务的研究，确定了客户按相对重要性由高到低判断服务质量的四个要素，即诚信、客户服务人员的响应性、保证性和环境的有形性。

（1）诚信

诚信是企业宝贵的无形资产，反映了企业服务表现的一贯性和可信任度。对于客户服务来说，它意味着服务要以相同的方式、无差错地准时完成。客户认为诚信是四个基本要素中最重要的一项。

（2）客户服务人员的响应性

响应性反映了一家服务型企业适时提供其服务的承诺。响应性涉及服务人员提供服务的意愿和自觉性，客户有时会遇到服务人员忽略客户需求的情形，这属于没有响应的情况，会引起客户的不满。让客户等待，特别是无原因地等待，会对其质量感知造成消极影响。出现失败服务时，迅速采取补救措施会对其服务感知带来积极的影响，如在误点的航班上提供额外的小食品可以将旅客潜在的不良感受转化为美好的回忆。

（3）保证性

保证性是指企业的能力、对客户所展示的礼貌，及其运营的安全性。能力是企业提供服务时的知识和技术。礼貌是企业的服务人员怎样对待客户以及客户的财产。安全性是保证性中的重要要素，反映了客户远离危险、风险和疑惑的心理需求。

（4）环境的有形性

服务是无形的，所以客户会在某种程度上依据服务环境，即有形的设施、设备、人员的外表、交流材料作出评判。对客户提供服务的环境是服务人员对客户进行细致照顾和关心的有形表现。

客户从以上四个方面将预期的服务同感知的服务相比较，最终形成自己对服务质量的评判。期望与感知之间的差距越小，表明客户对服务质量越满意；反之，越不满意。

**2. 客户服务质量评估指标体系**

根据国内外关于客户服务质量的有关研究及实践，本着实用并易于比较评价的原则，总结出三级客户服务质量评估指标体系（见表3—25），以便于对客户服务质量进行评估。在具体的评估过程中，可以根据实际情况和需要，选择其中的一项或几项指标进行横向或纵向比较。

表3—25　　　　　　　三级客户服务质量评估指标体系

| 一级指标 | 二级指标 | 三级指标（具体评估项目） | 备注 |
|---|---|---|---|
| A 服务系统测度 | $A_1$ 系统性能 | $A_{11}$ 稳定性 | |
| | | $A_{12}$ 兼容性 | |
| | | $A_{13}$ 易用性 | |
| | | $A_{14}$ 可扩展性 | |
| | $A_2$ 执行标准 | $A_{21}$ 各项系统指标是否为国家标准 | |
| | | $A_{22}$ 各项系统指标是否为国际标准 | |
| | | $A_{23}$ 问答记录（知识库记录）形式是否符合原数据等标准 | |
| | | $A_{24}$ 有无合作组织问题交换标准 | |

续表

| 一级指标 | 二级指标 | 三级指标（具体评估项目） | 备注 |
|---|---|---|---|
| B 服务过程测度 | $B_1$ 服务形式 | $B_{11}$ E-mail 电子邮件咨询 | $B_{32}$ 专业技能，键盘技能，处理多重咨询任务的能力，快速查检技能，处理不同用户的能力，网上信息搜索能力，知识积累和更新能力 |
| | | $B_{12}$ BBS 留言板 | |
| | | $B_{13}$ Web 咨询表单 | |
| | | $B_{14}$ FAQ 问题库 | |
| | | $B_{15}$ 实时解答 | |
| | $B_2$ 服务程序 | $B_{21}$ 服务易获取性 | |
| | | $B_{22}$ 响应时间 | |
| | | $B_{23}$ 服务程序的清晰透明度 | |
| | | $B_{24}$ 用户认证制度 | |
| | $B_3$ 服务人员 | $B_{31}$ 解决问题的范围 | |
| | | $B_{32}$ 对工作人员进行培训及考核 | |
| | $B_4$ 服务政策 | $B_{41}$ 对服务定期总结与评价 | |
| | | $B_{42}$ 制定合理的服务政策 | |
| | $B_5$ 服务对象 | $B_{51}$ 用户信息私密性 | |
| | | $B_{52}$ 用户认知程度 | |
| C 回答质量测度 | $C_1$ 回答质量 | $C_{11}$ 答案的正确性 | $C_{32}$ 是否建立了统一的常用短语库（反应库） |
| | | $C_{12}$ 交互性 | |
| | $C_2$ 答案价值 | $C_{21}$ 引导启发性 | |
| | | $C_{22}$ 教育性 | |
| | | $C_{23}$ 影响力 | |
| | $C_3$ 回答语言 | $C_{31}$ 规范性 | |
| | | $C_{32}$ 统一性 | |
| | | $C_{33}$ 语种多样性 | |
| D 用户满意程度 | $D_1$ 咨询员操作情况及效果 | $D_{11}$ 回答准确性 | |
| | | $D_{12}$ 回答反应速度，用时长度 | |
| | | $D_{13}$ 服务态度 | |
| | $D_2$ 用户使用情况及效果 | $D_{21}$ 技术易用性 | |
| | | $D_{22}$ 用户信心度 | |
| | | $D_{23}$ 用户接受程度 | |
| | | $D_{24}$ 服务效果 | |
| E 服务统计测度 | $E_1$ 实时咨询系统 | $E_{11}$ 登录用户信息统计 | $E_{11}$ 按天、月、IP 地址进行统计分析 |
| | | $E_{12}$ 用户满意度调查报表 | |
| | $E_2$ 其他服务统计 | $E_{21}$ 知识库使用统计 | |
| | | $E_{22}$ 学习中心课件统计 | |

续表

| 一级指标 | 二级指标 | 三级指标（具体评估项目） | 备注 |
|---|---|---|---|
| F 成本测度 | $F_1$ 单项参考服务成本 | $F_{11}$ 执行一项咨询服务的支出收益情况 | |
| | $F_2$ 整个数字参考服务成本 | $F_{21}$ 维持数字参考服务所需的设施开销 | |
| | | $F_{22}$ 该支出对图书馆其他支出的影响 | |
| G 服务开放程度 | $G_1$ 服务范围 | $G_{11}$ 服务时间长度 | |
| | | $G_{12}$ 服务地域范围 | |
| | $G_2$ 合作情况 | $G_{21}$ 是否为地区合作组织成员 | |
| | | $G_{22}$ 是否为全球合作组织成员 | |

## 二、客户服务质量的管理与控制

### 1. 客户服务质量的管理模式

客户服务质量的管理与有形产品的质量管理不同，不能完全照搬有形产品质量管理的方法，需要根据企业自身的特点实施相应的管理模式，如相互交往模式、客户满意程度模式和产品生产模式三种类型。

（1）相互交往模式

客户服务管理人员面对面服务的核心是客户与服务人员的相互交往。在相互交往中，面对面服务的质量容易受服务人员的行为方式、服务程序、服务内容及客户和服务人员双方的特点等因素影响。另外，环境、情境因素、企业文化等也会对服务质量产生影响。根据相互交往理论，分析面对面服务，指导面对面服务设计、管理工作，以提高面对面服务质量。

（2）客户满意程度模式

客户满意程度模式强调客户对服务质量的主观感受。通过评估客户对服务过程和服务结果的主观感受，提高客户满意度，使客户能够反复购买，积极与服务人员合作，通过良好的口碑效应为企业作宣传。这就要求服务管理人员不仅重视服务过程和服务结果，更应掌握客户的看法，以及在服务过程中影响服务人员和客户相互交往的心理、社会和环境因素。

（3）产品生产模式

产品生产模式是目前比较权威的一种客户服务质量管理模式。服务的无形性、生产与消费同时性的特点要求服务管理人员必须确定服务属性的质量标准，选择服务工作中可能使用到的资源、技术，以最低的成本生产出符合服务质量要求的无形产品。

**2. 客户服务质量的控制方法**

服务的无形性等特点给客户服务质量的有效监测和考核增加了难度，如何进行有效的客户服务质量的控制和考核，是提高客户服务质量的重要方面。一般来说，客户服务质量控制有以下三种方法：

（1）让服务人员参与服务质量监测

服务质量监测结果对服务人员非常重要，因为它与服务人员的绩效紧密联系在一起，涉及服务人员的工资、奖金、培训、晋升等很多利益。然而在很多企业中，往往由客户单方面撰写服务质量监测意见，这样的监测结果具有很大的片面性，会带来很多负面影响。企业如果让服务人员参与服务质量监测评定，在一段时间的服务活动结束后，向员工发放服务质量监测评价问卷，让其评价自己的服务，包括对自己作出整体评价，需要哪些方面的支持，目标是什么，怎样达成目标等内容，会极大地转变服务人员对服务质量监测考核的态度，减少不信任感，改善客户服务控制的效果。

（2）利用统计方法进行服务质量监测

利用统计方法对服务质量进行分析，处理信息是服务质量控制过程中的重要步骤，是预防问题产生的有效管理手段。企业一般需要通过一些关键统计指标对服务质量进行监测和控制，进而识别问题产生的原因并采取纠正措施。但是，考虑到一些随机事件或不明确的原因，在此基础上企业可以通过构建和使用质量控制图来监测服务质量。

（3）让客户参与监督控制

在客户服务质量控制过程中，客户因素虽然不是唯一的决定因素，但也是至关重要的因素。如果客户对消费行为毫无知情权和决定权，服务效果往往是很不理想的。让客户参与监督控制，可以增强与客户的交往和沟通，发生意外情况时，可以获得客户的理解和支持。同时，也可以对客户服务质量进行更有效的控制，从而使企业的服务质量得到提升。

【案例3—2】 服务质量的日检查工作

某商场规定，客户服务主管每天应对客户服务人员进行服务质量的日检查工作，并在下班前20分钟填写相关的服务质量日检表。客户服务经理在审核时发现，下班前3小时，日检表已填写完毕。客户服务主管解释说，一般不会发生什么问题，所以为了省时间，先填好记录，再检查也没什么关系。

【案例分析】

记录是为了证明已经发生了的事情，以便提供证明和追诉。如果事先填写就成了虚假记录,失去了记录的本质意义。

**【案例思考】**

1. 本案例中服务质量日检查的意义是什么?
2. 由于没有按照规定时间填写检查记录,违反了标准中的哪些规定?

# 第2节 客户服务过程管理

## 学习单元1 客户服务计划管理

### 学习目标

➢ 掌握客户服务计划管理的概念
➢ 掌握客户服务计划管理的程序
➢ 能制订客户服务计划并有效执行

### 一、客户服务计划管理的概念

客户服务计划管理是通过科学的预测,提出在未来一定时期内企业各部门及其员工在对客服务方面所要达到的目标及实现该目标的关键措施,并根据实现目标的结果对各部门及其员工给予相应的奖惩而使用的一种管理方法。高效的计划管理要做到目标科学、措施得当、指导及时、结果善用。

### 二、客户服务计划管理的程序

**1. 客户服务计划制订的步骤**

(1) 企业环境分析

企业环境分析是为掌握本企业的内外部条件而进行的调查研究过程。企业的内部条件包括企业的产品质量、设备条件、生产能力、服务能力及员工素质等。外部条件包括国家的政策、指导性的方针、行业动态、市场变化情况和供需关系等内容。

(2) 确定计划目标

目标是企业在计划期内通过服务运营而应达到的期望值,主要包括客户满意率、服务投诉率等期望指标。

(3) 方案的比较和选择

从计划时拟订的多种方案中选择最理想、最可行的方案。所选择的方案应既符合客户服务目标的要求,又不超出企业内外部条件的约束。

(4) 综合平衡

主要包括三个方面的平衡:以利润为中心的综合平衡,主要指营业收入与成本、费用之间的平衡;财务收支平衡;经营业务平衡,主要指客户服务任务与企业服务能力之间的平衡,客户服务计划与人、财、物供应之间的平衡等。

**2. 客户服务计划的执行**

客户服务计划的有效执行和实施是制订客户服务计划的目的。客户服务计划的执行包括以下几项工作:

(1) 建立以总经理为首,各部门负责人组成的服务指挥系统

服务指挥系统要有一套保证对客服务计划执行的机构、制度和方法,有明确的业务分工和责权关系,按分工和业务范围执行计划,并充分发挥该系统的协调作用。

(2) 建立健全经济责任制

按经济责任制的内容,把服务计划落实到各班组和个人,并严格按责任制的规定追究服务计划执行过程中产生偏差的原因和责任。

(3) 建立客户服务计划的检查与考核制度

充分利用企业管理组织系统和管理信息系统,对计划执行情况进行及时的信息反馈和检查,并对各班组、服务人员个人的计划完成情况进行考核、记录、统计,以确保计划顺利进行。

(4) 调动客户服务人员的积极性

服务计划归根结底由客户服务人员完成,因此,要调动服务人员的积极性,向服务人员解释计划的目的,执行的具体方案、措施,完成计划的注意事项,让服务人员在执行计划中能够做到为实现计划目标发挥自己的聪明才智。

**3. 客户服务计划的检查与控制**

服务计划的检查是在服务计划执行过程中定期或不定期地把计划中的各项指标与实际执行情况进行比较,发现差异,及时分析原因,然后采取措施,以保证计划顺利完成。客户服务计划检查与控制主要有以下三项工作:

(1) 明确标准

明确客户服务计划的各项指标及标准,利于检查服务计划的执行情况。

（2）检查计划的执行结果

检查服务计划执行结果的方式有日常检查、定期检查、专题检查和重点检查等。服务计划执行结果检查的实质是反馈服务计划的执行情况、对客服务信息的反馈和比较情况。通过对服务计划执行过程中反馈信息的比较，找出服务计划执行过程中产生的偏差，从而进行校正和修订，以保证计划顺利进行。计划执行的信息反馈通过以下步骤完成：

1）建立按目的、按时期有关量与质的报告制度，采取数据统计、图表显示等手段，反馈服务计划执行情况。

2）结合定期信息会议，将服务统计数据和报告的反馈情况，与企业服务计划中所规定的目的、目标或阶段性指标进行归口、归类比较。

3）通过对服务信息反馈的实际执行情况与计划目标进行比较，找出差距（别），分析产生差距（别）的内在和外在原因。

（3）计划的校正和修订

对检查出的差别和产生差别的原因进行分析，并反馈给服务计划执行部门。该部门对服务计划进行校正和修订也是对服务计划进行控制，一般遵循以下原则：

1）即使产生的差别较小或是在允许的范围内，也应当进行反馈，以便决定是维持原来的目标还是作出较小的修订。若产生的差别超出可接受的范围，则必须采取相应的修订措施。

2）若差别是由于个别偏差或具体行动造成的，则可以指定产生服务偏差的部门加以校正。

3）若差别是由于执行过程中有关部门的配合行动产生的，则必须考虑采取必要的协调措施加以修订。

4）若差别来自国情变化或地区财务政策变化，则要修改原来的实施办法。

5）若差别是发生在服务计划的抉择方面，则要考虑修订原来的服务计划。

【案例3—3】 某企业为了更好地为客户提供服务，并及时了解和监控客户服务效果而制定了客户服务满意度检查制度，见表3—26。

表3—26　　　　　　　　　客户服务满意度的检查

| 序号 | 审核内容 | 检查方法 |
| --- | --- | --- |
| 1 | 客户服务管理部负责企业满意度的综合统计与分析，并提交分析报告 | 查看有无分析报告 |
| 2 | 客户服务管理部负责编制和组织实施企业年度回访服务计划，并负责组织对重点客户的回访 | 是否编制了年度回访服务计划 |

续表

| 序号 | 审核内容 | 检查方法 |
|---|---|---|
| 3 | 客户服务管理部负责接受客户、员工和相关方的投诉或建议、异议（问题）；负责组织有关部门和单位对客户、员工和相关方的投诉或建议、异议（问题）进行处理，并组织对整改措施的实施情况进行检查 | 查看检查情况<br>是否进行了督促检查 |
| 4 | 市场经营部负责组织建立和保持与客户及相关方沟通的渠道和客户管理台账 | 是否建立客户管理台账 |
| 5 | 工程安检部负责组织编制与本部门专业管理有关的满意度方面的问题的纠正和预防措施或改进措施 | 查看措施方案 |
| 6 | 工会办公室负责接受服务人员的投诉或建议，组织服务人员满意度调查，并及时将信息与相关部门和单位交流 | 查看《服务人员满意度调查》情况 |
| 7 | 项目部负责组织建立本项目与客户及相关方的沟通渠道和客户管理台账；负责制定和组织实施在满意度方面存在的问题的纠正和预防措施或改进措施 | 有无客户管理台账<br>是否制订措施计划 |
| 8 | 市场经营部在市场调研和承接工程项目活动中，负责与客户及相关方进行沟通，收集有关市场动态和客户需求的有关信息 | 查看有关信息资料 |
| 9 | 客户服务管理部负责客户、服务人员及相关方投诉信息的整理 | 是否有整理的资料 |
| 10 | 工会办公室负责在座谈会、走访服务人员、服务人员调查等活动中收集服务人员的满意度信息 | 查看相关记录 |
| 11 | 对客户的回访，由客户服务管理部每季度组织一次，工程安检部、市场经营部和有关单位及其部门负责人参与。工程回访一般在工程交工半年后进行 | 按季度检查是否进行回访，有无计划 |
| 12 | 回访时，由客户服务管理部负责填写《回访记录》。《回访记录》应作为组织改进或整改、计算客户满意度的依据之一 | 有无《回访记录》 |
| 13 | 市场经营部每季度组织一次书面形式的客户满意度调查，收集客户及相关方满意度的信息 | 查看调查资料及每季度情况 |
| 14 | 各项目部每季度组织一次书面形式的客户满意度调查，收集本单位的客户及相关方满意度的信息 | 查看项目部的相关资料，是否按季度执行 |
| 15 | 工会办公室负责每半年组织一次书面形式的服务人员满意度调查活动 | 查看工会办公室的相关资料，是否每半年一次 |
| 16 | 各部门和项目部在收集到满意度信息后应进行登记 | 有无登记资料 |
| 17 | 对客户需求的信息，由市场经营部在企业每月的经济活动分析会上进行通报和分析，并提出相应的措施建议 | 检查是否有"措施建议" |

续表

| 序号 | 审核内容 | 检查方法 |
|---|---|---|
| 18 | 对收集的客户满意度调查信息,由客户服务管理部进行统计分析后,在"贯标"例会上进行通报,并提出改进要求,明确实施改进的责任部门或单位 | 检查统计分析资料 |
| 19 | 对服务人员满意度调查信息,由工会办公室、综合办公室协同客户服务管理部进行统计与分析,重大问题和统计分析结果交管理评审处理 | 是否明确实施改进的责任部门或单位 |
| 20 | 各责任部门和项目部在接到客户、服务人员及相关方的满意度信息后,应及时进行分析,并针对不满意或需要进行改进的方面,制定并组织实施改进措施。对构成不符合项的,按《不符合控制程序》和《纠正和预防控制程序》执行 | 查看是否有统计与分析资料 是否制定实施改进措施 |
| 21 | 改进措施实施过程中和实施后,主管部门应对实施效果进行检查与评价 | 查看检查评价的依据 |
| 22 | 对满意度管理资料的处理,按《记录控制程序》执行 | 资料是否保存完好 |

 学习单元 2　客户服务过程控制

 学习目标

➢ 掌握客户服务过程控制的内容
➢ 掌握客户服务过程控制的程序
➢ 熟悉客户服务质量偏差的种类及纠正措施
➢ 能协调和解决服务过程中出现的各种问题

## 一、客户服务过程控制的概念及内容

客户服务过程控制是指在客户服务过程中,要提供合格的服务,有足够的能力保证优质的服务质量,将服务系统误差控制在一定范围内并积极消除误差带来的负面影响。

客户服务人员在服务实施的过程中,应保证能给客户提供符合质量要求的服务,尽量减少服务偏差或提供质量有缺陷的服务。

客户服务过程控制包括以下三方面的内容：

1. 取得有关客户服务过程输出的信息。
2. 将实际输出与规定的目标相比较。
3. 如果输出与目标间有差别，则采取相应措施。

在实施服务过程控制时，应选择适当的服务质量特征值并说明取得服务信息的方法。另外，让参与过程的人自己负责过程控制有很大的优越性。

## 二、客户服务过程控制的程序

**1. 对客户服务人员按《培训控制程序》进行专业培训**

客户服务人员的培训由业务部、生产部、服务部协助完成。

**2. 服务的实施**

（1）客户服务人员对客户进行电话或信函联络，并定期走访，同时在《客户拜访记录》或电话登记表中做好记录。

（2）客户服务人员对客户进行走访时需对产品功效进行演示，并以符合产品实效的资料对客户进行宣传和引导。服务人员应做好记录，采购业务部应定期对服务人员的记录进行整理、筛选、归档。

（3）客户服务部每月终止前一个工作日内将客户走访情况进行整理，于下一个工作月的第三天统一呈报总经理审阅。

（4）客户服务部负责监督合同的执行情况，如有形商品其中途运输的基本情况应事先通知客户，并将联系方法通知客户，以便客户及时收货。运输途中若出现商品意外等情况，应立即以最快的方式联络客户，并及时按损失最小的方法处理解决。

（5）商品到达客户指定地点后，客户服务部对于商品的完整性及质量是否满意等情况主动跟进，与客户联络，若有问题要及时反馈给相关部门，并及时处理解决。

（6）客户服务部在接到用户来函来电反映产品质量或服务质量问题时，应及时给予回复（回电或复电），并在客户意见登记表上做好记录。

（7）若出现批量产品质量问题或特殊问题，客户服务部应及时通知相关部门解决，并将问题分类汇总，出具客户意见处理记录表报管理者代表审阅。

（8）客户服务部定期组织相关部门对服务中获取的质量信息进行分析，需要时采取纠正和预防措施。

## 三、客户服务过程控制的方法

**1. 统计过程控制**

统计过程控制（简称 SPC），是应用统计技术对服务过程中的各个阶段进行评估和监控，建立并保持服务过程处于可接受且稳定的水平，从而保证产品与服务符合规定要求的一种服务质量管理技术。它是一种预防性方法，强调全员参与，强调整个过程，重点在于 P（process），即过程。

从内容上说，统计过程控制可以利用控制图分析服务过程的稳定性，对服务过程存在的异常因素进行预警。

控制图即是用图示的方法，关注与服务过程有关的服务质量特征值随时间改变而发生的变化。通常，控制图可分为两类：计量值控制图和计数值控制图。计量值控制图适用于长度、重量、时间及强度等质量特性值的分析和控制。计数值控制图适用于不合格品数、事故件数与缺陷数等的控制。计量值控制图以连续变化的数据，即计量值来分析。而在计数值控制图中，不要求使用计量值，而是利用有关缺陷发生的信息、缺陷单元数或缺陷数等（属性数据）进行质量分析。

计量值控制图与计数值控制图比较，有以下区别：

(1) 计量值控制图比计数值控制图更灵敏。
(2) 计量值控制图所用的样本量比计数值控制图所用的样本量小。
(3) 计量值控制图能显示缺陷的程度，计数值控制图不能。
(4) 计量值控制图比计数值控制图难于理解，并容易混淆控制界限与公差界限。
(5) 计量值控制图只能涉及一个质量特性，而计数值控制图能涉及几个质量特性。

**2. 服务人员控制**

通常，监督产品生产和服务过程的质量是检验员的职能，但如今此项工作是由服务人员完成，服务人员监督产品生产和服务过程的质量称为服务人员控制（或服务人员检验）。

在客户服务过程中，如果允许服务人员自己控制该过程的质量，则对其他类型检验的需要就会大大减少，甚至可能不再需要进一步的检验活动。而且相比之下可以更快地采取纠正措施，从而减少投诉的发生，这也会使客户服务人员的工作变得更有趣味。

在对客户服务过程中，让服务人员负责过程控制一般采取以下做法：

(1) 给予服务人员有关服务质量要求的信息。
(2) 给予服务人员服务生产和控制的文件。
(3) 服务人员按照这些文件检验产品输出的过程。
(4) 如果符合服务质量要求，则继续生产客户需要的服务产品。

(5) 如果不符合服务质量要求,则应该采取纠正措施并通知有关管理人员和监督人员。

在服务实施过程中,实行服务人员控制的方法,伴随着一定的风险。要让服务人员控制获得成功,下列条件应给予满足:

(1) 服务人员在服务过程中具有必要的能力,即应有能力满足服务质量要求。
(2) 服务人员应熟悉其所涉及的工作。
(3) 服务人员能获取关于其工作结果的信息。
(4) 服务人员能影响其工作的结果。

在服务领域内,由执行服务的人员负责控制服务质量是很自然的事,这不仅指一线的服务人员,也包括那些不直接对客户服务的人员。

## 四、客户服务质量偏差的种类及纠正措施

美国营销学家派拉索拉曼(Parasuraman)、泽塞莫尔(Zeithaml)等人经过分析,发现了造成各类服务失败的五类偏差,且归纳出服务质量偏差模型——GPA模型。该模型由两大部分构成:客户方面和营销方面,强调服务质量的产生与客户和服务提供者有关。针对五类质量偏差可以找出相应的纠正措施,促进客户服务质量的提高,见表3—27。

表3—27 客户服务质量偏差的种类及纠正措施

| 偏差类型 | 偏差表现 | 纠正措施 |
| --- | --- | --- |
| 客户的期望与服务管理人员对客户期望的认识之间的差异 | 在实际工作中,服务管理人员常常并不知道客户真正需要什么 | 进行市场调研,收集客户信息;服务管理人员与客户直接接触,了解客户期望;服务管理人员与一线人员沟通,鼓励他们与客户保持畅通的关系;组织扁平化,减少沟通环节 |
| 服务管理人员的认识与所制定的服务质量标准之间的差异 | 服务管理人员也许正确地认识到客户的真正需求,但并不知道这一需求的具体标准是什么 | 分析客户期望的可行性,在确定了客户的需求之后完善服务质量标准;依据企业特点制定质量标准,对重复性、非技术性的服务标准化 |
| 服务质量标准与服务人员提供的服务之间的差异 | 由于某些原因,导致服务人员虽然按服务质量标准提供服务,但却不能满足客户的需要。甚至,有些具体的服务质量标准相互冲突,影响按标准提供服务 | 加强培训,使客户服务人员更胜任工作;建立监督控制体系;为服务人员提供必要的信息,避免服务人员陷入企业和客户的两难之中 |

| 偏差类型 | 偏差表现 | 纠正措施 |
|---|---|---|
| 提供服务与外部沟通之间的差异 | 如某公司对外承诺三天内上门安装电器，但实际上有时会超过三天，使客户失望和愤怒。这就是外部沟通造成了客户期望值的扭曲 | 做好服务的有形展示，企业宣传应与实际相符，不乱承诺和隐瞒实情 |
| 企业认识的服务和客户期望的服务之间的差异 | 在不同的环境下，客户对服务质量的期待是不同的。如果不能认识到这种不同，仍然使用服务标准，就会与客户所期望的服务之间产生差异 | 注意把握定制化服务提供的时机；加强企业部门间、员工间的信息沟通和有效协作，实现企业的长远目标 |

【案例3—4】 C企业协调处理机制的建设与维护

C企业成立于1984年，是中国资产规模最大的商业银行，经过20多年的改革发展，C企业已经步入质量效益和规模协调发展的轨道。2008年年底资产总额近80 000亿元，占中国境内银行业金融机构资产总和的近20%。2008年英国《银行家》杂志按一级资本排序，C企业名列全球1 000家大银行的第15位，连续5次入围美国《财富》全球500强，并被美国《远东经济评论》评为中国高质量产品（服务）10强。

取得这样的成就显然是C企业自身不懈努力的结果。C企业一直以来都极其重视客户的服务管理，力图为每一位客户都提供令人满意的服务。在客户抱怨和投诉方面，建立了完善协调处理机制。在C企业有这样的规定：

1. 在任何时候、任何分行，客户如果遇到任何问题，全行的所有人员都有提建议的权利和为客户服务的义务。

2. 客户一旦有任何抱怨和不满，全行的每个人都有义务为解决抱怨而付出努力。

3. 全行的所有人员是一个和谐的整体，从经理到保安都应该为客户的满意作出努力。

4. 全行的每一位员工都是服务人员，如果违背本行规定的服务原则，全行上下都有向客户道歉的义务。

下面是一个具体体现C企业协调处理机制建设与维护的事例。

7月的一天下午，C企业杨经理接到一个电话，是B集团的财务主管打的，他说：打算取消20日的会面。杨经理知道，这个项目经过了长达6个月的艰苦攻关，才争取到20日的双方进一步商谈。杨经理已经向分行领导作了汇报，届时将有分管领导与对方的主要负责人参加。只要双方能坐下来谈，这个项目就有了足够的把握，可是现在对方却主动取消了会面，杨经理认为其中必有蹊跷。

杨经理觉得此事非同小可，便立即向行领导作了汇报。随后杨经理经过多方了解才知道根源在于B集团的一名财务人员到C企业某支行兑换零钱时遭到拒绝，银行职员态度恶劣。该名财务人员回到企业后向财务主管说明了情况，他们认为这样的服务反映了一个银行的综合水平，因此，他们要对双方的合作再作考虑。

杨经理得知这个消息后，当即与B集团的财务主管人员联系，主动诚恳道歉，并承诺查清此事。

B集团的财务主管人员对杨经理的道歉表示理解，但是他也强调："在今后的合作中，我们面对的是一家银行，今后会有很多业务涉及你们银行的其他部门和人员，我们不敢相信其他人的服务意识也会像杨经理这样。"

杨经理心里万般滋味，自己辛辛苦苦奔波了半年，就这样几乎被一个兑换零钱的服务问题搁浅。杨经理于心不甘，立即把这个情况向分行领导和客户服务部门作了反馈，很快就得到查实，当即由分管行长、杨经理带领当事柜员到该集团登门道歉，并上门服务为客户换了零钱。

该集团有关人员十分感动，他们认为，尽管银行在柜台服务方面出现了问题，但能及时进行协调处理并进行维护，仍不失为一个好的合作伙伴。

可见，C企业在客户服务协调处理机制建设与维护方面是很有成效的。

【案例分析】这是客户服务协调处理机制建设与维护的典型案例。在这个案例中，C企业制定了客户服务协调处理的具体规定，同时很好地实践了这些具体规定。通过C企业对客户抱怨信息的处理、协调与维护，可以得到如下启示：

1. 客户服务工作要有全局意识

作为客户服务人员，首先应该具有全局意识，要充分意识到自己所从事的每项工作在客户眼中都代表了整个企业的形象。这是协调机制建设的基础，没有全局意识，协调处理机制就无从谈起。

不同部门之间，表面上没有多大的利益关联度，但它们的利益确实是紧密地连在一起的。从案例中的具体事例来看，客户在C企业某分行的现场服务窗口中遇到的劣质服务，直接影响到了整个银行的形象，与其业务部合作的事宜也就受到了影响。

2. 处理客户抱怨需要其他部门的配合，建立各部门之间的协调处理机制客户抱怨仅仅依靠客户服务部门解决是不行的，还需要其他部门的配合和支持。如果一个企业没有相关的协调机制协调各部门之间的配合，那么客户服务部就只能给客户一个没有期限的、没有保障的答复。显然，这不是一个明智的选择。

3. 客户服务协调处理机制需要靠规章制度加以保证

客户服务协调处理机制的构建需要各项规章制度加以保障才能实现。每个人都有不完全理性的时候，这时，用必要的规章制度约束个人的行为就显得十分必要。C企业的做法是制定利益共同体机制，让全体员工都有义务和责任维护客户的利益，如规定"在任何时候、任何分行，客户如果遇到任何问题，全行的所有人员都有提建议的权利和为客户服务的义务"等。这些规定就把全体员工绑在了一起，消除了因职位、部门、分行的不同而造成人员之间、部门之间协调机制建设的障碍。

【案例思考】

1. 案例测试

（1）仔细分析上述案例，体会构建和维护客户服务协调和处理机制的重要性。

（2）结合案例体会帮助服务人员树立全局意识的重要性。为什么说服务人员的全局意识是企业协调处理机制建设与维护的微观基础？

（3）怎样理解非机制性协调处理过程中有人的主观因素或非理性因素的不确定性。

（4）怎样理解客户抱怨处理的过程是各部门、各服务人员之间协调处理的过程？

2. 角色演练

与你的同事演练以下两个场景，领会客户抱怨处理的方式方法，并深刻体会企业构建客户抱怨协调处理机制的重要性。

场景一：你在一个没有客户服务协调处理机制的企业从事客户服务工作。一天，一个客户就产品质量提问，要求马上请技术专家来鉴定。在平时，以你和这名技术专家的关系，你只需打一个电话他就会过来协调处理客户抱怨。可今天，你却不想给他打电话，因为你们之间发生了不愉快的事，而其他技术专家你又不熟悉。

场景二：你在一个有客户服务协调处理机制的公司从事客户服务工作。发生了同样的投诉事件，你还会这样做吗？

3. 问题思考

如何在企业构建客户服务协调处理机制？企业如何维护这种机制？

4. 行动建议

和你的同事一起制定一份关于客户服务协调处理机制的计划表,提交给企业的主管,以测试你对协调处理机制建设和维护的理解。

5．提升计划

下面是一张提升客户服务协调处理机制建设与维护技能的一周训练计划表(见表3—28)。在这一周内,请结合你所在企业的服务战略,着手分析协调处理机制建设与维护在客户服务方面的重要性,形成自己关于这方面的理论知识,并切实提升你的协调处理机制建设与维护技能。

表3—28　　提升客户服务协调处理机制建设和维护技能一周训练计划

| 日期 | 备注 |
|---|---|
| 第一天 | 收集并分析学习相关客户服务协调处理机制建设和维护的案例 |
| 第二天 | 收集并学习关于客户服务协调处理机制建设和维护的理论知识 |
| 第三天 | 结合案例和相关理论,学习掌握客户服务协调处理机制建设的基本做法 |
| 第四天 | 观察自己所在的企业,总结分析其客户服务协调处理机制建设和维护方面的基本做法 |
| 第五天 | 针对前一天的总结,结合所学知识,提出改善计划 |

# 第4章
# 客户服务改进

## 第1节 客户服务投诉处理

 **学习单元1 客户投诉分析**

 **学习目标**

➢ 掌握客户投诉的原因
➢ 能分析客户投诉类型
➢ 熟悉客户投诉的价值
➢ 学会如何处理客户异议

### 一、客户投诉的原因

客户因为不满才会投诉。不满的直接原因在于客户的期望值和服务的实际感知之间存在差异,也就是预期的服务和实际感知的服务之间存在差异。差异本身可能是合理的、为社会所接受的,也可能是不应该出现的、企业要对此承担责任或客户要调整期望值的。

企业服务与客户期望的服务之间之所以出现差异,绝大多数是企业方面的原因，也有客户自身的原因、政府监管方面的原因以及法律制度、社会意识方面的原因。

**1. 企业方面的原因**

（1）产品质量存在缺陷

根据《中华人民共和国产品质量法》的定义，产品缺陷是指产品存在危及人身、他人财产安全的不合理的危险；不符合国家或行业关于产品有保障人体健康和人身、财产安全的相关标准的产品。产品质量缺陷，具体可分为：假冒伪劣产品、标志不当的产品、质量瑕疵产品。产品有缺陷，不仅客户要向企业投诉、索赔，国家有关质量监督部门还要处罚企业，企业还可能承担刑事责任。

（2）服务不到位

国内一些优秀的产品品牌，如联想、海尔，都意识到服务的重要性，在保证产品质量的同时，确立了"服务制胜"的战略，以周到、优质的服务作为自己的竞争优势。

常见的服务问题如下：

1）服务人员接待客户不得体。具体表现在以下三个方面：

第一，态度方面。化妆浓艳，令人反感；只顾自己聊天，不理客户；紧跟客户，像在监视客户；一味地推销，不顾客户反应；客户不买时，马上板起脸。

第二，言语方面。不打招呼，也不答话；说话过于随便。

第三，销售方式方面。不耐烦地把展示中的商品拿给客户看；强制客户购买；对有关商品的知识一无所知，无法回答客户的咨询。

2）给客户付款造成不便。将客户的应付账款算错，让客户多付费；没有零钱找给客户；不收客户的大额钞票；金额较大时拒收小额钞票。

3）运输服务不到位。送货时导致商品污损；送货周期太长，让客户等太久；将大件商品送错了地方。

4）售后服务维修质量不达标。

5）客户服务人员工作失误。

（3）宣传误导

企业有了好产品，还需要运用各种手段广泛宣传产品，赢得客户的关注和认可。企业做宣传都千方百计地突显产品的优势，但是广告宣传过了头，包装过度，或者不兑现广告承诺，就变成了误导客户，甚至变成欺诈。具体表现在以下三个方面：

1）广告承诺不予兑现。

2）效果无限夸大，广告内容虚假。

3）只讲有哪些好处、优势、优惠，不讲限制条件。

（4）企业管理不善

客户投诉原因相关研究表明，由于服务和沟通不到位引起的客户投诉是由于产品本身的质量或价格问题引起客户投诉的五倍。由于企业的原因引起的客户投诉，或者体现在客户对企业的接触点上，或者体现在所购买的产品或服务上，或者体现在与购买行为有关的资讯上。不过，这些都仅仅是表面化的原因，探究原因的背后，根源是企业管理不善。具体表现在以下四个方面：

1）企业机制问题。企业管理及服务人员只对上负责，对任期考核负责，不对市场和客户负责。

2）相关规章制度不健全。职能部门各行其是，业务流程混乱。

3）人力资源危机。企业人才流失比例大，培训跟不上，导致服务人员服务质量跟不上。

4）投诉管理缺失。缺乏投诉管理机制、办法、流程，一线人员没有及时的后续保障部门支撑，部门沟通、协作不畅；已有投诉不能通过意见反馈，有针对性地消除或减少此类事件的发生，造成大量重复投诉，耗费资源；出现公关、传媒危机不能有效应对，造成投诉面扩大和升级。

**2. 客户方面的原因**

客户投诉最根本的原因是对商品或服务不满。投诉行动与客户的经济承受能力、闲暇时间充裕程度、个性特征、自我保护意识等有直接的关系。

（1）客户的经济承受能力与投诉的关系

一般来说，客户是根据自身的经济能力来选择相适应的商品或服务的；但有的时候也不尽然，如低端客户可能选用高端产品，高端客户可能选用低端产品。如果低端客户选用高端产品，客户对产品的期望值会超出其他客户的期望值，潜在的投诉率也高（见表4—1）。

表4—1　　　　　　　　　期望值与投诉率

| 客户分类 | 对于低端产品的期望值和投诉率 | 对于中端产品的期望值和投诉率 | 对于高端产品的期望值和投诉率 |
| --- | --- | --- | --- |
| 低端客户 | 中 | 高 | 高 |
| 中端客户 | 低 | 中 | 高 |
| 高端客户 | 低 | 低 | 中 |

当一种商品或服务开始由高端市场转向中低端市场时，往往投诉量会增加，而且与销售量相比，投诉比率也大增。这不仅仅是商品或服务本身质量下滑造成的（当然不能排除由于企业销售量增大，质量控制和服务没有及时跟上，造成商品或服务质量确实下滑），还有中低端客户预期较高的原因。例如，手机产品、移动通信服务、汽车等商品或服务在近些年的投诉量居高不下。

企业要特别注意，原来定位于高端市场的产品，一旦由于经济的发展，人民生活水平的提高，而转入低端市场时，不能沾沾自喜于销售量的大增，更要看到其中的隐忧，要在满足市场需求的同时，加倍做好服务和投诉管理。

（2）客户的闲暇时间充裕程度与投诉的关系

投诉需要花费客户大量的时间。相当多的客户放弃投诉，是权衡了自己的时间价值后作出的选择。有相当一部分投诉的客户有大量的闲暇时间，或者工作比较清闲，或者处于无业状态。这部分客户对企业的潜在价值和贡献相对较低，但对企业的伤害可能是很大的，因为他们有足够的时间到处投诉。

在企业投诉处理的最基层，被随随便便"打发"的客户，很可能是企业的高价值客户。企业在处理好一些"不屈不挠"不断投诉的客户投诉的同时，要注意防止出现如图4—1所示的客户服务资源分配的倒金字塔效应。

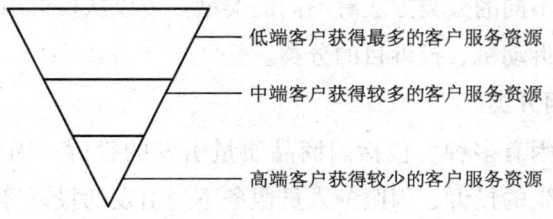

图4—1　客户服务资源分配的倒金字塔

（3）客户的个性特征与投诉的关系

素质高、修养好的客户，处理问题比较客观、冷静，即使因需求无法得到满足而进行投诉，也比较理智，一般不会使矛盾升级，但会影响其今后的购买行为。素质低、修养差的客户，往往斤斤计较，稍有不满，就会投诉，若投诉解决不好，还会使投诉升级。性格温顺的人投诉少，性格怪僻、暴躁的人投诉多。

（4）客户的自我保护意识增强

客户自我保护意识的增强，是客户投诉的一个重要原因。特别是《中华人民共和国消费者权益保护法》的出台，对于消费者自我保护意识的增强，起到了有效的促进作用。

**3. 政府监管方面的原因**

为帮助消费者维权，工商部门加大了对违法违规企业的查处力度，但仍会出现监管不到位的情况，为此，工商部门开通了"12315"热线，鼓励消费者自觉维权。

**4. 法律制度方面的原因**

法制不健全，法律规定滞后于经济发展，法律存在空白点，出现问题莫衷一是。例如，精神损害赔偿的问题，法律无明文规定，造成消费者动辄要求精神损害赔偿，商家与消费者协商的难度增加；商家与消费者的小额争议缺乏快捷的解决途径，诉讼成本过高；社会公众的基本法律常识不足，某些民间团体、媒体记者对法律误读而造成对公众舆论的误导。

**5. 社会意识方面的原因**

社会信用缺失。某些不良企业和经营者欺诈客户，造成客户对商家有戒备心理，增加沟通难度；某些客户恶意投诉，以投诉之名，行敲诈勒索之实，因为没有社会信用的记录，其有恃无恐，而成为企业头疼的"钉子户"。

## 二、客户投诉的类型

客户投诉根据不同的分类方法有不同的类型。可以从投诉原因角度分类，也可以从投诉方式、投诉动机、投诉目的分类。

**1. 按投诉原因分类**

客户投诉的原因有多种，包括因商品质量引发的投诉、因宣传误导导致的投诉、因客户原因产生的投诉、因服务人员服务不当引发的投诉等类型。

**2. 按投诉方式分类**

按投诉方式分类有电话投诉、信函投诉和现场投诉。

（1）电话投诉

客户直接拨打企业的服务热线或投诉热线，表达自己的愤怒。由于双方的连接只靠一条电话线，看不清彼此的表情、动作，因此，很容易给投诉处理制造障碍。

（2）信函投诉

有些客户会选择信函投诉的方式。由于写信需要较长时间才能完成，因此客户会以一种经过深思的方式真实地反映整个事件，只是可能会遗漏他认为不重要的地方或者过分强调自己的感受。

（3）现场投诉

部分客户倾向于现场投诉，认为这样可以发泄心中的怒气和把问题说得更清楚。现场投诉给了企业最好的扭转局面的机会，因为客户就在眼前，只要采用了正确的应对方式，客户就会满意而去，而不像以上两种方式，存在诸多的问题。

**3. 按客户投诉动机分类**

由于客户的个性特征存在差异，客户针对自身对于产品或服务的不满情绪，选择抱怨的方式有所不同，因而采取公开投诉行为的表现就有所不同。

（1）真正愤怒型客户投诉

企业在提供产品或服务的某个环节的确存在问题，造成客户直接或间接经济损失或尊严和精神受到伤害，强烈要求得到经济和精神赔偿。

（2）讨要说法型客户投诉

企业在提供产品或服务的某个环节的确存在问题，造成客户间接经济损失或尊严受到伤害，并没有强烈坚持要求经济赔偿的想法。

（3）假意愤怒型客户投诉

企业提供产品或服务时并没有造成客户的任何损失，但其蓄意制造事端或者伪造证据讹诈钱财，或者蓄意毁坏企业品牌形象。

## 三、客户投诉的价值

**1. 免费的服务监督人员**

或许每个企业都有服务标准、服务制度，也都会要求服务人员阅读和执行。但是，期望和实际总是相差很远。企业里的人也很难意识到，或者时间久了，就自然松懈了。客户却不会，他们一直睁着雪亮的眼睛，观察企业在某些运营或管理方面存在的问题，通过投诉要求其改正。

企业成立专门的服务质量检查小组，需要一笔额外的支出。但是客户不同，他们担当企业顾问，诊断企业问题，却不收取任何费用。他们的目的是享受到更好的服务，这也是在推动企业朝着更好的方向发展。所以说，投诉的客户是在向企业免费送礼，是服务质量的免费监督员。

**2. 重新赢得客户忠诚的机会**

投诉的客户为企业重新获得客户满意提供机会。投诉的客户比不投诉的客户更有可能再与企业有业务往来。所以，成功的企业将投诉看成是满足投诉客户需求，避免客户流失和反面宣传的机会。

哈佛大学教授李维特在《哈佛商业评论》中叙述道："与客户之间关系走下坡路的一个信号，就是客户不抱怨了。"所以，企业担心的不应该是投诉的客户，而应该是那些不投诉的客户。心有不满却不投诉的客户，要么已经离开原有企业，要么准备随时转向竞争对手一方。国外有一项调查显示：在购买1~5美元的商品或服务的客户中，感到不满意又不投诉的将有63%会转向竞争对手；超过100美元时，这个比例达到了91%。

3. 帮助企业发现商机

企业生产的产品、制定的服务标准只是从企业的角度出发的，而真正使用这些标准的却是客户。客户更清楚产品或服务存在哪些缺陷，应该怎样改进。许多善于听从客户建议、从客户的投诉中寻找商机的企业都赢得了更大的市场和客户的更高忠诚度。

例如，美国宾夕法尼亚州有家名为"新猪公司"（Now Pig Corp）的企业，名字很土，但成长很快。其产品是能够吸收大量油污的长筒形尼龙袋——"猪"，几乎所有修车厂、化学公司以及环境清洁人员都用这些"猪"来吸油。

创办人毕佛说他喜欢听客户抱怨："你应该喜欢抱怨，抱怨比赞美好。抱怨是客户要你知道，你还没有满足他们。"

曾经有一些客户抱怨新猪公司的"猪"一旦碰上酸性物质或是其他溶剂就会成为一摊烂泥。其实毕佛完全可对抱怨者说："谁叫你不看标签说明？这个产品本来就不是用来处理酸性物质的。"但是他没这样做，而是跟一名客户共同开发出高价位的"有害物质专用猪"，投放市场后，大受欢迎。根据另一名客户的抱怨，他又开发出可浮在水面上并能吸油的脱脂猪，为自己狠狠地掘了一笔金。

可见，企业可以从客户的投诉与抱怨中找出问题，发现商机，从而持续改进，更好地服务社会。

4. 预警危机

研究表明，客户在每4次购买中会有1次不满意，而只有不到5%不满意的客户会投诉。所以，投诉的客户只是对企业不满的客户这座冰山的一角，不满客户这个冰山的体积和形状隐藏在表面上看起来平静的海面之下，只有当企业这艘大船撞上冰山后才会显露出来，如果在碰撞之后企业才想到补救，往往为时已晚。所以，企业要珍惜客户的投诉，正是这些线索为企业发现自身问题提供了可能。事实上，很多企业正是从投诉中提前发现严重的问题，然后进行改善，从而避免了更大的危机。

【案例4—1】 策略性化解客户投诉异议

小张新购买了一部名牌手机，同时开始使用某移动通信运营商的电话号码卡。自使用以来通话质量一直不好，他怀疑是网络信号不好，或者电话卡不良，于是打电话向服务中心投诉。

服务中心受理人员仔细询问小张经常使用手机的场所，以及话机质量问题等情况，因小张深信品牌手机不会有质量问题，于是否认话机不好，一再强调说网络信号不好，服务人员答应查完后再回复。

隔日，服务人员致电小张，该地区网络检测设备所检测的数据表明，该地区网络质量很好，不会影响手机的通话质量。服务人员于是极力建议小张，将卡送回检测中心检测。

小张将卡送到检测中心，经过检测，手机卡也没有问题。服务人员又给予建议，请他将手机送到维修中心，借助电信运营部门与手机厂商的良好关系，可以迅速得到最好的服务。在服务人员的精心安排下，小张将手机送到厂商服务中心。经检查，是手机质量存在问题，该厂商立即给予调换一部新手机，这样的处理结果大出小张意料之外，小张在高兴之余特意对服务人员表示感谢。

【案例分析】在这个案例中，服务中心受理人员充分尊重客户投诉，以良好的服务不仅解决了客户提出的问题，还化解了客户对相关问题的异议。服务中心受理人员在处理客户投诉问题时，首先通过网络检测，证明不是网络信号不好。但是服务并没有到此为止，而是继续建议客户到检测中心检测手机卡，到手机维修中心检测手机，最后使客户获得满意答复。

【案例思考】
1. 案例中服务人员的客户异议化解策略和良好服务，能为你带来什么样的启发？
2. 服务人员处理客户异议时应该遵循哪些原则？
3. 结合自己的工作经验，说说化解客户异议的策略与技巧有哪些。

【实战扩展】客户投诉处理，不仅要解决客户问题，还要重视对客户情绪的安抚，并且要化解客户对相关问题的异议。客服人员要善于了解客户提出异议的动机，尊重客户，不能直接反对客户意见；要遵循客户异议化解的基本原则和策略，熟练运用客户异议化解的策略性技巧。

**1. 客户异议处理的主要原则**

（1）一定要用诚恳的态度来应答。
（2）要衷心接受客户的批评意见。
（3）要预测客户的反对意见，想好应对理由。
（4）不可与客户发生争论和冲突。
（5）要给客户留下好的印象和感觉。
（6）说话要有自信。

**2. 客户异议处理程序的主要步骤**

第一步，接受客户异议。服务人员接受异议要态度端正、表情谦和、语句诚恳，让客户感觉到服务人员很重视。

第二步，追踪客户理由。面对客户异议，要善于了解客户提出异议的原因，并表示关心，诚恳提问，深入细微之处。

第三步，分析客户动机。要想客户所想，从客户角度分析问题，善于分析可能的情形，设法找出客户的真正动机。

第四步，找出应对办法。要合理解释和应对客户，改善应变措施，维持客户自尊，变通相应的处理办法。

第五步，再做说服努力。围绕核心问题，化解客户异议，获得相应成效。

**3. 客户异议处理的基本策略**

（1）接受客户异议，立即给予回应和答复

客户的意见若没能得到及时答复，客户会对服务人员产生不信任感，感到自己没有受到应有的尊重，从而造成内心的极度不满，后续也难以接受服务人员的正确意见，使得异议问题难以排除。

（2）先发制人，提前回答

在异议排解过程中，服务人员所发表的意见都要充分考虑到客户的"反击"和"疑虑"，因此服务人员要事先表明客户所担心的问题，并给出合理解释。

（3）赞成—反驳处理法

在处理异议时，服务人员要先赞同客户意见或部分意见，然后根据有力的事实和理由、证据，间接反对客户异议的内容。

（4）反驳处理法

对于客户不坚决或不肯定的异议问题，服务人员要恰当给予直接反对。但运用该方法给人感觉不好，容易伤害他人的自尊，因此要特别注意语气与语词，尽量避免伤害客户。

（5）反问处理法

可运用反问方式回应客户的异议，在反问中让客户意识到自身意见的不合理、不正确。

（6）转化处理法

通过问题的转化，从不同角度实施更好的说服和处理。

（7）补偿处理法

承认客户部分异议内容，但用服务长处来抵偿短处，间接地处理客户异议，给人以实事求是的印象，以增加客户信任感，也容易让客户获得心理平衡。

**【案例4—2】** 把握不同客户受理服务的要点

某IT智能系统产品企业为了更好地服务客户，以及出于考核和管理服务成效的需要，采取服务人员分片包干定点服务的方式。要求技术服务人员认真做好现场设备维护工作，确保系统安全正常运行，不影响客户单位工作需要。同时，要搞好客户单位人际关系，承担相应的客户关系维护责任，及时处理相应投诉事件，获得较高的客户满意度等。

小李是该企业产品服务中心的维护工程师。虽然入行时间不长，在同部门人员中其维护技术水平也属于一般。但在该企业每年一度的客户关系维护满意度调查中，小李的客户满意度分值高达100%，也从没有客户对他的服务进行过投诉，的确出乎意料，令人大吃一惊。

小李维护技术不好，有时候碰到问题免不了要反复维护，甚至可能耽误客户一点时间，但客户单位人员为什么从来没有因此责怪或投诉他呢？原来小李特别注重客户单位的人际关系维护，能够根据客户单位不同人员的个性实施有针对性的服务。客户有问题时，他都能及时前往解决，认真倾听客户问题。在受理解决过程中，也按照客户人员的风格特点设法让客户有好的感受，尽量按客户要求努力解决问题，即使不属于维护项目他也给予帮助，每次维护完都会把现场卫生搞好，也会打电话及时跟踪设备维护情况，等等。

【案例分析】该案例中，小李在做技术维护工作中，不光仅仅做好技术工作，而是注重了解不同客户的个性特点，准确判断客户类型，懂得在服务中因个性不同实施相应的服务技巧，让客户有好的感受。按照客户需求做事，从而取得了客户单位满意度100%的好成绩。

【案例思考】

1. 该服务案例为你带来什么启发？
2. 小李为什么会获得客户单位100%的满意度，关键原因是什么？

【实战扩展】在客户投诉受理实际工作中，要善于了解不同类型客户的个性特点和受理服务要点。常见的客户抱怨类型有8种，其个性特点及服务要点见表4—2。

表4—2　　　　　　　　客户抱怨类型

| 序号 | 客户抱怨类型 | 客户特点 | 受理服务要点 |
| --- | --- | --- | --- |
| 1 | 争辩型 | 论理论据，在乎争辩 | 1. 不要与客户直接争论<br>2. 让客户有"获得"的快感<br>3. 善于疏导和迂回问题 |

续表

| 序号 | 客户抱怨类型 | 客户特点 | 受理服务要点 |
|---|---|---|---|
| 2 | 上诉型 | 不能解决，逐级上告 | 1. 不受客户影响<br>2. 让客户感觉到服务人员在帮他<br>3. 让客户感觉到服务人员服务卖力 |
| 3 | 骚扰型 | 变换问题，实施骚扰 | 1. 不卑不亢、不恼怒、不气愤<br>2. 积极回应客户问题<br>3. 前后态度良好一致 |
| 4 | 补偿型 | 不在输赢，但求补偿 | 1. 针对客户问题实事求是<br>2. 按规定作出处理<br>3. 要以理服人，公平对待 |
| 5 | 吵闹型 | 无理取闹，绝不罢休 | 1. 耐心、忍耐<br>2. 不能与其吵闹<br>3. 待其冷静下来 |
| 6 | 发泄型 | 情感发泄，责骂讽刺 | 1. 耐心倾听<br>2. 不要急于说明和解决问题<br>3. 表示理解和同情 |
| 7 | 冷却型 | 不能满足，自我罢休 | 1. 忍耐<br>2. 在客户心情好时解决问题<br>3. 前后态度一致 |
| 8 | 威胁型 | 满足要求，否则报复 | 1. 不受客户威胁的影响<br>2. 认真处理自身问题<br>3. 保持良好的服务态度 |

 **学习单元 2　客户投诉的处理**

➢ 了解客户消费心理特征
➢ 熟悉客户投诉处理的原则

➢ 掌握处理客户投诉的方法
➢ 掌握减少客户投诉的方法
➢ 掌握客户投诉处理的程序

## 一、客户消费心理特征

根据客户消费心理特征，可将客户分为以下十种主要类型：

**1. 优柔寡断型**

（1）优柔寡断型客户的特征

优柔寡断型客户由于考虑得太多，或者受到过去购买经验的束缚，存在追求完美的心理，往往表现出对一个产品买与不买，或者到底买哪种款式，买哪个品牌等问题犹豫不决。

优柔寡断型的人表现为：完美型和外虑型。完美型的客户，希望买的东西是最好的也是最适合"我"的、完美无缺的。外虑型的客户基本上是比较感性的人，总是考虑其他因素，如考虑家人、考虑朋友等。

（2）应对优柔寡断型客户的策略

优柔寡断型客户对是否购买某一物品总是犹豫不决，即使决定购买，却总是瞻前顾后、举棋不定。当客户犹豫不决时，一定不能再顺着他的思路去应对，而是要尽可能突破、改变他的观念，引导客户去消费。如一般客户在购买房屋时总认为公摊比越小越好。特别是听他身边的同事说："我们居住的楼房公摊比只有12%，使用面积达到88%。"这时作为客户服务人员需要这样给客户解释："这栋楼的公摊比小，楼梯与其他建筑相比也窄，电梯小，而且少。二十几层的楼，人们生活起来就非常不方便，你认为这是好事吗？公摊比是不是越小越好呢？不是。"当对方确已产生购买欲望后，客户服务人员不妨采取直接行动，促使对方作出决定。

**2. 患得患失型**

（1）患得患失型客户的特征

患得患失型客户大都在取舍问题上拿不定主意。因为买了担心不划算，不买又怕失去机会。患得患失型的客户，典型的心理就是：买是想买。从推销心理分析，既然有购买的需求，客户对不能如愿以偿地满足需求，又花了冤枉钱，常常会感到非常惋惜。尤其是处于成交前夕的客户，这种惜失心理更为明显。

（2）应对患得患失型客户的策略

客户服务人员利用客户的这种惜失心理，采取故意提醒客户如果还不下定购买决心，则可能失去一次好机会的做法，称之为惜失成交法。当客户感到将会失去唾手可得的种种好处与具体利益时，许多人会马上改变犹豫的态度，迅速采取购买行动。而另一些客户虽然没有马上付诸行动，但一旦感受到后悔不迭的心情之后，他们会比其他人更加迫不及待，在下一次推销机会中成为坚定的购买者。

例如，企业时常通过以下方式来强化客户的惜失心理，促成双方成功交易：

"说不定下个星期就要涨价了。"服务人员在顾客面前强调失去便宜。

"只有这几件了，刚才还有客户打来电话要货呢！"服务人员在客户面前强调即将失去"俏货"。

"这是一次性处理，不会再有第二次了。"服务人员在客户面前强调失去时间。

惜失成交法的基本点就是利用客户"得之以喜，失之以苦"的心理，通过给客户施加一定的成交压力来敦促对方及时作出购买决定，向对方说明最后的成交机会。这种方法在实际推销工作中能够有效地缩短推销时间，减少一些不必要的推销费用支出。

### 3. 讨价还价型

（1）讨价还价型客户的特征

面对客人的还价要求，首先要分析客户的动机，是恶意还价还是善意还价。讨价还价是讨价还价型客户的习惯。讨价还价的人分为两种类型：贪小利型和不知足型。贪小利型的客户可以为了十元钱，纠缠半天。不知足型的客户在讨价还价中一再压价，而且永远不满足。

客户讨价还价的主要原因有三个：首先，他认为，凡卖东西的都会将价格开得很高。其次，他会认为，如果不买，商家还要重新整理，浪费时间，增加成本，所以即便是"小钱"，商家也会赚。最后，他认为反正亏钱是一定不会卖，如果卖了就表示商家没有亏钱，所以他可以随便出价。

（2）应对讨价还价型客户的策略

客户服务人员对数字要敏感，因为讨价还价型客户思维很敏捷，特别是对于价格或折扣。对方一旦杀价，马上就要判断可不可能，然后采取下面的方法。第一，态度夸张。如果接受杀价是不可能的，就应该夸张一点向对方表示。第二，不要急。如果碰到不知足型的客户，对方不着急，客户服务人员也不要着急，采取"软磨"的策略。第三，注意中线法则。对于开价跟出价的人，中间价基本是一个理想价，而且常常是后出价者的心理价位。所以，客户服务人员尽可能不要先开价格，因为价格一旦开出，对方就知道最高价在哪里。

对于恶意还价的客户，要第一时间告诉他产品、服务的优势，明确坚持自己的价且表示遗憾，友好地推荐符合客人目标价的产品，再看客人反应。

善意还价的客户还是比较有诚意的，一般情况下都会下单，这个时候的讨价还价属于心理战，看谁能沉住气。当客户提出折扣时，服务人员不要急于回复，主动权要让给客户，表现出为难且要请示上级的样子，但也要让客户知道你正在努力帮他想办法解决，总之要站在双方利益的角度考虑，很多时候这样的还价只是一个小插曲。

**4. 和蔼可亲型**

（1）和蔼可亲型客户的特征

和蔼可亲型客户希望被别人接受，并希望自己的问题在客户服务人员的友好帮助下得到解决。他们特别希望与客户服务人员之间有着友好的关系，而非仅仅例行公事式的商业关系。

（2）应对和蔼可亲型客户的策略

应对和蔼可亲型的客户：第一，要给予他们特别的关注，让他们感觉到愿意与他们成为朋友，愿意尽己所能帮助他们。第二，要始终保持热情的态度，也可以与客户谈谈与当前事情无关的一些闲聊话题等，这都有助于与这类客户友好交往。

**5. 暴躁型**

（1）暴躁型客户的特征

暴躁型客户有几种特征：不拘小节，不喜欢动脑，不喜欢勉强自己做自己不喜欢做的事情，喜欢凭感觉做事情，比较容易得罪人，不喜欢讲道理，喜欢用武力解决问题。暴躁型的客户分为两种类型：外暴内暴型和外暴内柔型。

（2）应对暴躁型客户的策略

在服务场合，尽量采取以柔克刚的方式应对暴躁型客户。客户服务人员要避免与客户直接顶撞，而应采取迂回策略，以柔克刚。为了避免最后将局面弄得非常尴尬，息事宁人也很重要。如果局面已经非常僵，倒不如拖一下，延迟处理。

**6. 冷漠型**

（1）冷漠型客户的特征

冷漠型客户任凭客户服务人员旁征博引、引经据典地游说，依然摆出平静如水的心态，看似在听，但似乎又心不在焉，为此会弄得客户服务人员不知所措。其实，此类客户在听服务人员条理性阐述的同时，心里一直在打自己的"小算盘"：购买有哪些利益体现，不购买面临哪些利弊得失。冷漠型客户又分为三种类型：人冷型、事冷型和全冷型。

人冷型：因人而冷漠。只与自己熟知的人交往，对于陌生人常常拒之门外。事冷型：做事的时候不喜欢别人打扰，这样的人常常追求完美。全冷型：不管是对人还是对事，都比较冷漠，这是其个性使然。

（2）应对冷漠型客户的策略

针对冷漠型客户，一是不要着急，如果主动出击，过于着急，就会"碰钉子"，所以首先不要急于出击。二是要保持微笑，用笑的表情回应酷、冷的表情。其实冷漠的人也有需求，所以微笑服务是感动他的一个良方。三是要选派讲话富有条理性，且具有很强专业性的客户服务人员与其洽谈合作意向，尤其对于合作利弊、政策支持等要尽可能翔实，以便为此类客户提供决策参考。

**7. 理智型**

（1）理智型客户的特征

理智型客户常常习惯于通过推理判断来决定购买与否。这类客户做事情条理性比较强，有原则、有规律，不会因为私人关系的好与坏而选择企业，更不会因为个人的感情选择对象。这类客户大部分工作比较细心、负责任，他们对于事情的运作方式、问题的处理过程很有兴趣，希望有确定的服务程序。

（2）应对理智型客户的策略

针对理智型客户，不可以强行公关。最好、最有效的方式就是坦诚、直率地交流，不可以夸大其词，而是把自己的能力、特长、产品的优势和劣势等直观地展现给他，少说多听。看看理智型客户如何分析判断，如何决策购买行为，这样就可以抓住对方的需求点以进行引导和说服。这类客户的需求如果得到满足，他们会保持较高的忠诚度。顺利为理智型客户提供服务的关键在于，保持冷静理性的态度，以及采用富有条理的处理方式。

**8. 直爽型**

（1）直爽型客户的特征

直爽型客户生性豪爽，说话办事喜欢直来直去，不喜欢拐弯抹角、旁敲侧击，在购买时很少与对方兜圈子，往往会直奔主题。

一般而言，直爽型客户有两种类型：定性型和耳软型。定性型客户是真正的直爽，购买后不会后悔；耳软型客户耳软，而且很容易冲动地作出决策，基本上不讨价还价，买后可能会后悔。

（2）应对直爽型客户的策略

直爽型客户常常是非常重感情的人，所以在购买过程中，要与其进行良好的感情沟通，比如亲切称呼等，以拉近买卖双方的距离。对待直爽型客户，最好的策略就是诚意，有折扣主动给他，跟他"直来直往"，生意才会长久。

### 9. 随性型

（1）随性型客户的特征

随性型客户最主要的特征就是购买时很少过多考虑，完全根据自己的感觉决定是否购买。一般而言，随性型客户有两种类型：冲动型和冷静型。冲动型客户在购买以后，冷静下来，常常会后悔自己的行为；冷静型客户在购买以后，很少会考虑值不值得的问题，所以他们根本不会后悔，可见冷静型的随意性要更大。

（2）应对随性型客户的策略

客户消费的随意性，对于商家从某种程度上来说是一件好事情，因为显然可以增加销售业绩，带来利润，所以精明的商家应该给这种类型的客户多创造随意的环境，同时要多问候他们，帮助他们挑选到更适合的商品。

### 10. 复合型

（1）复合型客户的特征

复合型客户是兼有上述两种或者两种以上客户性格类型，在交往中没有一定性格模式，但在特定的环境下会演变成特定类型的客户。这类客户一般非常老道，社会经验非常丰富，关系网比较复杂，生活轨迹不容易把握，思想活动很难认清。

（2）应对复合型客户的策略

复合型客户可变性很强，客户服务人员在与这类客户交往的过程中，通常采用以静制动的战略攻势比较好。始终要表现出糊涂、认真、虔诚的心态，静观其变，把握客户的即时心态之后再对症下药。

通过以上分析，可以看到，提高客户服务人员的销售业绩，很大程度上取决于客户的性格和客户的结构。在服务人员的营销过程中，对各种客户的心理特点进行分析和划分，采用适宜的应对策略，可达到事半功倍的效果。

## 二、客户投诉处理的原则

客户投诉的情况多种多样，客户性格也千差万别，因此对于客户投诉并没有一成不变的解决方法，但如果能够牢记并掌握以下原则往往能够取得事半功倍的效果。

### 1. 客户至上

接到客户投诉，服务人员首先要能够站在客户的立场上考虑问题：一定是我们的工作没有做好，给客户造成了麻烦；同时还要相信，没有一个客户会无事找事，他们投诉总会有他们的理由，因为客户永远都是正确的。这是一个非常重要的观念,有了这种观念,服务人员才会有平和的心态来处理客户的投诉,并且会对客户投诉行为给予肯定、鼓励和感谢。

**2. 承担责任**

很多服务人员面对客户投诉的第一反应是:"这究竟是怎么一回事?我们是不是真的有错?"一旦有了这种想法和解决问题的习惯,服务人员就会在接到客户投诉时有一种与客户对立的潜意识,于是他的第一句话是:"你先别着急,有事慢慢说,如果我们真的有错,我们一定会帮你解决问题。"这是一个十分糟糕的开头,因为这种说法将自己的角色定位成一个类似第三者的审判官,而不是代表当事方,同时也不利于缓和客户激动的情绪。事实上,客户之所以提出投诉,绝不是要请一个审判官来判断是非。服务人员必须清楚的一点是:客户既然来投诉就根本没有想过自己有错,而是想要从企业这里得到心理上的安慰和物质上的补偿,因此他绝不希望有人对他进行"审判",而是希望对方能够重视他的投诉,承认过失,并且立即解决问题,同时对他的投诉表示感激。因此面对客户投诉和不满的情绪,客户服务人员最好首先向客户道歉并且表示愿意承担责任,表明这种态度,客户的气就已经消了一半。

**3. 隔离当事人**

隔离当事人原则是指一旦遇到客户投诉,要尽量做到"两个隔离":一是让投诉人与现场的其他客户隔离开来,以免客户之间相互影响;二是让当事人双方隔离开来,避免事态进一步恶化。隔离当事人最好的办法就是将客户带到办公区,请客户坐下来再进行处理,这样一方面显得对客户比较尊重,同时也实现了有效的"当事人隔离"。

对当事人的隔离并不是说事无巨细统统交给服务人员的上级去处理,自己不管事。通常来说,客户投诉首先找到的往往是当事人,因此服务人员要视情况而定,如果客户问题不是很严重就应该自己学会解决问题而不要麻烦领导;相反,如果客户直接找到有关管理人员进行投诉,管理人员也没有必要再将当事人找来摆出一副"对质"的架势,这样反而会弄巧成拙。经验证明,由第三者出面加以调解是控制矛盾的一个十分有效的方法。

**4. 换位思考**

商业交往中发生的冲突,有相当一部分是由双方的误解造成的。如果一个人发现别人对自己的看法是完全错误的,那么他就有辩解和澄清的必要,但并不是谁都愿意承认自己的看法是错误的,并乐于让别人来纠正,这种"自我维护"的心理,在双方交往过程中具有相互排斥性和缺乏善意的特点,也是导致误解上升为冲突的根本原因。所以，在商业交往中，客户服务人员作为企业的主人，体谅客户是最起码的道德修养。客户服务人员只有站在客户的立场上将心比心，换位思考，诚心诚意地表示理解和同情，承认过失，才能够化误解于无形。因此对所有的客户投诉的处理，无论是已经被证实的还是没有被证实的，都不应先分责任，而是应先表示道歉，这才是最重要的。

**5．主动补偿**

无论何种原因导致客户投诉，客户总是希望得到一些精神上或是物质上的补偿。体谅客户的痛苦而不采取行动是一个空礼盒。比如说"对不起，这是我们的过失"，不如说"我能理解给您带来的麻烦与不便，您看我们能为您做些什么呢"？客户投诉的处理必须付诸行动，不能单纯地表示同情和理解，要迅速地给出解决的方案。因此，学会洞悉客户的心理要求，适当地给客户一些补偿往往可以取得"大事化小，小事化了"的效果，甚至让客户转怒为喜，成为企业忠实的客户。

**6．息事宁人**

息事宁人的原则是要求客户服务人员在处理客户投诉的时候，放弃自己的观点或改变自己的观点，使之适应客户的观点和愿望，避免将事情闹大的原则，换句话说，息事宁人实质上是一种企业自我利益的牺牲和退让。如果不考虑客户的利益，退让和自我利益的牺牲都是不可能发生的，所以这就要求妥协的一方（这里主要是指企业方）要具有较高的道德修养和心理素质，客户服务人员必须学会在适当的时候放弃公司或个人的某些利益和要求，而不是去压制客户的要求。由于这种妥协能较大幅度地降低客户心理的挫折感，有利于紧张状态的缓和，所以它是避免发生公开冲突的基本原则之一。妥协与忍让相似，但又不完全等同，忍让具有较大被迫性，它往往是以提高一方的心理挫折的强度为代价，换取对方心理的平衡。妥协一方则认为为了更高的目标有必要牺牲自己的利益，换句话说，妥协应是一种主动的让步，而非被迫的退缩。妥协并非是无原则的，它应该在社会道德规范之内，是以不损害集体利益和社会利益为前提的一种个人的让步。

## 三、处理客户投诉的方法

客户服务人员应该根据不同的客户投诉类型有针对性地选择适当的处理方法。

**1．不同方式客户投诉的处理方法**

（1）电话投诉处理方法

针对电话投诉，需要做到的基本工作包括：从电话中确切了解事件的基本信息；利用规范的声音及语气体现对客户不满情绪的支持；如有可能，把电话内容录音存档，特别是涉及特殊纠纷的投诉事件。

（2）信函投诉处理方法

收到客户投诉信后，应立即送给相关负责人员；同时通知客户已经收到信函，表现企业诚恳的态度和解决问题的意愿；尽快给出解决方案，并告知客户。

（3）现场投诉处理方法

在处理现场投诉时要注意将客户引领离开服务现场，以免影响到其他客户；在与客户交谈中不能中途不告知就离开位置，让客户等候；按照企业相关规定处理客户的投诉；不能立即解决的应该给出客户处理的期限；谨慎使用各种应对语，避免再次触怒客户；对再次光临的提出过投诉的客户，应该给予更好的接待。

（4）电子邮件或者短信投诉处理方法

网络带来了很多的投诉便利，一些企业专门建立了处理客户投诉的邮箱和短信平台，大大节省了企业和投诉客户的成本，企业也能比较方便地提取信息，从而解决问题。

**2. 不同原因客户投诉的处理方法**

（1）因产品质量投诉

由于产品质量引发客户投诉占了所有投诉原因中的大多数。尽管客户能够理解产品不可能完美无缺，能够满足每一个人的需求，但是他们还是会因为产品质量表示不满。企业对于因质量问题给客户造成影响的，应该真诚地向客户道歉，更换新产品，或者再给予一定的经济补偿。

（2）因介绍不清导致的投诉

客户买了并不是自己想要的产品或者买的产品不清楚怎么使用，可能也会投诉。这就要求服务人员在向客户介绍产品的时候，一定要清楚客户的真正需求，不要被表面现象所迷惑。同时，确认客户已经掌握了产品的使用方法。

（3）因客户原因产生的投诉

客户对产品不了解和认识错误，也可能产生抱怨。这时，服务人员要委婉地告诉客户，并认真地为客户讲解产品的相关知识，让客户了解事情的本来面目，但是要委婉表达，不要太直接。

（4）因服务人员服务不当引发的投诉

服务工作是一项很艰苦的工作，有些需要长时间的站立，为客户微笑和鞠躬，应对各种各样脾气的人等。因此，有时服务人员会因为过度疲劳而不能坚守服务准则，导致客户不满。这就需要企业认识到服务人员的压力现状，提供良好的福利待遇，关心他们的需求。但这不代表与客户发生冲突就是可以原谅的事情，如果的确是服务人员太过分了，一定要严肃处理。如由于服务人员服务不当引发客户的投诉，客户服务管理人员应亲自出面，向客户赔礼道歉，采取积极的措施，直至客户满意。因此，企业要加强对客户服务人员职业素养的培训，提高服务意识，减少此类投诉事件的发生。

### 四、减少客户投诉的方法

随着客户生活水平的提高，其对产品和服务的要求也越来越高，投诉在所难免。企业只要采取恰当的措施，是可以有效减少客户投诉的。

**1. 建立投诉处理系统**

建立投诉处理系统有助于企业经营管理工作的改进，减少投诉，提高服务质量。企业对客户投诉处理进行系统管理，主要应做好以下五项工作：

（1）建立受理客户投诉的渠道，如投诉电话、意见箱等

有专门渠道处理客户投诉的企业会在第一时间接触客户，从而为改变客户心情赢得时间。客户在没有专门的部门或人员为其服务的情况下，会更加伤心、失望和愤怒。

（2）制定客户投诉的处理准则

客户投诉的类型多种多样，因此，针对不同的投诉，应有不同的应对措施。一刀切的处理准则不能适应客户投诉多样化的要求。

明确各类人员处理客户投诉的权限和变通范围。一线服务人员有一线服务人员的权限和范围，管理人员有管理人员的权限和范围，如果不清楚界定各自的权限和范围，什么人都有各种的权力，就会导致企业内一片混乱。

（3）将投诉事件存档，有专人负责整理、归纳、分析和评估

对有价值的客户投诉，更需要做好存档和分析工作。它对以后服务人员的相关培训和帮助企业完善服务质量、服务流程具有重要价值。

（4）通过教育与培训提高服务人员处理客户投诉的能力

通过教育与培训使客户服务人员掌握常见的客户投诉类型和应对技巧，提高客户服务人员处理投诉的能力，减少客户的不满和流失，为企业留住更多的客户。

（5）对投诉事件及时通报

由于服务人员的原因导致的客户投诉，企业要及时通报，并对客户服务人员进行强化教育培训，使其充分认识到客户的价值及同客户相处的技巧与方法。如果这

样还不能改变客户服务人员的意识和行为，企业就要果断地解雇他们，以免使其成为客户服务部门的害群之马。

**2. 预防投诉**

防患于未然，从预防入手，将客户投诉消灭在未发生之前，这是企业对客户投诉所持的最积极主动的态度。

（1）销售优良的产品

提供优良而安全的商品给客户，是预防客户投诉的基本条件。这主要包括：

1）在经过充分市场调研的基础上，订购、制造、出售优良而且能反映客户需求的产品。

2）确实掌握产品的材料及保存方法的相关知识。由于科学技术的迅猛发展，导致以新原料、新工艺、新技术为特征的新产品大量问世，因此，企业在购进新产品时，一定要与生产厂家充分沟通，一方面，了解产品特性得到品质保证；另一方面，在销售过程中为客户提供安装、使用、维护和储存等方面的知识，防止客户由于缺乏新产品使用知识而投诉。

3）严格检查购进的产品，避免销售污损或有缺陷的产品。企业应设立专门的产品质量检查机构，定期对企业产品进行检查或抽查。

4）发现产品有缺陷，一定要更新，杜绝不良产品流入客户手中，造成客户不满，引起投诉。

（2）提供良好的服务

提供优良的服务首先应从服务人员抓起，服务人员素质的高低、技能和态度的好坏，是影响企业服务水准的最重要因素。

1）搞好上岗培训。企业应在客户服务人员上岗前加强服务技能、知识和态度等方面的培训，以提高服务人员的水平。

2）举办各种业务竞赛活动，促进服务人员整体服务水平的提高。通过这些活动，鼓励做得好的服务人员，激励做得差的服务人员，从而促进整个服务团队水平得以提高。

3）采取强制性措施，监督服务人员不断改善自己的服务工作。为了提高服务人员的服务水平，改善服务态度，企业需要制定一些规章制度，形成良好的约束与激励机制。

4）加强安全意识培训，注意服务场所的安全。如果客户在服务场所发生意外并受伤，不管企业怎样说，责任也是无法推卸的，所以，要注意服务场所的安全工作。经常检查房屋设施，如吊灯等，看是否有掉落的危险；检查地面、楼梯是否有水渍，存在滑倒的危险。设立供发生地震、火灾时用的紧急出口、太平梯和逃生路线，防火设备经常检查，防火通道保持畅通，无杂物。保证客户的生命和财产安全。

（3）加强投诉处理的培训

企业服务人员处理客户投诉的能力与投诉事件是否得以有效解决有非常大的关系。因此，需要通过不断培训，提高服务人员处理投诉的能力。

投诉处理的培训对象主要有两类：新员工和在职员工。

新员工上岗前要加强培训，强化服务意识。新员工在客户投诉处理上的训练内容主要包括：处理客户投诉的基本理念及原则，企业规定的投诉处理办法和相关的客户服务原则，常见的客户投诉类型，各种投诉方式的处理要领，各种应对用语。

进行新员工培训时，除了由培训部门的人员进行外，还可聘请有实际经验的现场服务人员来为新员工作经验性的传授。同时，结合公司制作好的手册、视听材料和录音带等，并利用座谈、讨论和角色扮演等方式，传授正确的服务理念，帮助新员工建立正确的心理定式。

对在职服务人员的培训需要由具有较高权责的管理人员进行，其培训方式主要以讨论和座谈为主。内容侧重于投诉处理的原则、方法的交流和探讨，或是对特殊投诉事件的认识和处理原则，求得一致的处理方式，以备应对更大的挑战。

客户投诉的处理，对于企业来说，是一种持续不断改进服务的过程。做好投诉的处理工作，掌握投诉的处理技巧，其目的不仅在于减少客户投诉的发生，更重要的是利用每一次的投诉处理，与客户建立起长远的关系，这才是最根本的目的。

## 五、客户投诉处理的程序

客户投诉的处理流程如图4—2所示，通常包括以下八个步骤：

**1. 记录投诉内容**

利用客户投诉记录表详细记录客户投诉的全部内容，如投诉人、投诉时间、投诉对象、投诉要求等。

**2. 判定投诉是否成立**

了解客户投诉的内容后，先确定客户投诉的类别，再判定客户投诉的理由是否充分，投诉要求是否合理。如果投诉不成立，即可以婉转的方式答复客户，以取得客户的谅解，消除误会。

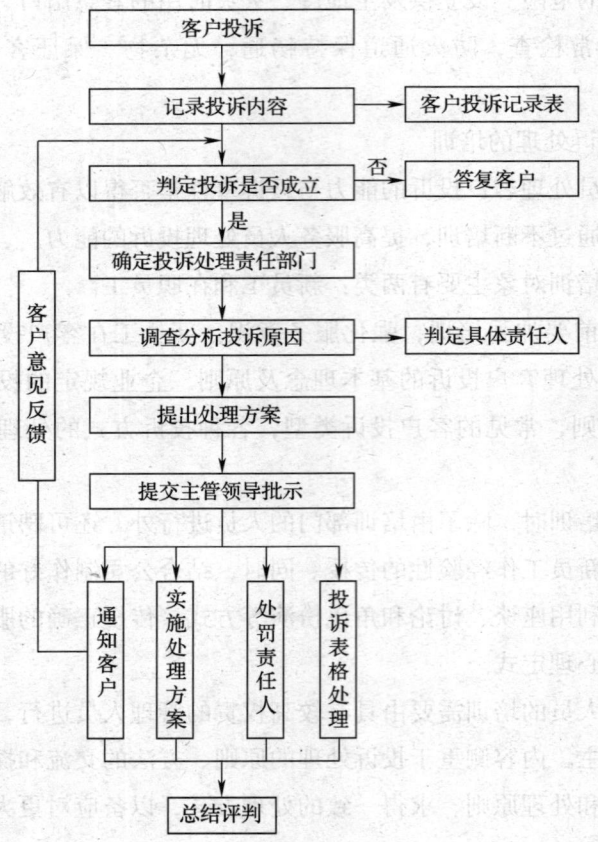

图4—2 处理客户投诉的步骤

**3. 确定投诉处理责任部门**

根据客户投诉的内容，确定相关的具体受理单位和受理负责人。如属运输问题，交储运部门处理；属质量问题，则交质检部门处理。

**4. 调查分析投诉原因**

责任部门要查明客户投诉的具体原因以及造成客户投诉的具体责任部门及个人。

**5. 提出处理方案**

根据实际情况，参照客户的投诉要求，提出解决投诉的具体方案，如退货、换货、维修、折价、赔偿等。

**6. 提交主管领导批示**

对于客户投诉的问题，领导应予以高度重视，主管领导应对投诉的处理方案一一过目，及时作出批示。根据实际情况，采取一切可能的措施，挽回已经出现的损失。

### 7. 实施处理方案，达到客户满意

投诉解决办法经批复后，迅速通知客户并付诸实施，尽快收集客户的反馈意见。对工作失误的服务人员和部门主管按照有关规定进行处罚，依据所造成损失的大小，扣罚责任人一定比例的绩效工资或奖金，同时，对不及时处理问题造成延误的责任人也要追究责任。

### 8. 总结评判

对投诉处理过程进行总结与综合评价，吸取经验教训，提出改进措施，不断完善企业的经营管理和业务运作，以提高客户服务质量和服务水平，降低投诉率。

【案例4—3】 提出处理日常客户投诉的方案

某空调服务中心，来了一位姓姚的中年女士，怒气冲冲追问总台的服务人员，空调安装的韩师傅哪里去啦。服务台洪小姐忙问有什么事情可以帮忙。姚女士说，韩师傅早上安装的空调质量太差，要求退货。

面对怒气冲冲的姚女士，洪小姐没有急于询问是什么原因，而是把姚女士让到接待室，端来一杯茶水先安慰对方不要着急，有什么问题一定会得到解决，服务中心绝不会不负责任等。

面对微笑礼貌的服务人员，姚女士不好再怒气凌人。原来早上刚刚安装的空调，中午刚开机不久就停止运转，无论怎么遥控，也无法启动，看来是空调质量不好，要求退货。

针对姚女士的要求，洪小姐没有强辩，而是与姚女士商量，先派师傅随其前往，检查一下空调，如果确实是空调质量问题，保证给予调换新的空调或者退货。对于合理合情的安排，姚女士无法表示出不同的意见。

空调安装师傅立即前往姚女士家，经过检查发现是空调专用的电源开关保险丝容量过小，导致超过负载而熔断。空调安装师傅重新换上大号的保险丝后，空调运转正常。

面对企业优良的服务，姚女士顿感自身行为的不妥，不仅向空调安装师傅致谢，还特意打电话到服务中心向洪小姐表示谢意。

【案例分析】

1. 客户在投诉或抱怨的时候，除了有需要解决或服务的问题外，往往都带有一定的情绪或不良态度，这种不良的情绪或态度需要服务人员及时予以安抚和平息。否则，很难促进服务问题的有效解决，甚至出现难以处理的局面。

2. 先安抚客户情绪后解决客户问题，这是处理客户投诉和抱怨时必须遵守的

黄金准则。

3. 该案例中的洪小姐，深知先安抚客户情绪后解决客户问题的重要性，面对姚女士的怒气，没有计较，而是善于理解与宽容，一切都在礼貌、微笑、温和之中得以化解。更可贵的是，洪小姐懂得从姚女士的利益与担心点出发，及时承诺企业应有的服务责任和服务保证，让对方放心，并提出符合客户利益和愿望的有针对性的服务方案，这是本案例成功服务的关键。

【案例思考】
1. 洪小姐良好的服务技巧给你什么样的启发？
2. 洪小姐如果没有安抚好客户情绪，能够解决好客户问题吗？为什么？
3. 结合自己的实际工作情况，说说如何才能平息客户的怒气。

【实战扩展】处理日常客户投诉时，应该尽量做到以下五点：

第一，要充分理解与宽容客户情绪

客户因为产品、服务、外界影响、自身等因素，产生不满意或不良情绪，因此有可能产生投诉行为，希望通过投诉或抱怨得到补偿，期望新的要求和利益得到满足，同时想发泄个人不满以得到情感补偿，或者报复他人等，对客户以上情绪问题必须理解和宽容，不能因此歧视或嘲笑客户。

第二，要以微笑、礼貌、客气的方式对待客户

当客户有怒气、有情绪、有脾气时，受理服务人员不能因此而不冷静，要以微笑、礼貌、客气的方式对待客户，不能"以暴制暴"。否则，将会激起客户更大的怒气或产生不理智、冲动行为，甚至发生对抗或冲突，使局面变得难以收拾，产生不良的影响。

第三，要善于倾听客户心声

客户有情绪问题，通常需要一个良好的倾听对象。做客户所需要的倾听对象，让客户得到相应的情感发泄，有助于客户减轻压力，让情绪过渡到平稳状态。同时，通过良好的倾听，能够有效了解客户情况，迅速发现客户投诉的问题，准确理解客户投诉的原因和动机，清楚客户期望所在，有助于更有针对性地解决客户问题。

第四，要及时给予客户更多的关怀和关心

客户有情绪的时候，要站在客户角度去看待问题，学会同情、理解，与客户产生共鸣，对重要问题的适当询问，或从客户角度予以必要的呼应和肯定，都能够让客户感受到服务的真诚，有效起到安抚客户情绪的作用。

第五，要给予客户一定的希望

处理客户投诉，尤其在客户有情绪的时候，一定要给客户解决问题的希望，这是客户投诉与抱怨处理中的关键原则和技巧。当然，给客户希望，不等于要给予解决的承诺；可以给予客户有希望的回应，但不能承诺解决的程度。

## 第2节　客户关系管理

 学习单元1　客户关系的建立

 学习目标

➢掌握客户关系管理的含义和理念
➢熟悉客户开发计划的制订过程
➢熟知客户开发工作的内容
➢掌握发现客户线索的方法
➢熟悉客户的心理与服务需求
➢能与客户进行有效的沟通，掌握沟通技巧
➢能制定有效的客户进入策略

### 一、客户关系管理的概念

**1. 客户关系管理的含义**

管理是指对资源的控制和有效分配，以实现特定管理单位所确定的目标。客户关系管理（Customer Relationship Management，CRM）是指对客户关系的生命周期积极地介入和控制，使这种关系最大限度地帮助企业实现其所确定的经营目标。因此，企业一方面要积极地管理客户关系，另一方面要区别对待具有不同"潜在回报率"的客户关系。

客户关系管理就是为企业提供全方位的管理视角，赋予企业更完善的客户交流能力，是客户收益率最大化的管理工具。企业通过借助客户关系管理先进的管理思想和相应的技术，以充分把握客户行为，并在此基础上针对不同的细分客户制定相

应的营销和服务策略，使企业客户资源的价值最大化。

**2. 客户关系管理的六个基本理念**

（1）客户资源是企业最重要的资产

客户资源是一个企业最终实现交易并获得现金流入的唯一入口，是实现企业利润的唯一来源。企业如果没有客户资源，其产品就不能实现交换，服务也无法进行，那么企业的一切活动都将是无效活动。以客户为中心是客户关系管理的最高原则。

（2）建立客户忠诚是企业实施客户关系管理的根本目标

客户忠诚是指客户高度承诺在未来一贯地重复购买偏好的产品或服务，并因此产生对同一品牌或同一品牌系列产品或服务的重复购买行为，而且不会因为市场态势的变化和竞争性产品营销努力的吸引而产生转移行为。客户忠诚是企业取得竞争优势的源泉。

（3）客户关系是具有生命周期的

一个完整的客户关系生命周期包括关系建立、发展、维持以及关系破裂四个阶段。关系建立是客户关系的孕育期，关系发展是客户关系的快速发展时期，关系维护是客户关系的成熟期，关系破裂是客户关系的逆转阶段。客户关系的发展具有不可逾越性。

（4）识别和保持有价值客户是客户关系管理的两项基本任务

每个客户并不是都具有同样的价值，因此，识别有价值客户是客户关系管理必须首先完成的一项基本任务。识别出有价值客户以后，如何留住他们，并实现他们对企业的价值最大化，即所谓的客户保持。

（5）客户全生命周期利润是客户价值的判别依据

客户全生命周期利润是指企业在与某客户保持买卖关系的全过程中从该客户处所获得的全部利润的现值。对现有客户来说，它可看成由两个部分构成，即"客户当前价值"和"客户增值潜力"。

客户当前价值是假定客户现行购买行为模式保持不变时，客户未来可望为企业创造的利润总和的现值。它是根据客户关系的当前状态作出的对客户未来利润的一种保守估计。

客户增值潜力是假定企业采用更积极的客户关系管理策略，使客户购买行为模式向着有利于增大企业利润方向发展时，客户未来可望为企业增加的利润总和的现值。

（6）客户关系管理软件是实施客户关系管理的支持平台

客户关系管理是一套先进的管理模式，其实施要取得成功，必须有强大的技术和工具支持。客户关系管理软件是实施客户关系管理必不可少的一套技术和工具集成支持平台,它基于网络、通信等信息技术,能实现企业前台、后台不同职能部门的无缝连接。

## 二、客户开发计划

在进行客户开发之前,最为重要的是制订客户开发计划。

**1. 制订客户开发计划的目的**

制订客户开发计划的目的,即分析自己对于客户来讲处于何种竞争地位,制订一个能够最大限度发掘自己业务潜力的客户计划,按着既定的思路思考问题,从而找到客户管理的正确答案。

**2. 客户开发计划的制订过程**

客户开发计划的制订过程如图4—3所示。

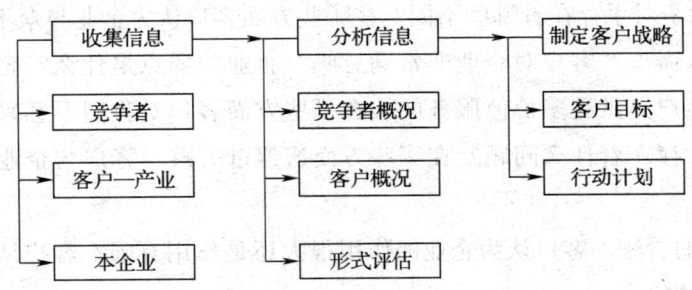

图4—3 客户开发计划的制订过程

(1) 客户信息收集

信息可分为四个等级。其中,第一、第二等级信息主要是公开的信息,容易获取;第三、第四等级的信息是比较私密的信息,相对第一、第二等级信息较难取得。

第一级信息是免费或需付少量费用获取的,最容易收集。企业可以通过客户企业年度报告、广告、产品介绍、技术刊物、产品目录等获得。

第二级信息的获取需要费用稍高,可以通过行业分析者提供的署名报告、行业刊物、行业会议会刊等获得。

第三级信息并非人人都可得到。只有通过客户企业中的各有关联系人或与客户有密切合作关系的有关方面获得。包括有关客户项目、需求和预算等。

第四级信息都来自于客户企业内部的高层。包括确切的项目要求,对评估的标准或对那些将作出购买决策、预算人的深入了解等。

(2) 竞争者分析

1）关系与业务活动。企业与客户过去的关系如何？曾提供过哪些产品或服务？现在提供的是什么？客户更换供应商所需付出的代价有多大？企业现在的销售是多少？占有的客户份额是多少？在客户企业中认识谁？谁对企业比较偏爱，原因是什么？企业的支持者是谁？企业与客户处于何种关系？

2）能力和资源。企业具有什么样的能力和局限性？企业与客户的关系是否还有可能发展？企业是否有能力提供更广范围的产品和服务？企业能否提供一个超越目前的、能更好解决问题的新方案？企业有什么资源可以用于这一客户？企业哪些方面受到资源束缚？

3）竞争策略。企业目前的客户战略是什么？是否一直都很成功？企业如何设法利用自己的优势？为扩大业务，企业如何给自己定位？

4）优势和弱点。企业的经营是否成功（或很糟）？客户在哪些方面做得特别好，与其他竞争对手存在着哪些不同？在哪些方面客户认为企业与众不同？企业能满足客户什么需求？客户对企业非常满意吗？企业的弱点是什么？企业的竞争对手是如何向客户提供更多价值服务的？在哪些方面客户对我们不感兴趣？企业与客户的业务中存在着什么问题？在哪些方面遭遇过失败？客户与企业存在着什么矛盾？

5）客户的看法。客户认为企业的作用很大还是作用有限？客户认为双方的关系将向何处发展？

(3) 客户分析

在对客服务中，要想完整地分析客户需从以下五个方面进行：

1）客户行业与市场分析。要了解客户所属行业及其市场的发展状况，了解对于市场中可能发生的变化、客户所做的准备以及其市场和产品战略是否与市场的发展方向相一致。主要从进入障碍、替代品的威胁、购买者的力量、供应商的力量、竞争对手之间的竞争五个方面来分析。

第一，进入的障碍。进入的障碍究竟有多大？企业的产品是否有助于客户建立阻止竞争对手进入市场的障碍？

第二，替代品的威胁。客户的产品是否受到替代品的威胁？企业是否能帮助客户减少这种威胁？

第三，购买者的力量。购买者是否已成为企业客户所处行业中的一个强大力量？企业的产品能否有助于削减这种力量？企业是否能提高购买者对客户产品的依赖度？企业是否能提高客户产品的差异率和重要性？

第四，供应商的力量。客户所处行业中的其他供应商是否很厉害？企业的产品是否有助于增强客户的优势，提高改换供应商的成本或减少来自于客户供应商之间纵向联合的威胁？

第五，竞争对手之间的竞争。在客户所处行业中是否存在各竞争对手之间的激烈竞争？企业的产品是否能够给予客户很大的竞争优势？对企业客户的客户来说，企业的产品具有什么样的优点？

2）客户采取的策略。了解客户企业自定的战略思想。使命和目标宣言是什么？市场定位是什么？短期内有什么计划和新的行动？短期内所要寻找的机会是什么？短期内什么东西可能对客户企业构成威胁？客户企业的长期战略是什么？

3）客户企业结构与管理：

第一，了解客户企业结构与管理体系，并掌握其中的关键人物。决策者，具有影响力的人：使用者、顾问人、把关者、外部人士、支持者（对你有所偏爱的人）。

第二，了解客户企业的购买程序。客户通常是怎样购买企业的产品或服务的？客户是怎样了解和确定对企业产品或服务的需求的？客户确定对产品的要求和规格时是否需要在内部进行统一？购买决策的程序是什么？购买者是否能单方面决定或需其他人审核？在招标和投标的评估上，客户企业是否有一个程序？程序效果如何？在选择供应商时客户企业的原则是什么？在客户企业作出选择的过程中最重要的因素是什么？

4）客户经营业绩。了解客户经营目标是什么？是否正在努力实现这些目标？客户是如何衡量业绩的？客户的财务状况如何？客户企业的核心能力是什么？客户是如何区别自己与别人的差异的（在产品、销售体系、市场营销等方面）？

5）客户对产品的需求。客户需要企业的产品起到什么作用？客户对产品的需求发生了什么样的变化？企业应对客户企业过去、现在、未来的情况进行分析评估，预测明年的客户需求量百分数。

对客户分析除了前面所讲的以外，还可对客户进行SWOT分析，以确定客户所处行业与市场地位。SWOT分析从企业优势、弱点、机遇、威胁四方面进行。它已成为概括客户企业所处环境的有效方法，如图4—4所示。

（4）自身状况分析

SWOT分析确定企业在客户企业中所处地位，如图4—5所示。

（5）制订客户计划

客户计划的制订如图4—6所示。

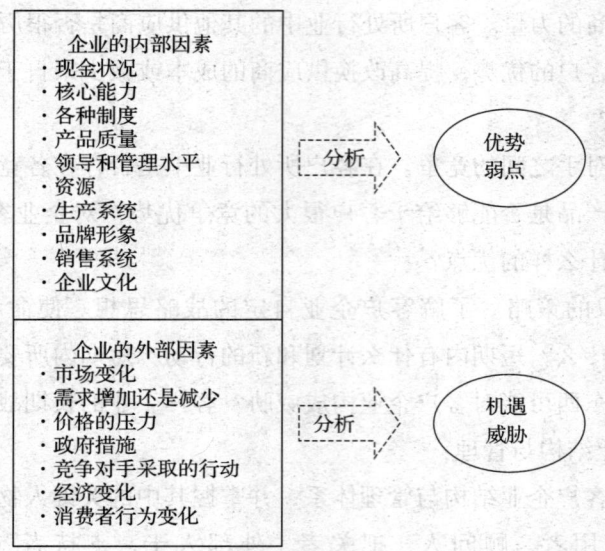

图4—4 对客户的SWOT分析

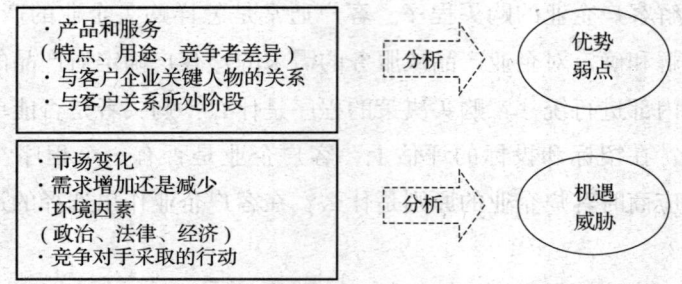

图4—5 企业对自身在客户企业中所处地位的SWOT分析

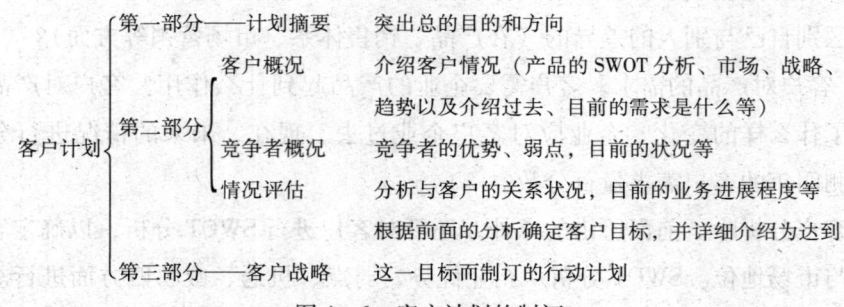

图4—6 客户计划的制订

(6) 制订行动计划

行动计划包括基本的行动计划和收益执行计划：

1）基本的行动计划

基本的行动计划包括：需完成的任务或步骤，负责此项目的人员，计划的时间安排，计划完成情况。

2）收益执行计划

收益执行计划包括销售额、实际收入、利润率、赢利额等。

## 三、客户开发工作的内容

1. 客户线索寻找，利用必要的市场开发手段和销售技巧，在客户立项前期，及时掌握客户尽可能多的项目信息，建立强大的项目获取渠道，增加市场覆盖率。

2. 评估销售机会，尽量收集和明确客户的需求、项目/采购进度表、预算、竞争决策和优先评估项等关键评估元素。

3. 通过客户分析，判断项目是否符合公司战略规划、市场定位及产品与技术的经营方向。

4. 判断客户属于A级、B级、C级、D级的哪一级别，明确客户的类型，填写客户跟进表。客户部门更新客户名单或大项目名单，并适当作客户分配。

5. 通过客户开发提高现有客户的使用率，增加新客户的市场占有率，保持新客户的增长，稳步提升企业的经营业绩。

## 四、发现客户线索

发现客户线索是指针对目标客户群进行有计划的搜寻与分级，对可能的客户进行识别和接触，以找出成熟客户或值得长期经营的潜在客户的系列行动。

**1. 影响发现客户线索的因素**

（1）所在地区的客户量。

（2）客户的地理分布情况。

（3）企业所销售产品或解决方案的类别。

（4）企业市场地位和战略。

（5）销售专款（预算）。

（6）销售人员与客户服务人员的数量和能力。

（7）外在销售力量。

（8）竞争者的销售战略。

（9）综合营销机会。

**2. 客户线索寻找的方法**

（1）接收前任客户服务经理的客户资料。

（2）用心培育现有客户。

(3) 利用客户名单。

(4) 利用电话营销等市场开发手段，积极开发客户。

(5) 既有客户的挖掘：既有客户是新产品或解决方案的最佳潜在客户。

(6) 客户索取资料：可以利用客户索取资料的请求，把它看做是客户发出的"邀请"，以此求证其需求和顾虑，然后着手与之开展合作，寻求解决问题的办法。

(7) 客户推荐：利用客户推荐是最容易成交的，因为被推荐的潜在客户从开始就认同企业是问题的解决者。

(8) 政府主管部门、行业协会等官方或半官方组织推荐的客户信息和项目线索；组织或参加展会、研讨会、高峰论坛等会议形式，获取客户信息和项目线索。

(9) 商业合作伙伴引介的客户信息和项目线索。

(10) 通过其他市场营销渠道获取的客户信息和项目线索，如客户俱乐部等。

## 五、与客户进行有效沟通

与客户进行有效的沟通，是客户服务人员一项重要的日常工作。沟通效果如何，不仅会给客户服务人员带来一定的影响，同时也对树立企业形象、促进订单签署起着至关重要的作用。与客户进行有效的沟通，在一定程度上为更好地提高客户的忠诚度和增进客户保有率奠定了良好的基础。

**1. 沟通目的**

(1) 了解客户信息与客户的真实想法。

(2) 通过沟通，进一步了解客户面临的问题。

(3) 进一步了解客户需求与定义需求。

(4) 为产品推荐、订单签署或客户关系维护工作进行铺垫。

(5) 排除实力较弱的竞争者。

(6) 与较强的竞争者相比，取得相对竞争优势。

(7) 沟通的本质是帮助客户定义需求，帮助客户明确存在的问题及问题的解决方案。

(8) 使企业产品或解决方案成为客户的首选。

**2. 影响沟通的因素和沟通技巧**

关于影响沟通的因素及沟通的技巧如图4—7所示。

**3. 沟通的注意事项**

(1) 沟通前要与客户确定沟通主题。

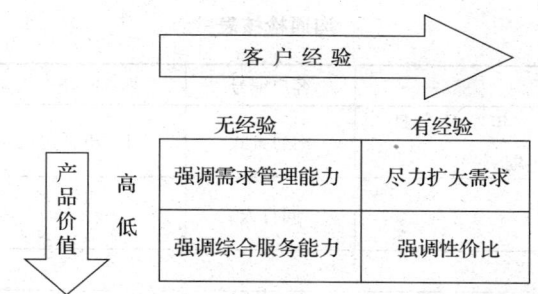

图4—7 影响沟通的因素和沟通技巧

(2) 每次时间不要太长（一般每次2小时以内为佳）。

(3) 要求客户决策层参加。

(4) 沟通内容以合作层面与需求层面为主，强化企业的优点和差异性。

(5) 了解客户的决策过程及主要需求。

(6) 取得潜在客户的初步承诺。

(7) 沟通前要对沟通对象的背景有所了解，针对沟通对象的特点和自身产品的差异性制定相应的沟通策略，以达到最佳效果。

(8) 尽可能通过准确的五个方面来确保沟通效果：你打算说些什么？你都说了些什么？客户听到了什么？客户认为自己听到了什么？通过客户的反应，证实沟通的有效性。

**4．沟通的一般程序**

(1) 明确沟通议程

1) 企业简介，介绍企业历史、殊荣、业内成就和影响力等。

2) 产品介绍。

3) 服务体系介绍。

4) 代表性客户与典型客户介绍。

5) 强调客户选择的理由。

6) 客户介绍其公司状况及项目需求。

7) 就客户需求与问题，现场或事后提出初步解决方案或行动计划。

8) 就双方关心的问题进行沟通。

9) 沟通结束后参观客户公司以及具体工作流程。

(2) 沟通结束，填写沟通检核表（见表4—3）和沟通总结（见表4—4），总结沟通经验。

(3) 协调资源，落实沟通时的承诺，解决沟通中的问题。

表 4—3　　　　　　　　　　沟通检核表

| 客户名称 | | 客户编号 | |
|---|---|---|---|
| 沟通时间 | 年　月　日<br>星期 | 沟通方式 | 1．电话沟通　2．拜访　3．其他 |
| 联系人 | | 同行人 | |
| 沟通内容 | | | |
| 下一步<br>计划安排 | | | |
| 需要的资料、资源<br>和协助 | | | |
| 有无竞争对手进入 | | | |
| 竞争对手详细情况 | | | |
| 费用情况 | 差旅费：<br>应酬费：<br>其他： | | |
| 备注 | | | |

表 4—4　　　　　　　　　　沟通总结

客户经理：　　　　　　　　　　　　　　　　　　　　　　　　　日期：　年　月　日

| 客户名称 | | 客户编号 | |
|---|---|---|---|
| 联系人姓名 | | 部门与职务 | |
| 电话号码 | | | |

沟通内容

联系人的主要意见

达成共识

下一步行动计划

未尽事宜与改进措施

重大事项备忘

**5. 沟通的技巧**

(1) 证实沟通的有效性

证实沟通的有效性最简单的办法就是客户服务人员以提问的形式重新诠释自己的信息,正确识别客户,讲出具有说服力的理由,提出合理化的建议。如何证实沟通的有效性,见表4—5。

表4—5　　　　　　　　　　如何证实沟通的有效性

| 沟通过程 | 你的沟通 |
| --- | --- |
| 第1步,你打算说些什么<br>我现在所推荐的产品或解决方案将满足贵公司的所有需求 | 在讲话之前,要搞清楚自己究竟需要传递什么信息,然后再以一种符合逻辑、易于理解的方式陈述出来 |
| 第2步,你都说了些什么<br>我们认为贵企业用得着我们的产品或解决方案 | 你认为将要说的话,常常和你实际所说的话不大一样 |
| 第3步,客户听到了什么<br>我们将为贵企业提供服务 | 你无法控制客户听什么,他们常常误解你的信息 |
| 第4步,客户认为自己听到了什么<br>客户对你的产品或解决方案是否适合并没有信心 | 接收到沟通信息之后,客户必然要对自己听到的内容作出理解,可能会出现与原意大相径庭的结果 |
| 第5步,通过客户的反应,证实沟通的有效性:非常感谢,答应下周给你回话 | 缺乏客户的反应,可能使你难以确定自己的信息是否已被接收 |

(2) 证实假设

客户服务人员坦率地面对客户的提问,以证实自己的假设是否正确。换言之,虽然对自己的销售策略和直觉充满信心,却怀疑自己在客户的需求和顾虑方面所作的任何假设,除非得到了证实。

(3) 销售自己

客户服务人员与客户展开对话,以积极热情的工作态度,与客户建立起友好的关系。"首先要学会销售自己",秘诀就在于设身处地替客户着想,聆听客户的意见,关注客户的需求,并请客户帮助自己推动销售进程。

(4) 聆听客户的意见

留意客户关心的问题,不要打断客户讲话,忠实地记录客户的想法。

(5) 请求客户的帮助

客户都是专家,感谢客户对企业的贡献,客户服务人员不要扮演教师或传教士的角色，不要信口开河或坦言无知，不要因为成功而骄傲自大。

（6）恰当使用形体语言

客户服务人员在与客户沟通时，应恰当地使用一些形体语言，把口头语言与形体语言有机结合，提高沟通效果，见表4—6。

表4—6　　　　　　　　　　　　形体语言的信号

| 积极信号 | 消极信号 |
| --- | --- |
| 显得兴致盎然 | 显得精力分散、不耐烦 |
| 眼睛正视对方 | 眼神游移不定 |
| 点头 | 摇头 |
| 身体向前 | 身体后仰 |
| 手臂放松 | 手臂交叉 |
| 微笑 | 皱眉 |
| 随意交谈与提问 | 无动于衷 |

（7）达成共识

1）提出笼统性的问题（开放式问题），鼓励对方创造性思维。

2）提出具体问题（封闭式问题），测试对方想法。

3）注意关键问题。促成成交的关键在于尽可能地对客户的顾虑作出回应，表示深有同感，但是一定要始终牢牢把握住自己的主要销售目标，这也有助于帮助客户推动项目或采购进程。

4）一切以成交为重。丢掉了赢得客户的机会，或者企图在争论中战胜客户都没有任何意义。

5）预测客户的顾虑。

## 六、客户心理与服务需求

有效把握客户的心理与需求是获得订单、赢得客户忠诚的关键之一，在了解客户需求的基础上，可以确立与竞争对手相比较而言的优势，并确立有利于自己，又利于客户的竞争策略。然而，由于产品的多样性、客户心理的复杂性等因素，客户需求往往难以得到准确定位，更难以进一步量化。

因此，企业应该与客户紧密交流与协作，透过现有需求的分析，确定现在需求和潜在需求，将客户的所有需求以固定规范列出来，不能有所遗漏。

需求对企业和个人满足体现的方面各有所侧重（见图4—8）。而需求对企业满足的表现形式则因企业性质不同而有很大差异，主要表现在财务、绩效和形象等方面的衡量指标上；需求对个人满足的主要表现则因个人在组织中的地位、价值观而有所侧重，主要表现在权力、成就、被赏识、被接纳、有条理、安全感等方面，见表4—7。

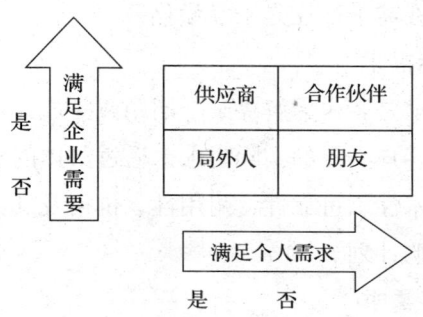

图4—8　需求对企业和个人的满足

表4—7　　　　　　　　需求对企业和个人满足的主要表现

| 需求对企业满足的主要表现 | 需求对个人满足的主要表现 |
| --- | --- |
| ①财务。保持或改善企业在资金上的效益<br>②绩效。保持或改善生产力及业绩或满足时间上的要求<br>③形象。保持或改善声誉、信用或企业的士气 | ①权力。需要将个人的控制力和影响力延展到别人和其他事情上<br>②成就。需要做事有成绩，或向积极的方面转变<br>③被赏识。需要被人器重或受人尊敬<br>④被接纳。需要与其他人有联系，有归属感和团队合作<br>⑤有条理。需要获得明确定义和清晰结构<br>⑥安全感。需要做事有保证，避免冒险 |

不同客户之间的需求千差万别，对同一类需求而言，不同客户表现出的需求特征也有所不同，企业规模是影响其需求特征的首要因素。不同规模企业的需求属性（需求特性、购买途径、对产品和服务的要求、定价、所需技能等）的差异性较大。这就要求对客户的销售与管理过程中，需要注意到不同规模企业对需求的影响。

即使对于同一规模的企业，如果分布在不同行业，需求的侧重点也有比较大的差异，产品与服务不同，应用方案也各有侧重。同时，同一企业在不同阶段、不同时期的需求内容是不同的。即使针对某一特定需求，在确定需求的不同阶段，表现特征也是不相同的。因此，对客户需求进行深层次的挖掘尤为必要。客户关系能否建立，完全取决于能否满足客户的机构需要和个人需要。

对于客户，针对某一特定需求可以表现在以下三个方面：

1. 客户表达的外在需求

客户表达的外在需求是指客户直接表现出的所需要解决的问题、完成某项任务所需要的产品与服务等；是客户选择产品与服务的出发点，它往往决定了客户的购买方向。客户表达的外在需求往往是未经量化的。

2. 客户必需的实际需求

客户必需的实际需求是客户为解决某个问题或完成某项任务，所必须具备的产品与服务或解决方案。客户必需的实际需求，通过具体的技术规格说明书来制定采购的目标和标准，对技术性、可靠性、耐用性、价格及其他属性等进行量化，客户以此进行立项和形成采购计划。

3. 需求背后的隐性需求

客户隐性需求包括：这个问题对成本产生什么影响？这个问题会使进入市场的时间慢下来吗？解决这一问题对增加市场份额有什么影响？等等。需求背后的隐性需求往往不容易被注意，但将直接影响到客户对外在需求与实际需求的决策。正是因为客户需求所表现出的不同形式，企业在对客户销售、服务、管理和维护中，应摒弃单纯的产品推介形式或一味的客户关系导向，转向对客户需求的深层次挖掘。透过对客户必须满足的绝对条件与尽量要确保满足的相对条件深入分析，形成企业的解决方案，以帮助客户解决这些问题或完成任务。

深入地挖掘客户的需求，必须注意识别哪些是客户的业务需求，哪些是使用者需求，哪些是功能需求，哪些是非功能需求，并对这些需求进行优先排序，在与客户共同推进项目时，在不同阶段满足客户的不同需求。

（1）业务需求

客户对产品在高层次上的目标需求，通常在项目中予以说明。

（2）使用者需求

客户使用产品或解决方案后必须要达成的任务，通常在工作说明书中予以说明。

（3）功能需求

必须实现的需求，让使用者使用产品或解决方案能够完成他们的任务，从而满足业务需求。

（4）非功能需求

产品或解决方案所采取的技术、设计方法、运行及操作上的要求等。

在识别客户需求的过程中，要注意记录客户需求，并适时向相关部门反馈，以调动最佳资源满足客户的需求。

## 七、有效的客户进入策略

在客户进入之前,必须对该客户进行系统深入的分析,了解客户的决策过程和决策人,对影响客户决策的来源进行分析,清楚哪些渠道和来源将对关键决策流程中的关键人起影响作用,明确客户决策流程和客户是如何作出决策的,把握客户决策人之间的关系走向和支持走向,进而制定进入客户的策略和具体的客户关系建立策略,据此拟订和执行进入客户的行动计划。

**1. 掌握有效影响客户关键人的渠道,确立客户进入策略**

企业只有确定对客户关键人最有效的影响渠道,并进行有针对性的工作,才会有的放矢,才能更顺利地开展工作。

**2. 针对客户关键人攻关,有效进入客户**

企业研究客户决策的核心目的是更为成功地进入客户,找对决策人,有效地针对客户关键人进行攻关。

客户服务人员要在客户中发展支持者,他们是:第一,在接受上的支持者。在客户单位里善于接纳的、富有同情心的人;第二,在不满上的支持者。在客户单位里对现在的产品、解决方案或供应商感到不满意的人;第三,在权力上的支持者。在客户单位里找到作决策的人,而这往往容易被忽视。

支持者在客户单位中的角色,可能是高层主管、使用部门管理者、技术部门管理者和使用者、采购与财务部门和技术人员,有效区分这六种角色,将更有助于企业发展支持者,进而向客户体现企业的价值。

(1) 高层主管

高层主管往往扮演着大型项目的立项和决策过程中的决定者角色,发展得当将成为企业在权力上的支持者。

高层主管关心的问题是项目的投资回报和项目在整体经营中的作用等。

(2) 使用部门管理者

使用部门管理者一般扮演决策过程中的影响者、发起者、购买者角色,发展得当将成为企业在不满上的支持者或在接受上的支持者。

使用部门管理者的作用表现在确定项目的需求、参与评估与比较、管理安装与实施,计划内与授权内小订单的采购。

使用部门管理者的关心点是产品或解决方案对日常工作的帮助,产品或解决方案给具体的工作者带来什么益处,以及产品或解决方案是否好用等。

(3) 技术部门管理者

技术部门管理者一般扮演决策过程中的影响者、把关者、发起者角色，发展得当将成为企业在不满上的支持者或在接受上的支持者。

技术部门管理者的作用是参与产品或解决方案的设计、评估与比较、管理安装与实施及服务。技术部门管理者的关心点是产品或解决方案能否达到项目的要求及采购以后的售后服务是否是高质量等。

（4）使用者

使用者一般扮演决策过程中的发起者、把关者角色，发展得当将成为企业在不满上的支持者或在接受上的支持者。

使用者的作用表现在最终使用和评估方面，有时作为工作人员参与到产品或解决方案的设计评估和比较中，虽然不可作采购决定，但往往可以提供有价值的资料，而且他们的意见影响采购的决策。

使用者的关心点是产品或解决方案的使用是否足够方便，是否能解决现在的问题，能否带来价值等。

（5）采购与财务部门

采购与财务部门一般扮演决策过程中的发起者、购买者、把关者角色，发展得当将成为企业在不满上的支持者或在接受上的支持者。

采购与财务部门的作用是建立和管理采购流程，负责谈判和比较，参与评估和比较。

采购与财务部门的关心点是产品或解决方案能否达到质量要求，成本是否满足要求，付款条件是否满意等。

（6）技术人员

技术人员一般扮演决策过程中的把关者、发起者角色，发展得当将成为企业在不满上的支持者或在接受上的支持者。

技术人员的作用是产品或解决方案的维护者，经常参与设计、评估和比较，当参与到采购中时，往往承担重要的角色，负责了解各企业产品的细节，设计产品或解决方案，制定具体的招标书，可为客户服务人员提供有价值的资料。

技术人员的关心点是产品或解决方案能否达到项目的要求及采购以后的售后服务是否高质量，维护是否方便，是否容易学习等。

**3. 扩大进入客户的策略**

客户服务人员将客户关键人发展成企业的支持者之后，最为重要的是扩大进入客户的策略，内容包括以下三个方面：

（1）判断谁可能是更容易接纳企业产品或解决方案的人

客户服务人员在销售流程中,接近接受上的支持者,请求其参加各项交流,增加彼此了解,减轻其接受企业的产品或解决方案的恐惧。

(2) 定位不满上的支持者

组织各项交流,准备一个发现潜在不满的问题列表,尽量扩大不满,使其了解到不满的严重程度。有效获得不满上的支持者,将减少客户服务人员向权力上的支持者攻关的时间。

(3) 发展权力上的支持者

举行权力上的支持者能够参加的高层交流活动。在发展权力上支持者的过程中,最重要的目标是提高权力上支持者的满意度。

【案例4—4】 建立客户关系

做事成功的要诀就是:做正确的事情,并把正确的事情做好做快。前者是"方向",后者是"方法""技巧""勤劳",二者缺一不可。

营销,首先要选择合适的客户对象,对市场、对产品、对客户进行准确的细分与明确的定位。销售工作也是如此,先要寻找合适的客户目标,然后进行开发和促进,以实现销售。假如没有定位或选择好客户,势必会造成后续开发的困难和销售精力的浪费。

黄女士决定买一辆车,而且还想买一辆好车,最初,她定下的目标是一辆日产车,因为她听朋友说日产车质量较好。

在跑了大半个北京城、看了很多售车点并进行反复的比较后,她却走进了她家附近一个新开的上海通用汽车特约销售点。接待她的是一位姓段的客户服务员。一声亲切的"您好",接着是规范地请坐、递茶,让黄女士感觉相当热情。仔细听完黄女士的想法和要求后,段先生陪她参观并仔细地介绍了不同型号别克轿车的性能,有时还上车进行示范,请黄女士体验。对于黄女士提出的各种各样的问题,段先生都耐心、形象、深入浅出地给予回答,并根据黄女士的情况与她商讨最佳购车方案。

黄女士特别注意到,在去停车场看车、试车的路上,天上正下着雨,段先生熟练地撑起雨伞为自己挡雨,段先生自己却淋在雨里。在这一看车、试车的过程中,黄女士不仅加深了对别克轿车的了解,还知道了别克轿车的服务理念及直接销售的好处,她很快就改变了想法,决定买一辆"别克"。

约定提车的那一天,正好是中秋节。黄女士按时前来,但她又提出了新的问题:她自己开车从来没有上过马路,况且是新车,不知如何是好。段先生想了想,说:"我帮您开回去好吗?"由于是中秋节,又已经接近下班时间,大家都赶着回家,路上特别堵。短短的一段路上,竟走了近两个小时,到黄女士家时已经是晚上六点半了。在车上，黄女士问："这也是你们别克销售服务中规定的吗？"段先生说："我们的销售服务没有规定必须这么做，但是我们的宗旨是要客户满意。"黄女士在聊天当中得知段先生还要赶往颐和园的女朋友家吃饭，所以到家后塞给他一点钱，让他赶紧打车走。段先生怎么也不肯收，嘴里说着"没事，没事"，一会就不见踪影了。

一段时间后，黄女士发现汽车的油耗远大于段先生的介绍，每百公里超过了15升。他又找到了段先生询问原因，段先生再一次仔细讲解了别克车的驾驶要领，并告诉她节油的"窍门"，还亲自坐在黄女士旁边，耐心地指导她如何操作。一圈兜下来，油量表指示，百公里油耗才11升。

现在，黄女士和其他别克车主一样，与段先生成了好朋友。她经常会接到段先生打来询问车辆的状况和提供咨询的电话，上海通用汽车按时寄来季刊《别克车主》。黄女士逢人便说："别克车好，销售服务更好！"

【案例分析】

第一，段先生在接待新客户方面，让客户感到温馨、亲切，为接下来与客户建立客户关系奠定了基础。第二，为客户着想，牺牲自己的时间为客户解决难题。第三，当客户遇到问题，都耐心细致地给客户讲解。第四，与客户保持沟通，询问产品使用情况。

【案例思考】

1. 如何评价段先生的工作成效？
2. 段先生是怎样建立自己的客户关系群的？

【实战扩展】销售客户服务人员在拜访、跟踪客户的过程中，所花费的时间和精力常常有80%是无效的、徒劳的。

许多企业、销售客户服务人员常常对所有的目标采取同样的跟进策略，而缺乏对客户的细分化、精细化和阶段化管理，更缺乏对客户的筛选和销售过程管理，导致企业营销成本高。销售人员非常辛苦，效果却不尽如人意。特别是在保险、房地产、大型设备、工程项目等典型的直销领域，这种现象更为明显。

在实际工作中，开发客户之前，关键的工作是：如何选择合适的市场目标，准确描述客户对象，搜寻足够的客户源泉，制定可行的客户条件，选择正确的客户对象。

1. 选择合适的市场目标

市场是庞大而复杂的，不是所有的客户都可以争取并满足其需求。每个企业都有自己的市场定位，在这个市场内企业要有自己的服务和竞争优势，才有可能获得理想的市场成效。

对于销售客户服务人员来说,要根据自己的区域特点和产品情况,以及企业的市场定位,选择合适的市场目标,在此目标内选择合适的客户对象。

2. 准确描述客户对象

对要选择的客户对象,其属性要明晰,对个体客户而言,要清楚描述其年龄、地点、阶层、爱好、个性、习惯等;对单位集团客户来说,要界定其行业、规模、地点、使用特点、购买决策等情况;对中间商客户,要描述其服务行业、实力、地点、分销能力、人员、信用、素质、经验等情况。

3. 搜寻足够的客户源泉

在弄清楚客户对象后,要调查客户分布的基本范围与特点,选择最合适的方式将客户名单收集好。常见的搜寻途径有:亲戚、朋友,各类社会关系,专业人士,业务关系人士,公司收集的信息,客户信息,同事资料和信息,公司相关历史资料,客户推荐,客户下级网络,客户单位人士,客户关系单位,市场调查,购买专业客户数据库,参加专业或展览会议,电话簿,报纸,杂志,电视,网站,宣传媒介,广告,邮寄,电话,传真,电邮等。

4. 制定可行的客户条件

根据客户对象属性,制定"合适"与"合格"的条件要求,以此衡量客户应具备的起码要求,以筛选不合格或不适合的客户。

5. 选择正确的客户对象

销售客户服务人员搜寻到客户对象时,要进行情况调查和摸底,了解其需求特点,比较所设定的客户条件,以选择正确的客户对象作为客户开发目标,反之加以过滤筛除。

##  学习单元 2　客户关系的维护

 学习目标

➢熟悉客户关系维护的价值
➢了解维护客户关系的原则
➢掌握维护客户关系的步骤
➢掌握客户回访制度的相关知识

➤能制订客户关系维护计划

## 一、客户关系维护的价值

客户关系维护的价值主要体现在以下六个方面:

**1. 通过客户关系维护,实现对客户资源的有效管理和利用**

客户是企业价值的源泉,是否有效地利用客户资源,直接关系到客户价值和企业价值的实现。有效的客户关系维护将管理最为全面的客户信息。全面的客户信息覆盖在企业的市场营销、销售和服务与技术支持等各个环节中,通过客户关系维护使高层决策人员(如总裁、总经理、部门主管等)和基层作业人员(如客户经理、客户服务代表等)都能及时了解到属于自己管辖范围内的客户群体。

通过客户关系维护实现企业资源的集中管理与统一规划。实施客户关系维护能够帮助企业及时、快速地跟踪到客户以及与客户有关的活动情况,使客户时时感觉到服务人员的存在,但每次与服务人员的接触都有不一样的内容,消除了重复工作引起的客户厌倦感,从而提高对客户的吸引力。

**2. 通过客户关系维护,扩大企业的销售**

通过客户关系维护,把每一次与客户接触的信息记载下来,对客户实时跟踪,通过分析可能给企业带来新的销售机会,实现交叉销售和辐射销售,经过团队努力把机会转化成订单,达成销售成功率的增加和客户满意度提高,使得销售扩大和持续销售成为必然。

**3. 通过客户关系维护,降低企业的成本**

客户关系的维护使得团队销售的效率和准确率大大提高,服务质量的提高也使服务时间和工作量大大缩短和降低,这些都无形中降低了企业的运作成本。客户关系维护实现了企业信息资源的共享,避免了企业不同部门的重复劳动和资源浪费。客户关系维护使客户与企业的接触变得直接简单化,可以极大地缩短企业与客户间的交易周期。

**4. 通过客户关系维护,改善服务**

通过客户关系维护可以向客户提供主动的客户关怀,根据销售和服务历史提供个性化的服务,在知识库的支持下向客户提供更专业化的服务、严密的客户纠纷跟踪,这些都成为企业改善服务的有力保证。

**5. 通过客户关系维护,实现企业对外平台的统一化**

客户关系维护要求企业将传统企业管理模式分散的力量和资源集结到客户团队上来,而这个客户团队就是客户与企业交流所需要面对的唯一平台。这样可以大大减少客户与企业交流所需要经历的步骤,从而找到与企业之间最短的一条直接沟通渠道,从而降低双方的成本,以实现客户和企业价值的最大化。

**6. 通过客户关系维护,提升企业附加价值**

对于多元化经营的企业来说,在客户关系维护统一的战略思路下,企业可以为客户提供多产品的组合和个性化的解决方案,以满足客户的个性化的需求,为企业带来附加价值。

## 二、维护客户关系的原则

在客户关系管理的过程中,需要遵循以下四个原则:

**1. 动态管理**

客户关系建立之后,置之不理,就会失去意义。因为客户的情况是会不断发生变化的,只有将客户的资料不断调整,剔除过时的或已经变化了的资料,及时补充新的资料,对客户的变化实施跟踪,使客户管理保持动态性,才能更好地为客户提供服务。

**2. 突出重点**

有关不同类型的客户资料很多,要透过这些资料找出重点客户。重点客户不仅包括现有客户,而且还包括未来客户或潜在客户。这样可以同时为企业选择新客户、开拓新市场提供资料,为企业进一步发展创造良机。

**3. 灵活运用**

通过客户资料收集建立客户资料卡或客户管理卡后,不能束之高阁,应以灵活的方式及时全面地提供给客户服务人员,使他们能进行更详细的分析,使死资料变成活材料,提高客户管理的效率。

**4. 专人负责**

由于许多客户资料是不宜流出企业的,只能供内部使用,所以,客户管理应确定具体的规定和办法,应由专人负责严格管理客户情报资料的利用和借阅。

## 三、维护客户关系的步骤

维护客户关系管理的方法在不同的情况下各不相同,但是维护客户关系的步骤却是相同的,包括以下四个部分:

**1. 维护的准备工作**

广泛收集客户信息,尽可能多地了解客户的情况,包括大客户需要什么,谁参与购买决策,采购人员的性格特征及采购风格等。

**2. 确定维护方式**

（1）信函

信函是与客户建立关系的方式之一，客户服务人员与客户沟通的信函应满足以下要求：

1）主题明确。信的风格要给人以庄重的感觉，简洁的句子让人有明确的感受。

2）语言亲切。语言要像和老朋友谈话，这样会使阅读者觉得更有人情味，易于传递感情。

3）语句精练。越短越容易理解，就越能吸引人。

4）语言易懂。避免过于专业的术语，术语要用容易理解的文字来替代，即使必须用到专业术语，也请将它们放在括号内。

5）尊重客户。强调客户的地位，例如信中出现"您是少数的……之一"这样的语句会使客户有被尊重的感觉。

6）要求回应。在信中出现"请您……回电……"这样的语句会提醒客户作出回应。

7）保持主动性。一封信的目的是对话，在信中标明"如果您不反对，我们将在×日×时给您打电话或上门拜访"可以达到进一步接近的目的。

（2）电话

通过电话维护客户关系时，客户服务人员应满足以下要求：

1）保持积极的心态。客户服务人员应克服对电话的恐惧感，保持一份好心情会使工作更加顺利。

2）做好无可挑剔的准备。客户服务人员接打电话要简短，应有一个固定的结构，大致为问候——介绍——打电话原因——预约建议——致谢并表示快乐。

3）制定具体的目标。客户服务人员打电话的唯一目的就是建立客户关系并预约见面。在通话过程中，要不断提醒自己：尽快提出会面建议，并且始终坚持这一条。

4）保持愉悦的谈话气氛。客户服务人员要充分理解客户可能表现出的生硬态度，要让自己的快乐去感染客户。应避免言语不清楚、论据松散、手头无资料、琐碎的句子结构、缺乏对异议的迅速反应。

5）用兴趣代替询问。客户服务人员打电话的目的在于与客户会面，因此询问要减至最少。理想的状况是，客户在电话里很好奇，引发会见欲望，使得预约变成现实。

6）发现客户采购的决策者。做好对客户采购的决策者的公关工作，往往起到事半功倍的效果，通过电话交谈，可以有意识地而且不露声色地了解客户决策者的相关信息。

### (3) 拜访

拜访是与客户建立关系的重要方式之一，客户服务人员拜访客户时严格要求自己才能达到拜访的目的。

1) 约好拜访时间。如果没有与客户约好拜访时间，就意味着拜访必定会失败。

2) 注意形象。客户服务人员形象要得体，要给客户或接待人员留下良好的印象。

3) 提前到达拜访地点。一定要先计算到达客户处的大致时间并预留一些机动时间，一般提前 5~10 分钟到达。这样可利用早到的时间熟悉环境、缓解紧张的情绪、修饰有点乱的外表、回顾自己的营销方案等。

### 3. 负责实施

企业确定由具有协调和沟通能力的客户服务人员实施维护方案，同时对所需要的资源加以调配，例如对资金、场地和时间加以合理调配。

### 4. 评价维护结果

对每一次重要的维护都应进行事后总结，一方面有助于指导类似工作的开展，另一方面有利于制定未来更详细的维护方案。

## 四、制订客户关系维护计划

企业非常了解客户关系维护的重要性，所以指派专门人员进行客户关系维护工作，但是客户关系维护人员仅开展简单的电话维护工作，举办一些随意性较大的活动，难以达到客户关系维护的目的，客户关系维护需要有计划。

客户关系维护计划是后续工作的执行指导，指在对客户服务过程中，为保持平衡增长和定义企业价值，确认机会并规划资源，达成有效竞争，而制订的配合客户关系推进进程，规范在时间、计划、阶段任务和目标、人员组织、工作任务分配、资源配置、业务准备、行动计划等方面的关系维护计划。

客户关系维护计划根据项目情况和竞争对手信息，制定可执行的目标、维护计划和计划的实施策略，对各种信息经过不断的确认、分析、否定或肯定，敏锐地判断并得出客观的结论，确定计划可实现的程度。细化客户关系推进策略和方法，提出竞争趋势和制定竞争策略及措施，组织各种资源按分工合作的原则实施计划。

客户关系维护计划的管理重点包括：项目规划信息、客户高层公关、竞争策略、销售行动计划、客户关系维护计划、执行管理等内容。因此，客户关系维护计划的科学合理性与可行性显得尤为关键。

### 1. 客户关系维护计划的作用

(1) 达成客户管理指标，提高市场份额，深入理解客户。

（2）分析企业对于客户来讲处于何种竞争地位，制订一个能够最大限度发掘自己业务潜力的客户计划。

（3）按照既定的思路思考问题，从而找到客户管理的正确答案。

（4）覆盖客户服务队伍工作的各个层面，是提升业绩的有效手段。

（5）培养客户服务人员分析和解决问题的能力。

（6）提高客户经理的工作效率和效益。

（7）提升管理者的掌控和辅助销售过程的能力。

**2. 客户关系维护计划的内容**

客户关系维护计划具体包括以下内容：

（1）保持客户关系的计划

企业时常重视建立而疏于保持客户关系。往往在建立关系时挖空心思，付出很多。其实保持关系，也需要付出，只有付出更多，才有可能得到更多。应有选择、不断地参加客户的招（议）标活动，挖掘客户潜力。有时为了保持关系，明知不能中标，也要参加投标。这时可帮助客户分析采购策略，提出建议或咨询意见，甚至设计方案。

1）建立客户组织。以某种方式将客户组织在一起，是保持与客户之间关系的十分有效的方法。如客户协会、俱乐部、客户联谊会等。

2）参加市场活动。如论坛、展示会、验收会、旅游、技术交流会等。

3）设立服务热线。

4）明确客户服务经理的责任，使之真正了解自己在保持客户关系中的作用。

5）撰写客户关系维护计划书，见表4—8。

表4—8　　　　　　　　　　客户关系维护计划

| 客户名称 | | | | 客户编号 | | |
|---|---|---|---|---|---|---|
| 客户关键人 ||||||||
| 序号 | 姓名 | 部门 | 职务 | 兴趣爱好 | 支持力度 |
| | | | | | |
| | | | | | |
| | | | | | |
| 客户关系维护活动计划 ||||||
| 活动目的 | | | | | |
| 计划安排 | | | | | |
| 重要事项提醒 | | | | | |

(2) 主要成绩

1) 通过一段时间的活动安排和具体实施,取得的主要成绩。

2) 客户关系对项目签约成功率的主要表现。

3) 项目工程实施过程中,客户的配合程度如何?项目结束时,客户和专家组对企业整体能力及项目组评价如何?

4) 客户的主要决策人对企业和项目组的评价内容和有价值的建议。

5) 企业对客户的价值贡献主要体现在哪些方面?与其他竞争对手相比,企业在客户关系上是否显示出差别优势?主要表现在哪些方面?

(3) 问题和风险

1) 与主要成绩相对应,提出活动计划实施过程中的主要问题和风险。

2) 提出改进意见和保障措施,以及这些意见和措施的意义。

3) 与主要竞争对手竞争关系的改善描述,客户关系维护计划书成功概率的变化趋势。

**3. 建立企业与客户间良好关系的方法**

(1) 成功、持续地为客户提供满意的产品、技术或服务。

(2) 了解客户的需求及特征,提供针对性强的个性化解决方案和产品,更好地让客户满意。从根本上说,就是要与客户不断签约。通过合作,提供服务,赢得客户的信任。

(3) 提供高附加值的服务。提供高附加值的服务就是客户得到利益或价值,使企业本身与竞争对手区别开来,让客户感受到企业为其提供的高附加值的利益和价值,以此达到双方共同受益。

**4. 建立起有效畅通的联系纽带**

(1) 一方面,企业要为客户提供便利的联系方式,提供各种服务或咨询的联系渠道,以满足客户的各种需求。另一方面,在产品、技术和服务上赢得客户信任、偏好的同时,客户服务经理(或其他人员)通过一定的联系方式和技巧,要能随时找到客户,需要时,能及时与客户沟通。

(2) 建立客户档案。

(3) 抓住机会、吸引客户注意。通过各种活动,如参观考察活动、客户关怀行动、个性化活动等,及时、有效地将重要信息传输给客户,并给客户留下良好的印象。

(4) 双方有建立起企业间关系的共同愿望。企业需要客户,客户需要企业。为了各自不同的战略目的、共同的项目,一起向前发展,双方受益。由于有合作基础，知己知彼，又可减少客户风险。

（5）制定合理的方案。双方一起制定合理的技术和实施方案，企业应提供合理的价格、优质的服务，以区别于其他竞争对手。

（6）建立与客户个人间的友谊。

### 五、制定客户回访制度

与客户进行业务往来，仅仅靠电话或传真是远远不够的，要了解客户的真正需求和市场情况，就要与客户进行面对面的沟通。对客户进行回访是增强企业与客户之间的交流与沟通、企业了解产品使用情况的一个重要途径。建立科学、完善的客户回访制度，可以帮助企业在客户中树立诚信形象。

对客户实施定期回访，既能够让客户感受到客户服务人员的关心，又能够使客户与企业直接沟通，提高了客户对产品或解决方案应用的认识，促使客户深入了解到企业为客户所提供的价值，同时，客户服务人员也掌握了客户的意见、疑问、问题和需求，为进一步合作做好准备。

定期客户回访是一项很烦琐的工作，需要注意回访中的一些细节工作，才能使回访顺利地进行，具体需注意的事项如下：

**1. 制订回访计划**

在回访之前，一般要制订一个纲要式的回访计划，具体包括：

（1）与被访客户有关人员联系情况。

（2）有关资料准备。

（3）回访目的。

（4）回访步骤。

（5）回访记录表等。

**2. 回访提纲**

回访前一定要编写提纲。提纲注意问题分类，每一个问题再分小项，提纲要细致；要制定两份提纲，一份列出主要问题，供回访时用，一份列出细致问题，供内部培训或作为回访提纲的说明；提纲未必全面或准确，回访过程中根据情况要加以修改；回访提纲要在项目组内充分讨论；回访前要熟悉提纲内容；提纲作为重要过程文件，要注意存档。

**3. 回访日程安排**

回访前一定要制定日程安排表，并尽量按日程进行；日程安排表要包括具体的回访人、被回访人、回访起止时间、主要回访内容；对同一人回访一般安排在连续时间段内；尽可能不重复回访。

**4. 回访过程管理**

回访一般由两人进行，回访过程中由一人负责提问，一人负责记录；提问人要注意控制时间、节奏、内容；记录人要注意细致、准确，涉及名称、数据、过程要精确记录，并得到确认和核实；回访时可根据对象情况不按提纲顺序提问，但要问到所有问题；提纲未必包含所有内容，如回访中发现提纲中未包括但很重要的内容，可追问并加入到提纲中。

**5. 回访技巧**

（1）正式开始前要有一个开场白，主动递上名片，介绍自己并说明回访目的。简短的题外话有迅速拉近彼此的距离，形成融洽、亲切的谈话氛围的作用。

（2）要注意控制回访时间，一般不超过或少于原定回访时间的1/4。

（3）要注意控制对方话题，防止对方漫无边际地泛谈，可在对方稍微停顿时用总结对方观点的方法打断对方，并将话题拉回来。

（4）对某些典型事例要深入了解，弄清人名、地名、时间、具体内容、准确的相关数据。

（5）不要生硬地否定对方的观点，也不要随口附和对方的观点，对明显荒唐的观点可以委婉质疑。

（6）对重要性的问题可阶段性间隔后重复提问，以验证对方观点。

（7）要留下每一个回访对象的联系方式。

**6. 其他需要注意的细节**

（1）提前约好见面的时间和地点。

（2）用企业统一的文具，如笔、笔记本、包等。

（3）带好名片、企业简介、产品或解决方案简介等销售工具。

（4）相互之间均不熟悉，事事要提前询问和征得对方同意。

（5）注意对方脸色、表情、是否集中注意力（精力），根据对方态度调整时间和谈话内容。

（6）介绍企业的概况、产品理念和成功实施方案时要注意体现企业整体实力。

（7）收集企业、项目和竞争者信息时，注意结合采用开放式和封闭式谈话方式，要认真记录客户提供的信息。

（8）回访时，收集企业和项目信息固然重要，更为重要的是收集个人信息，与个人建立起私人友谊。

（9）一定要约好下次见面的时间、谈话内容和要做的事情等，给双方预留空间。

**【案例4—5】** 制订客户关系维护计划——H润滑油的客户忠诚度维护

从20世纪90年代开始,国外润滑油品牌在没有任何限制性门槛的宽松政策下,随国外的品牌汽车一起,陆续进军中国,蚕食中国的润滑油市场。2003年,中国有4 500家润滑油工厂,排名第一的企业份额也只占到5%,没有强势的品牌可言,润滑油高端市场80%都被美孚、壳牌等国外品牌所占据。

然而,随着汽车消费的迅速发展,随着消费者消费观念的逐渐成熟和中国本土润滑油品牌的迅速崛起,仅仅时隔两年,2005年年初,国内市场监测机构新生代(CMMS)公布的"2004年中国最具竞争力品牌调查报告"显示,在"中国车用润滑油消费者忠诚度"调查中,中国石化H润滑油一举超越壳牌、美孚等国际品牌荣登消费者忠诚度榜首。这也是国内润滑油企业首次在品牌忠诚度这一重要指标上超越国外品牌。

这一事实不仅打破了国外润滑油品牌的品质神话,同时也表明,中国企业只要掌握适合自己的领先之道,同样有能力搞好品牌建设,同样能取得品牌竞争中的优势地位,更能改变整个市场的竞争格局。

就H润滑油的成功而言,这种神话的创造跟其围绕"客户满意"而启动的"春风服务"活动密切相关。

产品的质量和创新,是赢得客户忠诚的首要因素;营销模式的合理、有效,是赢得客户忠诚的必要条件。从长远来看,短时间销售增长并不能真正带来利润,而只有保证产品质量和不断创新,才能维护销售的持续性,从而提高品牌忠诚度。在现代营销理论中,维护现有的客户群体比开拓新的客户更有效,成本更为低廉。品牌忠诚度也体现在维护现有客户群体所取得的成效上,而其核心手段就是服务。

H润滑油的VI系统是由两个"C"组合起来的。新时代赋予它新的品牌内涵:一个代表品质(character),另一个代表客户(customer),整体代表着H润滑油以"客户"为核心、以卓越"品质"为客户提供全方位服务的品牌追求。

H润滑油力图把以客户为中心的理念渗透到每个员工的工作中,把品牌忠诚度建设的理念渗透到整个销售工作,渗透到经销商的销售工作,把让客户满意的理念渗透到面对客户的每个环节中。围绕"客户满意",H润滑油启动了"春风服务"活动,使客户在与公司的互动中感受到春风般的体贴和关怀,增添产品的超值感,给予市场开拓有力的支持。

在"春风服务"活动中,H润滑油建立了"常见问题知识库",邀请行业权威专家处理、解答高难度问题，保障不同需求的客户都可获得个性化的满意服务。比如，有的客户存在用油的疑惑，不知道问题出在哪里，他只要打一个电话或发一封邮件，H润滑油会立即派出专家，并在24小时内到达现场。

另外，通过免费电话咨询、网站回复、亲临现场等方式与客户进行沟通，为客户科学使用润滑油产品提供帮助，为客户提供从售前咨询到售后服务等全套流程的润滑技术全面解决方案，并建立了包括北京、上海、茂名、重庆、武汉的五大客户服务中心，既做到全国客户信息的集中管理，也确保了对各地用户服务需求的及时响应，确保用户放心使用H润滑油产品。服务方式由拨入式服务转变为拨出式服务，及时主动地将润滑油分公司的产品、促销、政策等信息传递给终端客户，提醒应注意的问题，收集客户反馈的信息，形成由"客户""客服中心""科技中心"到"公司管理层"的闭环管理模式，确保为每一位客户提供真诚的服务。

"春风服务"的主要使命是赋予除润滑油产品以外更多的价值，它已经超出了单纯的客户服务范畴，已经由服务保障层次转向更高的服务享受层次，真正把服务品牌化。

H润滑油只是国产品牌的一个代表，其在品牌忠诚度的建设方面取得了一些成功经验，也赢得了巨大的发展空间。如果本土企业能像H润滑油一样，更加重视品质，更加重视与经销商客户一起发展，更加重视服务，更加重视对客户的品牌忠诚度的建设，也将取得市场竞争的领先地位。

在润滑油行业，H润滑油从产品品质、服务等多个方面开展品牌忠诚度建设的做法更值得同行借鉴。随着品牌忠诚度的大幅度提高，在接下来的几年中以H润滑油为代表的国内润滑油企业将表现出更为强劲的发展势头，有望进一步对壳牌、美孚等国际品牌在高端市场的市场份额上形成压力，从而改变目前中国润滑油市场的竞争格局。

【案例分析】这是一个成功的客户忠诚度维护案例。在这个案例中，H润滑油运用品牌建设和优质的客户服务来维护客户的忠诚，不断强化和提高客户的忠诚度。

在品牌建设方面，H润滑油确立了以客户为核心、以卓越品质为客户提供全方位服务的品牌追求。具体体现在，把以客户为中心的理念渗透到每个员工的工作中，把品牌忠诚度建设的理念渗透到整个销售工作，渗透到经销商的销售工作，把让客户满意的理念渗透到面对客户的每个环节中。

在优质的客户服务方面，H润滑油围绕"客户满意"，启动"春风服务"活动,使客户在与企业的互动中感受到春风般的体贴和关怀,增添产品的超值感,给市场开拓有力的支持。比如,通过免费电话咨询、网站回复、亲临现场等方式与客户进行沟通,为客户科学使用润滑油产品提供帮助,为客户提供从售前咨询到售后服务等全套流程的润滑技术全面解决方案等。

企业要吸引客户、留住客户,必须重视每个客户的价值,认真对待每个客户,直到客户认为企业是在为拓展和提高他们的生活方式、生活品质的目标而奋斗时,客户对企业的忠诚才会是长期的、牢固的。

培养客户的忠诚还有很多方式。首先,随时随地与客户沟通,及时地答复客户各种各样的问题,即使不能马上解决,也要对客户作出合理的解释。其次,倾听客户意见应成为企业不可或缺的重要工作,企业上上下下都有责任把客户的需求信息反馈到生产、服务、设计等各个程序中去。最后,还需要一个完整、清晰的计划,同时需要方方面面的合作与支持,还要和企业的整体营销策略和长远计划相适应等。

【案例思考】结合案例,分析客户忠诚度强化的具体措施有哪些,思考客户服务人员如何才能把一名新客户变成一位忠实的老客户。

## 学习单元3　客户关系管理方案的制定

### 学习目标

➢掌握客户关系管理的实施策略
➢熟悉客户关系管理执行工具
➢能制定客户关系管理方案

### 一、客户关系管理的实施策略

客户关系管理虽然强调企业与客户之间的双向学习过程,但是不可否认,这一管理理念首先应该是由企业启动,并在实施中由企业不断扩展,最终达到最大化企业利润的目的。企业客户关系管理的实施过程是企业致力于客户关系产生并引导关系理性发展的过程。对于这一过程的实施策略,可以分为以下四个步骤来顺次推进。

**1. 客户细分策略**

以客户价值为标准对企业的客户进行细分，识别出企业的价值客户。合理的客户细分是客户关系经济学的核心如果企业对客户不加以区别，就会由于不同客户对企业价值的事实差异，造成某些客户的实际贡献还不足以弥补企业为其的投入，而有的客户却由于投入不足，影响到长期关系的维护。因此，合理的客户细分对客户关系管理的实施至关重要。

对客户价值的评判由于行业不同，产品不同而有较大的差异，企业可以根据自己的产业、产品特点，制定出一套客户价值的评判标准，据此对客户进行细分。一般可根据客户长期价值贡献将客户分为四类：第一类是对企业市场战略具有重大影响、价值巨大的客户，这类客户称为战略客户、灯塔客户或弹性客户；第二类是企业的主要赢利客户，这类客户是主要客户；第三类是对企业价值贡献不大，为数众多的客户，这类客户是企业的交易客户；第四类客户是让企业蒙受损失的客户，可以称其为企业的风险客户。

**2. 关系发展战略**

在客户细分的基础上为不同的客户匹配合适的关系发展策略。对于战略客户，由于该类客户对企业的长期发展具有重大影响，宜与其建立长期、密切的客户联盟型关系；对于主要客户，由于其是企业利润的主要来源，应与其发展长期、稳定的学习型关系；对于交易客户，由于其人数众多，价值较小，应与其维持原先的交易型买卖关系；对于风险客户，与其建立关系时应慎重。

**3. 资源分配战略**

为不同的客户关系匹配相应的企业资源。对于客户联盟型关系，企业应投入足够的资源，致力于长期的密切合作，提升企业的市场战略；对于与主要客户之间的学习型关系，企业应为长期的互利发展投入较多的资源；对于交易型关系，企业不应为其投入过多的资源；对于风险型客户，企业应慎重投入。

**4. 客户关系的理性发展战略**

一是要维系现已建立的与价值客户（战略客户和主要客户）之间的良好的知识交换关系；二是要促使客户关系的提升发展，使交易客户向主要客户转变，主要客户向战略客户转变，从而达到企业赢利最大化的目的。

## 二、客户关系管理执行工具

客户关系管理的执行工具包括客户增减分析表、客户关系管理表、客户关系评估表和客户关系强化表等，见表4—9至表4—12。

表4—9　　　　　　　　　　　　　　　客户增减分析表

| 销售金额 | 直接客户数 | | | | 间接客户数 | | | | 直接客户销售额 | | | | 间接客户销售额 | | | |
|---|---|---|---|---|---|---|---|---|---|---|---|---|---|---|---|---|
| | 原有 | 新增 | 删除 | 现有 | 增加 | 原有 | 新增 | 现有 | 删除 | 增加 | 原客户 | 新客户 | 本期客户 | 上期客户 | 原客户 | 新客户 | 本期客户 | 上期客户 |
| | | | | | | | | | | | | | | | | | | |
| | | | | | | | | | | | | | | | | | | |
| | | | | | | | | | | | | | | | | | | |

表4—10　　　　　　　　　　　　　　　客户关系管理表

| 客户基本信息 | 客户名称 | | 地址 | |
|---|---|---|---|---|
| | 法人 | | 总经理 | |
| | 联系方式 | | | |
| 营业状况 | 主营业务 | | 员工人数 | |
| | 经营状况 | | | |
| 金融情况 | 往来银行 | | 账号 | |
| | 资金周转 | | | |
| 付款情况 | 承办付款人 | | 付款态度 | |
| | 付款支票 | | 使用支票 | |
| 与本企业业务往来 | 最高购买金额 | | 月均购买额 | |
| | 客户服务沟通方式 | | 客户服务沟通频率 | |
| | 客户关系发展潜力 | | 客户满意度 | |

表4—11　　　　　　　　　　　　　　　客户关系评估表

客户名称：　　　　　　　　　　　　　　　　　　　　　　　　　　　　编号：

| 分析指标 | 权重指标 | 指标得分 | 客户等级 | 得分依据 | 备注 |
|---|---|---|---|---|---|
| | | | | | |
| | | | | | |
| 合计 | | | | | |
| 评估结果 | 最终得分 | | | | |
| | 建议 | □改进关系　□维持关系　□终止关系 | | | |

表4—12　　　　　　　　　　客户关系强化表

| 项目<br>类别 | 客户关系<br>强化影响力 | 同关键竞争<br>对手关系 | 本企业相关<br>负责人员 | 客户关系强<br>化措施 | 时间安排 | 备注 |
|---|---|---|---|---|---|---|
| 总经理 | | | | | | |
| 副总经理 | | | | | | |
| 部门经理 | | | | | | |
| 部门主管 | | | | | | |
| 部门人员 | | | | | | |
| 其他人员 | | | | | | |

## 三、客户关系管理方案

客户关系管理方案的制定因客户服务企业业务的不同有所差别，下面以常见的电话回访、接待、馈赠几种方案为例来介绍客户关系管理方案的制定。

**1．客户电话回访方案**

（1）目的

为了加强企业与客户的沟通和联系，及时了解客户的需求，解决客户在产品使用中遇到的问题，同时为企业更好地开展市场营销活动提供有效的信息支持，特制定本方案。

（2）回访客户选择方法

由于企业客户范围广泛，不可能对每个客户都进行电话回访，这就需要采取合理的方法确定回访客户范围，确定客户回访范围可以采取的选择方法见表4—13。

表4—13　　　　　　　　　　客户选择方法一览表

| 方法名称 | 方法描述 |
|---|---|
| 随机选择法 | 按照客户的编码、类别等，随机选择客户进行电话回访 |
| 客户满意度选择法 | 对客户满意度比较低的客户进行电话回访 |
| 服务选择法 | 对由于各种原因需要追加服务，或者继续服务的客户进行电话回访 |
| 情感选择法 | 对于某些联系比较少，在关系方面比较生疏的客户进行回访 |

（3）电话回访时间

电话回访时间的确定见表4—14。

表4—14　　　　　　　　　　电话回访时间安排一览表

| 回放方式 | 具体安排 |
| --- | --- |
| 常规电话回访 | 企业安装调试人员为客户安装调试结束后，客户服务人员电话回访客户，了解客户对安装调试人员工作的满意度 |
| | 客户购买产品1周后，电话访问客户，询问客户是否习惯使用企业产品，并对客户提出的问题进行解答 |
| | 客户购买产品4~6个月的时间，再次进行电话访问，了解企业产品的运行状况 |
| | 客户购买产品10~12个月后，客户服务人员对客户进行电话访问，询问客户是否需要企业技术人员上门检修和维护等 |
| | 客户购买产品超1年，客户服务人员根据实际需要对客户进行电话访问 |
| 特殊电话回访 | 企业客户服务人员在收到客户信函、电子邮件等书面投诉时，有客户联系方式的，要即时进行电话回访，对投诉问题进行确认 |
| | 企业客户服务人员收到客户邮寄的提案时，要即时进行电话回访，告知客户已收到提案，并表示感谢 |
| | 收到客户报修电话，安排好维修人员上门维修后，客户服务人员要电话回访客户，并将售后服务人员的联系方式告知客户，方便客户因特殊需要直接联系售后服务人员 |
| | 企业售后服务人员在上门维修过程中，超过规定时间的，客户服务人员要电话回访客户，了解情况 |
| | 客户购买的产品经过维修（包括上门维修和客户到企业维修点维修）后，3~5天内客户服务人员要对客户进行电话回访，确认维修效果 |

（4）电话回访内容

根据企业相关规定，可以对电话回访的内容作出划分，具体内容见表4—15。

表4—15　　　　　　　　　　电话回访内容分类表

| 回访主要内容 | 详细规定 |
| --- | --- |
| 解释回访 | 对在下订单过程中还没有解释清楚的问题进行回访。比如，对下订单过程中来不及详细解释的客户进行后续解释 |
| 宣传回访 | 宣传企业新的销售政策和新产品 |
| 情感回访 | 增进双方的感情，比如，回访一些对方感兴趣的话题 |

续表

| 回访主要内容 | 详细规定 |
| --- | --- |
| 调解回访 | 安抚客户的不满情绪 |
| 建议回访 | 给予一些能提高客户满意的建议 |
| 服务回访 | 针对新客户，对客户的经营提出合理化建议 |

（5）电话回访规范

1）企业人员进行电话回访时，要使用礼貌用语，语气亲切、热情，保持真诚的态度。

2）电话接通后，回访人员主动问好："您好！是××先生吗（女士、大妈、师傅等）？我是××企业的客户服务员小王，您现在接电话方便吗？"

3）与客户电话交流时，回访人员应文明礼貌，客户说话时，不要随意打断客户的讲话，以免引起客户反感。同时，应简明扼要、突出重点，在客户时间不允许的情况下，不要谈及太多与业务无关的内容，尽量不要占用客户太多的时间。

4）在电话回访过程中，回访人员不能与客户争辩，对客户提出的疑问，要耐心解答；当时解答不了的，事后一定要及时给以回复。

5）电话回访完毕后，企业回访人员要等客户挂断电话后再放下电话，并及时认真填写"客户跟踪服务卡"，记录回访情况。

**2. 客户接待方案**

（1）目的

为了规范企业客户接待的各项工作，有秩序、有重点地开展客户接待工作，树立一流的企业形象，应制定相应的客户接待方案。

（2）适用范围

本方案适用于来企业参观、访问的客户接待工作。

（3）职责划分

1）总经理办公室负责客户接待工作的审批和监督。

2）客户接待部门负责提出客户接待申请、接待准备和实施的各项工作。

3）客户服务部配合客户接待部门做好客户接待工作。

4）财务部负责客户接待费用的核实、审批和结算。

（4）客户接待的原则

1）坚持热情、诚恳和尊重客户原则。

2）坚持"安全第一"原则（包括客户的食宿安全、财物安全、交通安全等）。

3）坚持节约、周到原则。

(5) 客户接待申请与准备

1) 企业相关部门需要接待客户时，填写"客户接待申请表"，向总经理办公室提出客户接待申请。"客户接待申请表"示例见表4—16。

表4—16　　　　　　　　　　客户接待申请表

编号：　　　　　　　　　　　　　　　　　　　　日期：　年　月　日

| 申请人 | | 所在部门 | | 部门经理 | |
|---|---|---|---|---|---|
| 接待客户 | | | 所属单位 | | |
| 接待原因 | | | | | |
| 企业接待人员 | | | | 负责人 | |
| 接待内容 | | | | | |
| 接待场所 | 内容简述 | | 接待时间 | 费用预算 | 备注 |
| | | | | | |
| | | | | | |
| | | | | | |
| 合计 | | | | | |
| 审核人 | | 部门经理 | | 总经理 | |

2) 总经理办公室对客户接待申请进行审核，做好客户接待登记和备案工作。

3) 通过审批后，客户接待部门根据企业客户接待的相关规定制订具体的《客户接待计划》，明确客户接待的食宿地点和标准、接待人员、活动安排、交通用车等。

4) 客户接待部门召集参与接待工作的全体人员，就客户接待的具体工作进行说明，并分配好接待任务，同时把客户接待日程安排印发给相关人员。

(6) 客户接待的内容

1) 安排食宿。接待人员和客户服务部严格按照总体的客户接待费用预算，分配好接待费用，为客户安排合适的食宿。在饮食方面要注意询问客户建议，尊重客户饮食习惯。

2) 商定活动日程。客户接待人员与客户负责人商定活动日程。如需变动，在充分尊重客户意愿的基础上，对原定日程作适当修改，并向企业领导汇报，及时通知有关部门。

3) 组织活动。客户接待人员在客户服务部的配合下，按客户接待日程安排精心组织各项接待活动。

4）收尾工作。客户服务部配合客户接待部门做好接待的收尾工作，如向客户征询意见，帮助客户预订返程车票或机票，协助客户办理离开手续，安排交通工具送站等。

5）接待注意事项。在接待过程中，接待人员和接待部门在严格执行《客户接待计划》的同时，要及时调整《客户接待计划》，妥善处理《客户接待计划》中的不足，保证接待工作顺利进行。

（7）客户接待费用管理

1）客户接待部门根据企业的相关规定和相关年度费用预算编制客户接待费用预算。

2）财务部对客户接待预算的各项费用进行核实和审批。

3）在客户接待过程中，财务部对其审批通过的接待费用预算进行控制，对于超出预算的费用和因特殊需要发生的重大单项费用，必须上报总经理进行审批。

4）客户离开后，企业财务部负责进行费用结算，报销相关费用。

（8）接待人员规范

1）外来客户到生产现场参观时，相关部门要安排专门的客户服务人员负责接待。

2）接待人员要保守企业秘密，不得让客户随意查阅资料和超规定范围参观；如客户提出超范围要求，接待人员应婉言谢绝，在特殊情况下须请示主管领导。

3）企业门卫要注重保安形象，有客户出入时要致礼；当发现客户中有违反企业规定的行为时，要礼貌地制止，避免出现骚乱，并立刻向总经理办公室报告。

4）保安人员要配合客户服务人员做好外来客户的人身安全和财物安全工作。

5）客户服务人员在客户离开前，要礼貌地请客户提出反馈建议，并表示感谢。

**3. 客户馈赠管理方案**

（1）目的

1）稳老抓新，提升企业在客户心中的美誉度。

2）促进重点意向客户签单。

（2）馈赠时间

××××年××月××日至××××年××月××日。

（3）馈赠客户分类

1）意向客户，预计××位。由客户服务部客户服务人员进行统计并以报表形式上报至部门经理审批。

2）VIP客户，预计××位。由市场营销部或业务部与客户服务部进行研究，客户服务部经理进行统计并将统计报表上报总经理审核。

3）重点客户，预计××位。由客户服务部经理与市场营销部经理进行挑选，并上报总经理进行核实、审批。

（4）馈赠物品

1）馈赠物品组成。馈赠物品由根据客户特点定制的物品与带有企业标志的纪念品组成。

2）馈赠物品标准。根据企业对客户馈赠物品规定，由客户服务部与市场营销部经理共同商讨馈赠物品的种类、馈赠形式、数量。物品标准见表4—17。

表4—17　　　　　　　　　　　　　物品标准表

| 客户分类 | 意向客户 | VIP客户 | 重要客户 |
| --- | --- | --- | --- |
| 物品金额标准 | ××元以下 | ××元以下 | ××元以下 |
| 馈赠总数量标准 | ××元以内 | ××元以内 | ××元以内 |

客户服务部对确定好的馈赠物品进行统计，并填写"馈赠物品清单"报总经理审批。馈赠物品清单见表4—18。

表4—18　　　　　　　　　　　　　馈赠物品清单

填表日期：　　　　　　　　　　　　　　　　　　　　　　　　年　　月　　日

| 序号 | 物品名称 | 数量 | 价格 | 金额 | 用途 | 备注 |
| --- | --- | --- | --- | --- | --- | --- |
| 1 | | | | | | |
| 2 | | | | | | |
| 3 | | | | | | |
| …… | | | | | | |

| 总经理审批意见 | | |
| --- | --- | --- |
| | | 年　月　日 |
| 客户部主管 | 采购人员 | 财务部主管 |

填表人：

3）物品采购。客户服务部与市场营销部经理商讨出最终馈赠物品后，编制"馈赠物品清单"交采购部进行统一采购，并将"馈赠物品清单"交财务部一份，客户服务部留有一份备案保存。

(5) 馈赠方式

1) 邮寄。客户服务部人员在××××年××月××日通过电话或邮件的形式对 VIP 客户进行通知，并联系快递企业或到邮局将馈赠物品在××××年××月××日进行统一发送。

2) 专人派送。客户服务部包装物品并进行检查，市场营销部安排相关人员对意向客户派送馈赠物品，对于重要客户的物品馈赠由总经理指派相关人员进行。运输部经理安排车辆与司机进行协助，在××××年××月××日前全部派送完毕。

(6) 馈赠物品费用预算

本次馈赠活动客户总数共×××位。预计费用如下：

1) 意向客户。费用合计：××（位）××××（元）=×××元。

2) VIP 客户。费用合计：××（位）××××（元）=×××元。

3) 重要客户。费用合计：××（位）××××（元）=×××元。

预计馈赠物品费用总计：×××元+×××元+×××元=×××元。

【案例 4—6】 中国宝洁选择的客户关系管理解决方案

美国 P&G 公司自 1988 年在中国建立中国宝洁有限公司以来，已经在国内建立了十几家生产洗发、护肤、洗涤、纸品和口腔保健产品的合资和独资企业，其下属的飘柔、海飞丝、潘婷、沙宣、舒肤佳、玉兰油等品牌在国内已经家喻户晓。

随着中国宝洁业务的不断扩大和发展，以及网络时代电子商务的发展需要，中国宝洁逐渐发现现在的客户在注重产品质量的同时，开始重视企业的整体形象和服务质量。所以企业在提高产品质量的同时，还应该注重调整企业运作流程，全方位、多渠道地满足客户的服务需求，提供更先进的个性化服务，增加客户对企业的信任度。同时，中国宝洁通过多年的积累，拥有大量详尽的客户资料。如何充分利用这些资料，更好地为客户提供贴心服务，成为宝洁公司建立客户关系管理系统的初衷。

宝洁公司对国内现有的客户关系管理系统作了较为全面的了解，最后与 A 企业达成了合作，由 A 企业为其提供客户关系管理系统定制方案。

【解决方案】A 企业的客户管理系统中涵盖了网络商务时代与客户互动的前端及后端分析的完整功能。前端的综合联络中心包括：整合网络与电话的服务中心（web center & call center）、主动外拨的电话行销工具、低成本的自动 E-mail 行销工具、易管理的销售自动化系统（sales force automation）及个性化网页服务（web personalization）等。后端部分包括：一对一分析模块（one to one analyzer）、活动企划（campaign planning）等。由于客户在不同阶段、不同时期的重点不同，A企业提供的客户关系管理系统可以采用模块化销售的方式，以使客户可以分期、分步地实现对客户关系的有效管理。

针对中国宝洁所希望改善的情况，A企业为其制定了相应的整体客户关系管理解决方案，建议其采用一些对中国宝洁最为实用的模块：一对一分析、E-mail行销工具和个性化网页服务。通过这种灵活的模块化构建方式，中国宝洁在短时间内满足了其关键需求。

在中国宝洁客户关系管理系统前端，A企业提供了个性化网页功能，整合了中国宝洁几个著名品牌网站的客户信息，并利用E-mail行销工具，向用户发送个性化的电子邮件，跟踪消费者的行为。在系统的后端，A企业提供了一对一分析模块，为其分析客户的消费行为和偏好，让企业更加了解客户需求，从而使得企业能够及时掌握消费者信息和动向，帮助企业获利。

此外，A企业利用其本地化的开发、实施团队，帮助中国宝洁实现了真正的个性化CRM系统，区别于其他套装软件，避免了"为上CRM而上CRM"的现象，使得企业投资更加准确和高效。

【案例分析】A企业为中国宝洁提供的客户关系管理系统应用方案中，最为突出的一点在于它的灵活性，即用户不必一步到位，使用A企业全套的客户关系管理系统，而是选择其中一部分对宝洁最重要的模块，从而使项目实施时间大大缩短，企业信息系统的投资风险大幅度降低。这一点对企业大型信息系统来说是值得借鉴之处。

【案例思考】结合上述案例，分析A企业是如何为宝洁公司提供客户关系管理方案的？

【案例4—7】 家电企业A企业客户关系管理案例

1. 项目背景

随着彩电、冰箱、空调等家用电器不断涌入人们的家庭，家电市场仿佛在瞬间由卖方市场转变成买方市场，降价之声此起彼伏，家电企业拼了个你死我活，"价格战"使得许多家电企业渐渐成为过眼烟云。

激烈的价格战，导致了家电行业的企业几乎无利可图，寻求战略转型和长远升级已成为企业唯一的选择。中国家电企业已经普遍意识到新形势下市场竞争的持续制胜之道，就是在满足顾客需要的服务方面，比竞争对手做得更强更好。在产品同质化、竞争白热化的环境下，品质已经不再是顾客消费选择的主要标准，越来越多的客户更加看重的是商家能为其提供何种服务，以及服务的质量和及时程度。家电企业只有通过体贴入微的客户服务，来重新塑造自己的核心竞争力，在这样的环境下，服务的作用再次突显出来。

当今家电市场正由一般产品市场主流型向名牌导向型转变，但培育名牌产品本身很大程度上也就包括名牌服务，"产品是有形的服务，服务是有形的产品"这个观念应该深入人心。完善的客户服务可以帮助企业通过富有意义的交流沟通，理解并影响客户行为，最终实现提高客户获得、客户保留、客户忠诚和客户创利的目的。已经没有人再怀疑服务在现代市场竞争中的重要性，从海尔的"真诚到永远"到康佳的"至精至诚至优，让用户完全满意"，国内大大小小的企业都开始将目光转向服务，把服务作为第二次竞争的战略重点。

实践也证明以服务作为第二次竞争的战略重点是有效的，海尔就"以真诚到永远"的服务赢得了国内用户的认可，坐上中国家电的第一把交椅。以提高客户的忠诚度来提升客户的终生贡献率为核心的客户关系管理的经营理念，正是在这种激烈的市场竞争环境的大背景下产生的，家电行业从产品向服务转型的过程中，客户关系管理的服务理念很快找到了用武之地。实际上，国内多个家电企业如TCL、海尔、帅康、春兰等虽然有不少是呼叫/服务中心的解决方案，没有挂上客户关系管理的头衔，但也是客户关系管理实践范畴的重要的技术资源优化努力之一。可以说，国内家电行业是首批实践客户关系管理的行业之一。本案例用一个广东A企业的例子说明客户关系管理软件项目的实施情况，可以对家电行业的客户关系管理应用找出某些共同之处。

2. 项目确立

家电行业的产品属于中等价值耐久消费品，虽然同其他小价值消费品同样是非直接面向客户的销售方式，但产品售后服务的需求比较大，有很多的维修、配件管理、替换等典型的售后服务业务需求。因此，家电行业的客户关系管理需求将主要集中于客户关系管理三大业务领域中客户服务和客户营销这一块。

显然，建立统一的客户服务中心作为企业同最终客户的交互平台，在此基础上配备客户关系管理分析型应用和灵活的促销自动化将是一个主要的客户关系管理软件选择。

广东A企业对客户关系管理业务需求主要有以下几个方面：

（1）快速的客户响应。客户能以最便利的方式联系A企业，完成投诉、维修服务要求等；企业可为客户提供更富有个性化的服务项目，加强客户资源管理。

（2）畅通的企业客户交流，成为A企业获取市场需求信息的重要门户，并成为市场信息的统计分析中心。一方面A企业新的全方位服务体系集成了电话、传真、Internet等通信方式，扩大了客户与A企业的交流渠道；另一方面，该体系收录了客户服务的所有信息并可进行各类统计分析。

（3）统一集中管理客户资源，让服务延伸到企业的生产、销售环节，以建立高效的服务流程，从而降低单位服务成本。

经过考察国内多家客户关系管理软件厂商，在平衡功能和业务需求等因素下，广东A企业选用了在设备服务领域比较成熟的杭州星际的客户关系管理产品。该产品以客户服务中心为基础平台，提供多联系渠道整合能力，并带有客户分析功能。

3. 项目实施

在软件提供商和项目实施商确立后，A企业调配高级管理人员和技术力量，与星际网络企业共同组成实施队伍，制订严密的实施计划。星际网络在系统详细分析之后，进行深入的客户化工作，在该系统中，不但完整地提供了呼叫中心，更提供了完善的客户服务流程管理，尤其是系统中的配件管理部分，充分地实现项目设计目标。配件管理中主要包括如下的一些模块：维修接待模块、维修模块、配件管理模块、报表/统计模块、系统维护模块。

在客户服务体系的运营管理方面，A企业投入充分的资源和努力，在实施商的帮助下，对人员培训选择上不遗余力，建立一支专业化、标准化、规范化的售后服务队伍。A企业不仅通过多种途径、多种形式对售后服务人员进行维修技能培训，而且通过专职讲师对全国服务人员进行服务意识和服务理念的教育和培训。此外，A企业建立了监督机制，包括开通客户投诉热线，接受用户对各地服务网点的监督，以及通过服务信息系统对服务过程进行监控，等等。整个项目用时约两个月。

4. 实施效果

A企业客户服务中心的建立为企业提供了客户统一的服务请求入口，实施多渠道呼叫的自动路由，大大改善了客户同企业的交互能力。在呼叫中心的基础上，标准的客户服务应用集中管理客户服务请求，可以有效组织和管理技术服务队伍，从而使技术人员的工作效率大为提高。

【案例分析】目前家电行业的呼叫中心应用在国内正方兴未艾，然而，呼叫中心虽然是企业客户数据的采集的主要"闸门"，但它的单独应用给企业带来的效益是有限的，因此，必须为这类呼叫中心应用配备以更全面的客户关系管理解决方案，将客户关系管理的管理理念延伸至产品/配件生产、服务自动化、营销、库存管理等业务领域，从而使客户关系管理的理念真正渗透到企业的每个经营细胞，促使客户关系管理为企业全面提升竞争力。相信家电行业只要一步一个脚印地从事客户关系管理实践，将是国内最具客户关系管理素质的行业，为其他相对"落后"的行业提供一个"客户关系管理榜样"。

【案例思考】结合上述案例，分析 A 企业客户服务中心是如何建立客户关系管理方案的？

# 参 考 文 献

1. 秦毅. 金牌销售经理Ⅰ、Ⅱ、Ⅲ. 北京：北京大学出版社，2008
2. 丁兴良. 大客户战略服务. 北京：机械工业出版社，2008
3. 吴殿强. 商业银行客户营销. 北京：中国商业出版社，2006
4. 吴何. 现代企业管理. 北京：中国市场出版社，2010
5. 王波. 客户服务管理工作细化执行与模板. 北京：人民邮电出版社，2008
6. 李怀祖，韩新民. 客户关系管理理论与方法. 北京：中国水利水电出版社，2006
7. [英] 库克. 客户服务有效性测评. 丰祖军，张朝霞译. 北京：清华大学出版社，2005
8. 宋文官. 电子商业基础与实务. 北京：人民邮电出版社，2007
9. 王永贵. 客户关系管理. 北京：清华大学出版社，北京交通大学出版社，2007
10. 苏定林. 赢得重点客户满意的九堂课. 北京：中国经济出版社，2006
11. 蒋旭平. 我的客户服务课堂. 上海：上海交通大学出版社，2006
12. 任璐璐. 客户服务案例与技巧. 北京：清华大学出版社，2005
13. 范秀成. 服务管理学. 天津：南开大学出版社，2006
14. 郑方华. 客户服务技能案例训练手册. 北京：机械工业出版社，2008
15. [日] 武田哲男. 如何提高客户满意度. 李伟译. 北京：东方出版社，2004
16. 马学召. 客户服务管理实操细节. 广州：广东经济出版社，2006
17. 金才兵，杨亭. 服务人员的五项修炼. 北京：机械工业出版社，2008
18. 刘建军. 金牌服务管理. 广州：广东经济出版社，2005
19. 徐静泽. 银行窗口礼仪服务. 厦门：鹭江出版社，2009
20. 自秋. 本土客户管理案例精解. 广州：广东经济出版社，2005
21. 陆丽明. 如何进行客户服务管理. 北京：北京大学出版社，2005
22. 萨拉·库克. 客户服务管理. 杨冰译. 北京：经济管理出版社，2005
23. 全琳琛. 物流管理工作细化执行与模板. 北京：人民邮电出版社，2008
24. 孙宗虎，么秀杰. 物业管理流程设计与工作标准. 北京：人民邮电出版社，2007
25. 李先国，曹献存. 客户服务实务. 北京：清华大学出版社，2006
26. 宋建阳. 企业物流管理. 北京：电子工业出版社，2005
27. 滕宝红. 客户主管日常管理工作技能与范本. 北京：人民邮电出版社，2008
28. 谭丽琴，张小艺. 客户服务管理职位工作手册. 北京：人民邮电出版社，2005
29. 丰祖军. 客户有效性测评. 北京：清华大学出版社，2005
30. 刘立户编著. 全面质量管理. 北京：北京大学出版社，2006